終止形	推量	らむ［らん］	現在推量［（今頃）…テイルダロウ］ 現在の原因推量［ドウシテ…テイルノダロウ］ 伝聞・婉曲［…テイルトイウ・…ヨウナ］	らむ［らん］	○	○	らむ［らん］	らむ［らん］	らめ	○	四段型	活用語の終止形（ラ変型活用語には連体形）
		べし	推量［…ダロウ］ 意志（決意）［…ツモリダ・キット…ウ］ 当然［…当然ダ・…ナケレバナラナイ］ 適当［…ノガヨイ・…ノガ適当ダ］ 命令［…ベキダ・…ナケレバナラナイ］ 可能［…デキル］	べし	（べく）べから	べく べかり	べし	べき べかる	べけれ	○	ク活用型	
		らし	推定［…ラシイ］	らし	○	○	らし	らし（らしき）	らし	○	特殊型	
		めり	推定［…ヨウニミエル・…ヨウダ］ 婉曲［…ヨウダ］	めり	○	（めり）	めり	める	めれ	○	ラ変型	
	伝聞推定	なり	推定［…ノ声（音）ガ聞コエル］ 伝聞［…トイウコトダ・…ソウダ］	なり	○	（なり）	なり	なる	なれ	○	ラ変型	
	打消推量	まじ	打消推量［…ナイダロウ］ 打消意志［…ナイツモリダ］ 打消当然・不適当［…ベキデナイ］ 禁止［…テハナラナイ・…ナイホウガヨイ］ 不可能の予測［…デキソウニナイ］	まじ	（まじく）まじから	まじく まじかり	まじ	まじき まじかる	まじけれ	○	シク活用型	
体言・連体形	断定	なり	断定［…ダ・…ノデアル］ 存在［…ニアル・…ニイル[illegible]	[illegible]	なら	なり に	なり	なる	なれ	（なれ）	ナリ活用型	体言や活用語の連体形
		たり	断定［…ダ・…デアル］	[illegible]	たら	たり と	たり	たる	たれ	（たれ）	タリ活用型	体言
	比況	ごとし	類似［…ニ似テイル・マル[illegible] 同等［…ト同ジデアル・…[illegible] 例示［タトエバ…ノヨウダ・[illegible]	[illegible]	[illegible]とく）	ごとく	ごとし	ごとき	○	○	ク活用型	体言・活用語の連体形・格助詞「が」「の」
特殊	完了	り	存続［…テイル・…シ続ケ[illegible] 完了［…テシマッタ・…タ］	[illegible]	ら	り	り	る	れ	（れ）	ラ変型	四段動詞の已然（命令）形・サ変動詞の未然形

奈良時代の主な助動詞

未然形	自発受身可能	ゆ	自発［自然ニ…レテクル］ 受身［…レル］	[illegible]	え	え	ゆ	ゆる	ゆれ	○	下二段型	四段・ナ変・ラ変動詞の未然形
		らゆ	可能［…レル・…コトガデキ[illegible]	[illegible]	え	○	○	○	○	○		「寝」の未然形
	尊敬	す	尊敬［オ…ニナル・…ナサル］	[illegible]	[illegible]	し	す	す	せ	せ	四段型	四段・サ変動詞の未然形
	継続反復	ふ	継続［…シ続ケル］ 反復［何度モ…スル］	ふ	は	ひ	ふ	ふ	へ	へ	四段型	四段動詞の未然形

覚えやすく忘れにくい

精選 古文単語 300 PLUS

三省堂編修所 編

[改訂版]

三省堂

はじめに

本書は、標準的な入試問題を読解する上で重要な古語について300語を精選し、その重要度と覚えるという観点から、順にステップA・B・C各90語、敬語30語の4章に分けました。

古文単語集の役割は、古語とその意味をしっかり定着させることにあります。しかし、機械的に暗記しただけでは、すぐに忘れて定着はしません。そこで、次のような「覚えやすい」「忘れにくい」様々な工夫をすることで、確実に覚えられるようにしました。

「覚えやすく」＝「インプットしやすく」する

＊古語の意味を、様々な場面に応用できる意味と入試で問われる意味に厳選

＊意味がぱっと目に入るように大きく表示

＊暗記用の短文としてリズムのよいフレーズを掲載

＊音読しやすい短文のフレーズで聴覚的に覚えられる

「忘れにくく」＝「アウトプットしやすく」する

＊語源や語感・語の構成・漢字などの説明から理解して覚えられる

＊説明の図式化や語感などをイメージさせるイラストで視覚的に覚えられる

＊教科書や古語辞典で扱われているなじみ深い例文で、覚えたことの確認ができる

一方、いくら上手に覚えたとしても、反復しなければ定着はしません。そこで本書では、一週間、一か月を単位として、自然に反復できるよう工夫しました。その具体的な一例を、本書の使い方（4～5ページ）で詳しく示しましたので、是非参照してください。

「覚えやすく忘れにくい」工夫をした本書で古語を身につけ、古文の読解に役立てるとともに、志望校の合格通知を手に入れてください。

目次

本書の使い方

本書での学習の中心となる見出し語について、構成要素・記号は以下のようになっています。

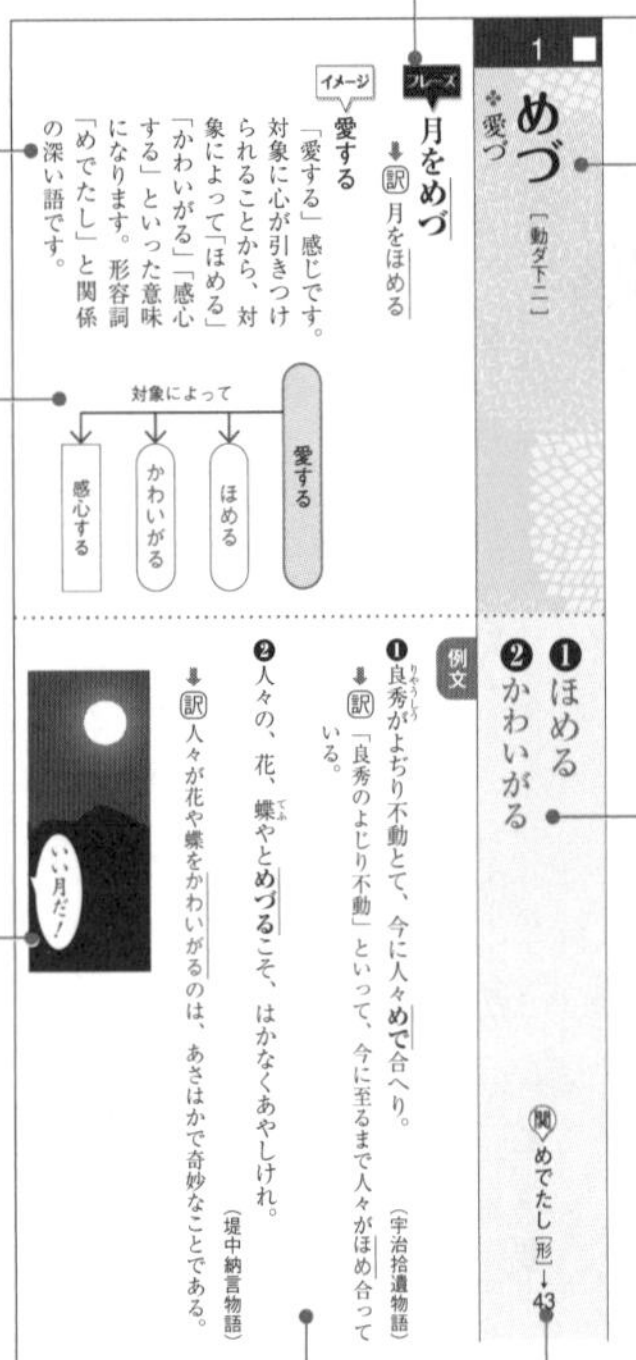

1
めづ
❖愛づ
[動ダ下二]
❶ほめる
❷かわいがる
関 めでたし[形]→43
フレーズ
月をめづ
⬇訳 月をほめる
イメージ
愛する
「愛する」感じです。対象に心が引きつけられることから、対象によって「ほめる」「かわいがる」「感心する」といった意味になります。形容詞「めでたし」と関係の深い語です。
愛する
対象によって
ほめる
かわいがる
感心する
例文
❶良秀がよぢり不動とて、今に人々めで合へり。（宇治拾遺物語）
⬇訳「良秀のよじり不動」といって、今に至るまで人々がほめ合っている。
❷人々の、花、蝶やとめづるこそ、はかなくあやしけれ。（堤中納言物語）
⬇訳 人々が花や蝶をかわいがるのは、あさはかで奇妙なことである。
いい月だ！

① 見出し語

＊上の数字は、見出し語の通し番号です。

＊暗記に有効な場合は、左に代表的な漢字表記を示しました。

＊下に品詞名と、用言の場合は活用形を略記しました。

＊略記の例

ダ行下二段活用の動詞→動ダ下二

② 意味

＊覚えて欲しい意味です。

＊より重要度の高い意味は、大きな文字で示してあります。

＊意味が一つの場合は、大きな文字になっています。

③ フレーズ

＊暗記用の短文とその訳です。

＊意味が複数ある場合は、最も重要な意味に関しての短文となっています。

④ イメージ

＊語のイメージをタイトルで簡潔に示しました。

＊語源や語感・語の構成・漢字などについて理解して、見出し語とその意味が結び付きやすいようにしました。

＊②で扱った意味から類推しにくい意味についても触れました。

⑤ イメージ図

＊イメージでの説明や②で示した意味を図式化したものです。

＊②で示した意味は色字で、説明でだけ扱った意味は黒字になっています。

＊図の代わりに、イラストがある場合もあります。

⑥ イラストなど

＊語感や意味などを印象づけるために、イメージ化したものです。

＊イラストのほか、コラムや活用表などがある場合もあります。

⑦ 関連語など

＊**類**は類義語、**対**は対義語、**音**は同音異義語、**関**は関連語を表します。

＊見出し語で扱っている語は→で見出し語番号を示し、見出し語にない場合は意味を記しました。

⑧ 例文と口語訳

＊教科書や古語辞典にある例文から多くを採用しました。

＊訳は、語の意味を確実に反映するため、直訳にしてあります。

＊関連語などで取り上げた語の例文には、それぞれのマークを示しました。イメージの説明でだけ扱った意味の場合は、㋑となっています。

＊より文脈に合った訳語を示す時は、p.46「よろし」の類語例文の訳のように「よく（→上手に）」としてあります。

本書を使って、一週間単位で効率的に単語とその意味を覚える方法の一例を示します。単語の暗記には、通学途中や休み時間など、ちょっとした空き時間を利用して、一日に何度もくり返すと効果的です。また、付属の赤色のシートも活用して下さい。

▼一日目

▼二日目

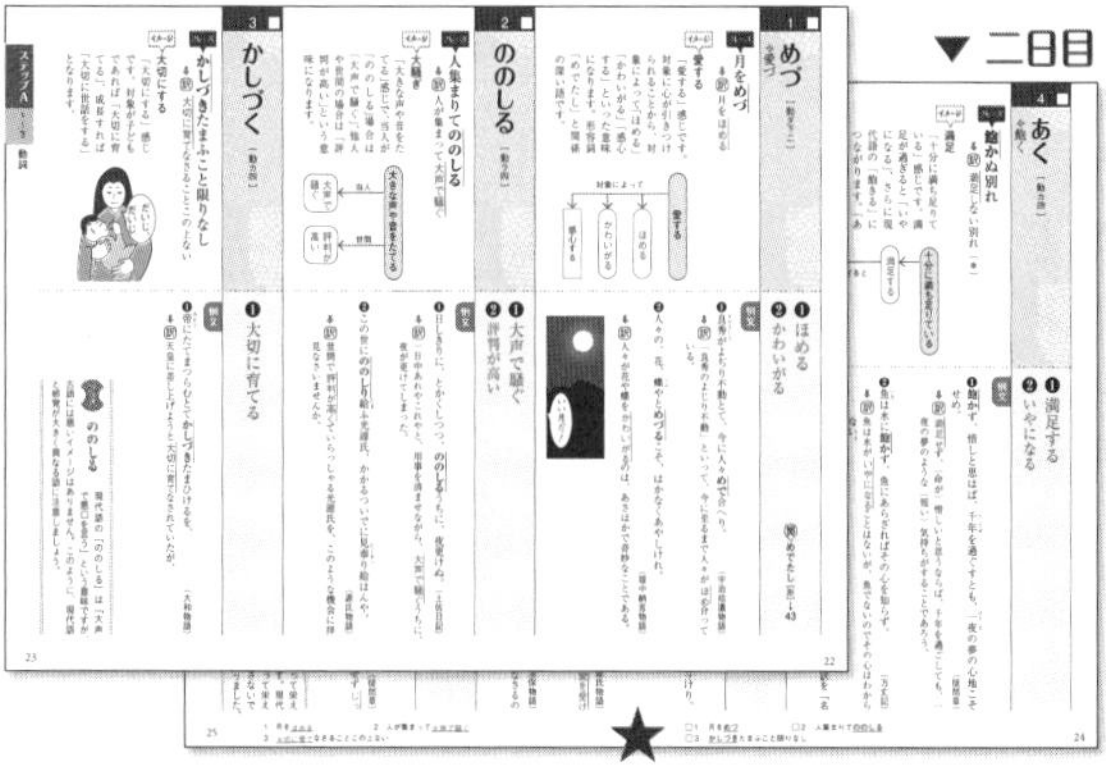

★

1. 一つの見出し語とその意味を覚える

・①と②で見出し語とその意味を確認。
・③のフレーズの音読と暗記(音読の代わりに、つぶやくのも一つの方法です)
・④の説明を読んで、語源や語感・語の構成などを理解。
・⑤の図があれば、赤色のシートを使って意味を確認。
・⑥のイラストがあれば、見出し語の意味とイラストのイメージをつなげます。
・②に戻って暗記できているかを確認。
・⑦で関連語なども確認。
・⑧の例文で見出し語・関連語などの使い方と意味を確認。

2. 一日に3語、一週間に15語を覚える

◎一日目の学習

一日に学習するのは、見開き二ページにある三つの見出し語(3語)です。
・1の学習を3語について行います。
・一日に何度かくり返すと効果的です。

◎二〜五日目の学習

・一日目の学習と同じです。
・前日に暗記したフレーズを欄外(上の★)で確認。

◎六〜七日目の学習

・五日目のフレーズの確認。
・一〜五日目の総復習。

3. 練習問題

・15語ごとに、新規の例文で確認する問題です。
・一週間の総復習時に、または後からまとめて利用することもできます。

4. 復習と入試問題・長文問題

・一週間の学習を、三週間分45語終えると、各ステップの半分が終了します。
・次の一週間(四週間目)は、それまでの45語の総復習を行うのが理想的です。
・45語ごとに「入試問題」があるので、力試しを行うことも可能です。
・「入試問題」は、前半が選択式、後半が口語訳の問題で構成。
・90語ごとに「長文問題」があるので、文脈に沿った口語訳を考える力を養うことも可能です。
・時間に余裕がない場合は、すぐに新しい15語の学習に進みます。

・約半年(最短18週)で1〜3章の学習を一通り終えることができます。
・4章の重要敬語は、3章終了後あるいは適宜学習してください。
・一通り終えたら、反復をくり返しましょう。
・PLUSも適宜利用しましょう。

索引

- 1～4章、294～303ページの連語・慣用句の見出し語と関連語を掲載しました。
- 配列は歴史的仮名遣いによります。
- 見出し語は太字で示し、上に見出し語番号（連語・慣用句は［連］の付いた数字）を付けました。
- 見出し語で、該当ページが複数ある場合は、最初の数字が見出し語として扱われているページです。
- 漢字表記が必要な語については、（　）内に示しました。

あ

う

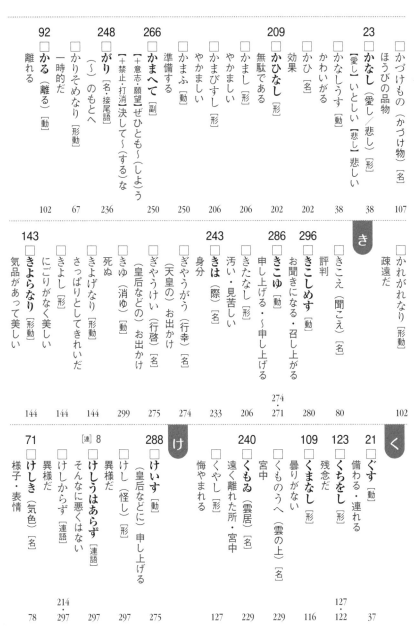

208 □**さがなし** [形] 意地が悪い 202

171 □**さすがに** [副] そうはいってもやはり 167・165

□さすがなり [形動] (そうはいっても) そうもいかない 167

□さて [副] そのまま 298

[連] 9 □**さてもあるべきならねば** [連語] いつまでもそのままではいられないので 298

170 □**さながら** [副] そのまま・すべて 166

[連] 10 □**さのみやは** [連語] そうばかり～いられようか 298

□さはり [名] 差し支え・支障 34

17 □**さはる** (障る) [動] 差し支える 34

270 □**さはれ** [感] どうにでもなれ 253

□さびし [形] 物足りない 61

280 □**さぶらふ** [動] お仕えする・あります・～ます 268

□さまをかふ (様を変ふ) [連語] 出家する 301

59 □**さらなり** [形動] 言うまでもない 68

176 □**さらに** [副] **+打消** まったく～ない 170・248

[連] 11 □**さらぬわかれ** [連語] 死別 299

□さり [動] そのようである 166

187 □**さる** (避る) [動] 避ける 186

□さる (去る) [動] 離れていく・(時が) 移り来る 186

□さる [連体/副] そのような 252

269 □**さるは** [接] それというのは・とはいっても 252

178 □**さるべき** [連体] 適当な・そうなるはずの 172

□されば [接] それだから 252

[連] 12 □**さればこそ** [連語] 思った通りだ 299

し

260 □**しか** [副] そのように 246・90・166

184 □**しかり** [動] そうである 184・246

□しかるに [接] そうであるのに 184

□しかるべき [連語] 適当な 172

□しかれども [接] そうではあるが 184

225 □**しげし** (繁し) [形] 多い 215

198 □**したたむ** [動] 処理する 195

217 □**しどけなし** [形] くつろいでいる・だらしない 210・42

10 □**しのぶ** (忍ぶ) [動] 我慢する・人目につかないようにする 28・36

□しのぶ (偲ぶ) [動] 懐かしく思う 28

□しひて [副] 無理に 244

□しほたる [動] 涙で袖が濡れる 189

272 □**たまはる** [動] いただく 262

271 □**たまふ** [動] 【四段】お与えになる・お～になる 【下二段】～ております 262・263・295

66 □**ためし** [名] 例 75

100 □**ためらふ** [動] 気を静める 108

160 □**たより** [名] つて・ついで 158・232

ち

69 □**ちぎり**（契り）[名] 約束・宿縁 77

□ちぎる（契る）[動] 約束する 77

つ

□ついたち [名] 月の初め 237

242 □**ついで** [名] 順序・機会 232

298 □**つかうまつる** [動] お仕え申し上げる・～して差し上げる・～申し上げる 282

279 □**つかはす** [動] お遣りになる・お与えになる 267

□つかまつる [動] お仕え申し上げる・～して差し上げる・～申し上げる 282

□つきごろ [名] 数か月 84

35 □**つきづきし** [形] ふさわしい 48

□つきなし [形] ふさわしくない 48

249 □**つごもり** [名] 月末 237

65 □**つとめて** [名] 早朝・翌朝 74

88 □**つゆ** [副] **＋打消** まったく～ない 92・248

128 □**つらし** [形] 薄情だ・心苦しい 130・41

56 □**つれづれなり** [形動] 所在ない 66

129 □**つれなし** [形] 冷淡だ・平然としている 131

て

61 □**て**（手）[名] 筆跡・演奏法 72

と

239 □**とが** [名] 欠点・罪 228

□とかく [副] あれやこれや 90

□とがむ [動] 不審に思う 228

5 □**ときめく** [動] 寵愛を受ける・時流に乗って栄える 24

79 □**とく**（疾く）[副] 早く 86

216 □**ところせし** [形] 窮屈だ 209

□とし [形] 早い 86

76 □**としごろ** [副/名] 長年 84

190 □**とぶらふ**（訪ふ）[動] 訪ねる・見舞う 188

□とぶらふ（弔ふ）[動] 弔問する 188

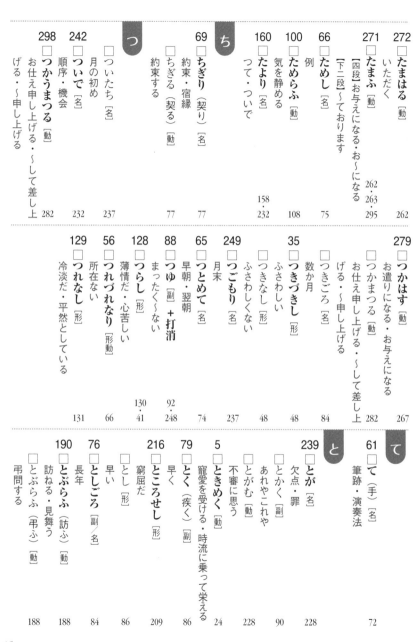

60 □**とみなり**［形動］ 急だ　69

□とみの［連語］ 急の　69

な

90 □**な**［副］**～そ** ～（する）な　93

172 □**なかなか**［副］ かえって　168

□なかなかなり［形動］ かえってしない方がよい　168

13 □**ながむ**［動］【眺む】もの思いにふける【詠む】吟詠する　30

238 □**なさけ**［名］ 風流心・（男女の）情愛　228・236

□なぞ［副］ どうして　88

122 □**なつかし**［形］ 心がひかれる　126

267 □**なでふ**［連体／副］【連体】どんな【副】どうして　251・88

82 □**など**［副］ どうして（～か）　88

□などか［副］ どうして（～か）　88

［連］14 □**なにおふ**（名に負ふ）［連語］ 名前を持つ・有名だ　300

□なのめならず［連語］ 並一通りでない　142

139 □**なのめなり**［形動］ 普通だ・いい加減だ　142

174 □**なべて**［副］ 一般に　169・249

□なべてならず［連語］ 並一通りでない　169

168 □**なほ**［副］ やはり　165・167

235 □**なほざりなり**［形動］ いい加減だ　226

133 □**なまめかし**［形］ 若々しい・優美だ　134・226

□なめげなり［形動］ 無礼だ　220

227 □**なめし**［形］ 無礼だ　220

□なやみ［名］ 病気　30

14 □**なやむ**［動］ 病気になる　30・31

□ならひ［名］ 習慣・世のさだめ　187

189 □**ならふ**（慣らふ）［動］ 慣れる　187

□なる［動］ もの慣れる　187

□なんでふ［連体／副］ どんな／どうして　251

に

□にほひ［名］ つややかな美しさ　104

95 □**にほふ**［動］ 美しく照り輝く　104

ね

□ねたし［形］ しゃくだ　39

195 □**ねぶ**［動］ 年をとる　191

146 □**ねん（む）ごろなり**［形動］ 熱心だ・親しい　146

19 □**ねんず**（念ず）［動］ 祈る・我慢する　36

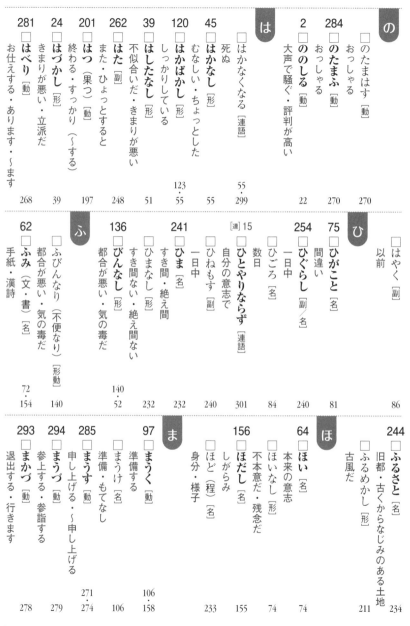

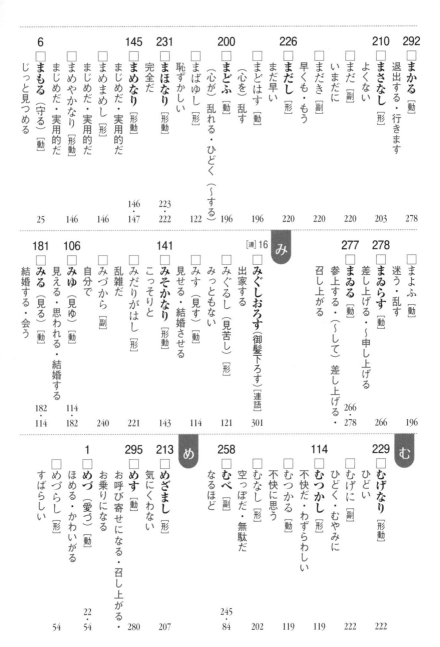

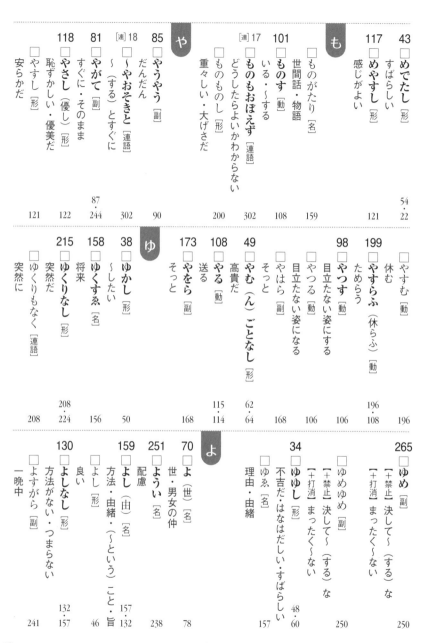

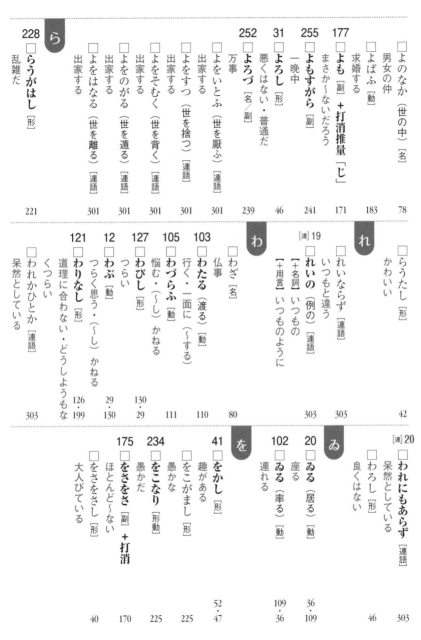

第1章 ステップA
［90語］

前半の45語（見出し語1～45）

□□□ 第1週の15語（見出し語1～15）
動詞15語
練習問題1～15

□□□ 第2週の15語（見出し語16～30）
動詞6語・形容詞9語
練習問題16～30

□□□ 第3週の15語（見出し語31～45）
形容詞15語
練習問題31～45

入試問題1～45

後半の45語（見出し語46～90）

□□□ 第1週の15語（見出し語46～60）
形容詞6語・形容動詞9語
練習問題46～60

□□□ 第2週の15語（見出し語61～75）
名詞15語
練習問題61～75

□□□ 第3週の15語（見出し語76～90）
副詞15語
練習問題76～90

入試問題46～90
長文問題1～90

1 □

めづ

✤愛づ

〔動ダ下二〕

❶ほめる
❷かわいがる

関 めでたし〔形〕→43

フレーズ

月をめづ

➡訳 月をほめる

イメージ

愛する

「愛する」感じです。対象に心が引きつけられることから、対象によって「ほめる」「かわいがる」「感心する」といった意味になります。形容詞「めでたし」と関係の深い語です。

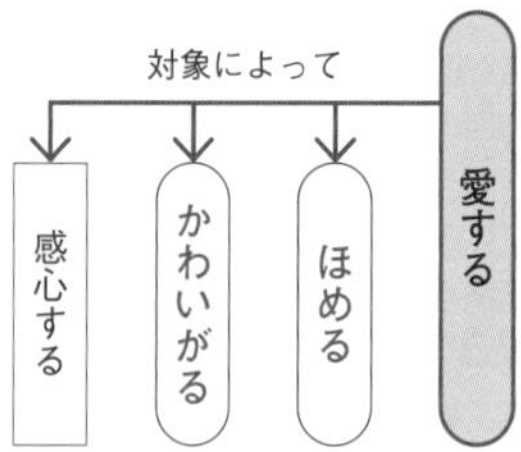

例文

❶良秀(りやうしう)がよぢり不動とて、今に人々**めで**合へり。（宇治拾遺物語）

➡訳「良秀のよじり不動」といって、今に至るまで人々がほめ合っている。

❷人々の、花、蝶(てふ)やと**めづる**こそ、はかなくあやしけれ。（堤中納言物語）

➡訳 人々が花や蝶をかわいがるのは、あさはかで奇妙なことである。

2 □

ののしる

〔動ラ四〕

❶大声で騒ぐ
❷評判が高い

フレーズ

人集まりてののしる

➡訳 人が集まって大声で騒ぐ

例文

❶日しきりに、とかくしつつ、**ののしる**うちに、夜更けぬ。（土佐日記）

イメージ

大騒ぎ

「大きな声や音をたてる」感じで、当人が「ののしる」場合は「大声で騒ぐ」、他人や世間の場合は「評判が高い」という意味になります。

大きな声や音をたてる
- 当人 → 大声で騒ぐ
- 世間 → 評判が高い

⬇訳 一日中あれやこれやと、用事を済ませながら、大声で騒ぐうちに、夜が更けてしまった。

❷ この世に**ののしり**給ふ光源氏、かかるついでに見奉り給はんや。（源氏物語）

⬇訳 世間で**評判が高く**ていらっしゃる光源氏を、このような機会に拝見なさいませんか。

3 □ かしづく ［動カ四］

❶ 大切に育てる

フレーズ

かしづきたまふこと限りなし

⬇訳 大切に育てなさることこの上ない

イメージ

大切にする

「大切にする」感じです。対象が子どもであれば「大切に育てる」、成長すれば「大切に世話をする」となります。

例文

❶ 帝（みかど）にたてまつらむとて**かしづき**たまひけるを、（大和物語）

⬇訳 天皇に差し上げようと**大切に育て**なされていたが、

プラス **ののしる**

現代語の「ののしる」は「大声で悪口を言う」という意味ですが、古語には悪いイメージはありません。このように、現代語と感覚が大きく異なる語に注意しましょう。

4 □

あく

✤飽く

［動カ四］

フレーズ

飽かぬ別れ

⬇訳 満足しない別れ（＊）

イメージ

満足

「十分に満ち足りている」感じです。満足が過ぎると「いやになる」、さらに現代語の「飽きる」につながります。「あかず」「あかで」という否定形でよく用いられます。

十分に満ち足りている → 満足する →（過ぎると）→ いやになる

❶ 満足する

❷ いやになる

例文

❶ **飽か**ず、惜しと思はば、千年（ちとせ）を過ぐすとも、一夜（ひとよ）の夢の心地こそせめ。（徒然草）

⬇訳 満足せず、（命が）惜しいと思うならば、千年を過ごしても、一夜の夢のような（短い）気持ちがすることであろう。

❷ 魚（いを）は水に**飽か**ず、魚にあらざればその心を知らず。（方丈記）

⬇訳 魚は水がいやになることはないが、魚でないのでその心はわからない。

＊「満足しない」→「心残りだ」→「名残惜しい」と考えて、訳を「名残惜しい別れ」とすると、より理解しやすくなります。

5 □

ときめく

✤時めく

［動カ四］

フレーズ

かぎりなく時めく人

⬇訳 この上なく寵愛を受ける人

❶ 寵愛を受ける

❷ 時流に乗って栄える

例文

❶ いとやむごとなき際（きは）にはあらぬが、すぐれて**時めき**給（たま）ふありけり。

□1　月をめづ　□2　人集まりてののしる

□3　かしづきたまふこと限りなし

イメージ

時流に乗る

「時めく」から、「時流に乗る」感じです。主語が、女性なら「寵愛（ちょうあい）を受ける」、男性なら「時流に乗って栄える」となります。

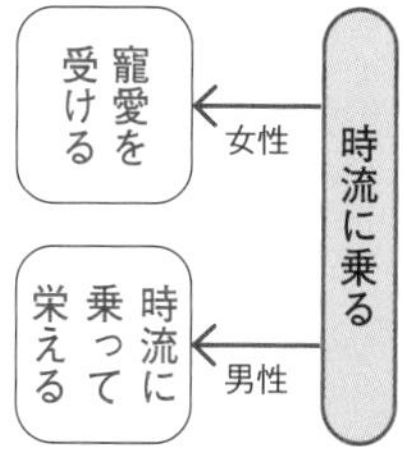

⬇訳 それほど高貴な身分ではない方で、とりわけ（帝の）寵愛を受けておられる方がいた。（源氏物語）

❷ かくあやしき人の、いかで**時めき**給ふらむ。（宇津保物語）

⬇訳 このように身分の低い人が、どうして時流に乗って栄えなさるのだろう。

6 まもる

✤守る

［動ラ四］

❶ じっと見つめる

フレーズ

顔のみまもる

⬇訳 顔だけをじっと見つめる

イメージ

目守（まも）る

「目守る」から「じっと目を離さないでいる」感じです。「じっと見つめる」という意味になります。

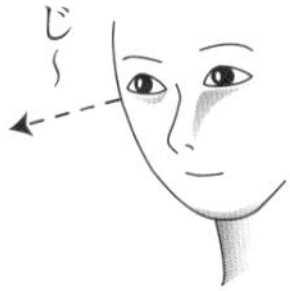

例文

❶ 花の本（もと）には、ねぢ寄り立ち寄り、あからめもせず**まもり**て、（徒然草）

⬇訳 花の咲いた木の根元に、にじり寄り近寄って、よそ見もせずじっと見つめて、

プラス

ときめく・まもる

名詞「時」にも、「時流に乗って栄える時」という意味があります。現代語にも「時の人」という言い方がありますが、これは「時流に乗って栄えている人」という意味です。また、「まもる」は「じっと目を離さないでいる」ことから、現代語の「守る」「大事にする」という意味になりました。

1 月をほめる　2 人が集まって大声で騒ぐ
3 大切に育てなさることこの上ない

7 □ おどろく

✤驚く　［動カ四］

❶目が覚める
❷はっと気づく

関 **おどろかす**［動］ 目覚めさせる

フレーズ **物の鳴りければ、ふと<u>おどろく</u>**

↓ 訳 物音がしたので、ふと<u>目が覚める</u>

イメージ **はっとする**

「（物音に）はっとする」感じです。眠っている時なら「目が覚める」、不意をつかれて「はっと気づく」という意味になります。

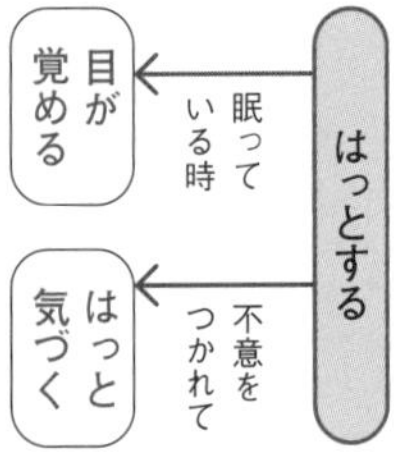

例文

❶物に襲はるる心地して、<u>**驚き**</u>給(たま)へれば、灯も消えにけり。（源氏物語）

↓ 訳 物の怪(け)に襲われた気がして、はっと<u>目が覚め</u>なさったところ、灯火も消えていた。

❷秋来ぬと目にはさやかに見えねども風の音にぞ<u>**おどろか**</u>れぬる（古今和歌集）

↓ 訳 秋が来たと目でははっきりとは見えないが、風の音を聞いて（秋だなと）<u>はっと気づか</u>せられたことだ。

8 □ おこなふ

✤行ふ　［動ハ四］

❶仏道修行する

関 **おこなひ**［名］ 仏道修行

フレーズ **明け暮れ<u>行ふ</u>僧**

↓ 訳 朝も夜も<u>仏道修行する</u>僧

イメージ **決まりごとを行う**

例文

❶持仏(ぢぶつ)据ゑたてまつりて<u>**行ふ**</u>尼なりけり。（源氏物語）

↓ 訳 持仏を安置申し上げて<u>仏道修行する</u>のは尼なのであった。

□1 <u>飽か</u>ぬ別れ　□2 かぎりなく<u>時めく</u>人
□3 顔のみ<u>まもる</u>

「定まった形式にのっとって何かを行う」感じです。「仏道修行する」という意味が頻出です。

9 たのむ ［動マ四／動マ下二］

✤頼む

フレーズ 人を**頼み**て京に上る

➡ 訳 人を頼りにして都へ行く

イメージ **頼り**

「頼りにする」感じですが、活用によって誰が誰を頼りにするかが変わります。四段活用では、こちらが相手を「頼りにする」、下二段活用では、相手にこちらを「頼りにさせる」となります。

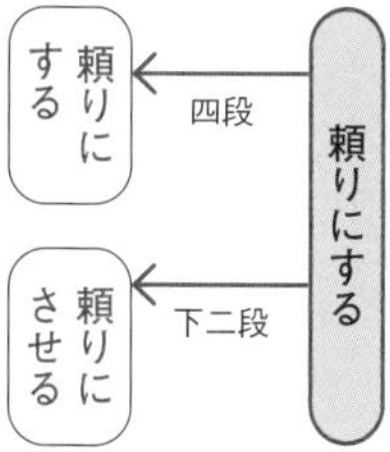

プラス 基本的に「何かを行う」という意味なので、そのまま「行う」と訳す場合もあります。例えば「政(まつりごと)を行ふ」はそのまま「政治を行う」と訳してかまいません。

❶ ［四段］ **頼りにする**

❷ ［下二段］ **頼りにさせる**

例文

❶吾妻人(あづまびと)こそ、言ひつることは**頼まる**れ、都の人は、言受(ことう)けのみよくて実(まこと)なし。(徒然草)

➡ 訳 東国の人は、言ったことは頼りにすることができるが、都の人は返事だけよくて、誠意がない。

❷待つ人は障(さは)りありて、**頼め**ぬ人は来たり。**頼み**たる方のことは違(たが)ひて、思ひよらぬ道ばかりはかなひぬ。(徒然草)

➡ 訳 (来ることを)待っている人は差し支えがあって、(来ることを)頼りにさせない人は来てしまう。頼りにする方面のことはあてがはずれて、思いがけない方面のことだけはうまくいく。

語幹	未然	連用	終止	連体	已然	命令	活用
たの	ま	み	む	む	め	め	四段
	め	め	む	むる	むれ	めよ	下二段

1 満足しない別れ　2 この上なく寵愛を受ける人
3 顔だけをじっと見つめる

10 しのぶ

✤忍ぶ

［動バ上二／動バ四］

フレーズ

言はでしのぶ

⬇訳 言わずに我慢する

イメージ

耐え忍ぶ

「人目につかないようにこらえる」感じから、「我慢する」（＝耐え忍ぶ）、「人目につかないようにする」（＝人目を忍ぶ）という意味になります。

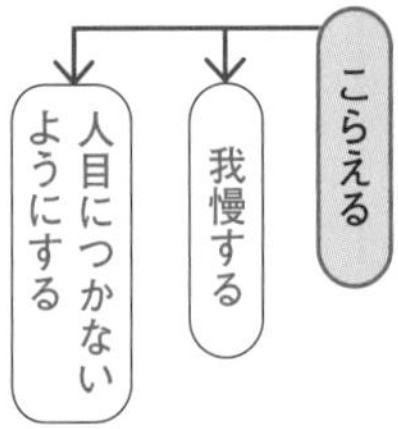

❶ 我慢する

❷ 人目につかないようにする

音 偲ぶ（しの）［動］懐かしく思う

例文

❶恨み言ふべきことをも、見知らぬさまに**しのび**て、（源氏物語）

⬇訳 恨み言を言ってもよさそうなことも、何も知らない様子で我慢して、

❷わざとならぬにほひ、しめやかにうちかをりて、**しのび**たる気配（けはい）、いとものあはれなり。（徒然草）

⬇訳 ことさらとも思われない（香の）匂いが、しっとりと香って、人目につかないようにして（ひっそりと暮らして）いる様子は、たいそうしみじみとして趣がある。

11 いらふ

［動ハ下二］

フレーズ

いかがいらふべき

⬇訳 どうやって返事をしようか

イメージ

答える

❶ 返事をする

関 いらへ［名］返事

例文

❶無期（むご）ののちに、「えい。」と**いらへ**たりければ、僧たち笑ふこと限りなし。（宇治拾遺物語）

⬇訳 長時間たってから、「はい。」と返事をしたので、僧たちはたいそ

□1　物の鳴りければ、ふとおどろく　□2　明け暮れ行ふ僧
□3　人を頼みて京に上る

「相手に返答する」感じです。「答ふ」という語もありますが、「いらふ」が多く用いられます。

う笑った。

関 御**いらへ**を、「いささか恥づかし」とも思ひたらず、（枕草子）

↓訳 御返事を、「少しはきまりが悪い」とも思わずに、

12 □ わぶ ［動バ上二］

✤侘ぶ

❶ **つらく思う**

❷ **［動詞の連用形＋］（～し）かねる**

関 わびし［形］→127

フレーズ

つれづれわぶる人

↓訳 所在がないのをつらく思う人

イメージ

思い通りにならない

思い通りにならない状況を「つらく思う」感じです。状況によって「心細く感じる」「困る」という意味にもなります。動詞の連用形に付いて「（～し）かねる」となります。

思い通りにならない → つらく思う → ・心細く感じる ・困る

思い通りにならない → 動詞の連用形＋ （～し）かねる

例文

❶「思ひやれば、限りなく遠くも来にけるかな。」と**わび**合へるに、（伊勢物語）

↓訳「（都に）思いをはせると、果てしなく遠くに来てしまったことだなあ。」と一同つらく思っていると、

❷三年来（みとせこ）ざりければ、待ち**わび**たりけるに、（伊勢物語）

↓訳（男が）三年間来なかったので、待ちかねていたところ、

プラス **しのぶ**

奈良時代には上二段活用で用いられましたが、平安時代に入ると四段活用も生じました。実際には、連用形「しのび」で用いられることが多く、判別できないので、区別を気にする必要はありません。

1　物音がしたので、ふと目が覚める　2　朝も夜も仏道修行する僧
3　人を頼りにして都へ行く

13 ながむ

✤眺む／詠む　［動マ下二］

❶ ［眺む］もの思いにふける

❷ ［詠む］吟詠する

フレーズ

つれづれと<u>ながむる</u>に

⬇訳 所在なくもの思いにふけっていると

イメージ

長目（ながめ）

「長目」が動詞化した語とも言われ、「長い間ぼんやり見ている」感じから「もの思いにふける」の意味が生じました。「吟詠（ぎんえい）する」（＝詩歌を詠む）という意味は本来別の語ですが、要注意です。

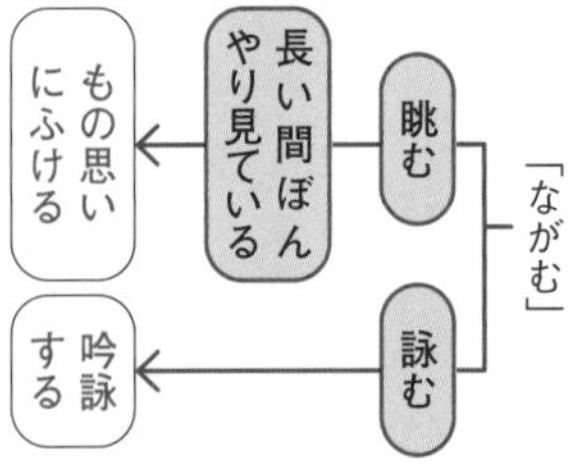

例文

❶ 夕月夜（ゆふづくよ）のをかしきほどに出（い）だしたてさせたまひて、やがて**ながめ**おはします。（源氏物語）

⬇訳（桐壺帝は）夕月の美しいころに、（使いを）お差し向けになって、そのまま<u>もの思いにふけって</u>いらっしゃる。

❷ 「桜散る木の下風は寒からで」と、末の「て」文字を長々と**ながめ**たるに、（無名抄）

⬇訳「桜の花が散る木の下を吹く風は寒くなくて」と、末尾の「て」の文字を長々と<u>吟詠し</u>たところ、

14 なやむ

✤悩む　［動マ四］

❶ 病気になる

フレーズ

久しく<u>なやみ</u>たる男

例文

関 **なやみ**［名］病気
あつし［形］病気が重い

□1　言はで<u>しのぶ</u>　□2　いかが<u>いらふ</u>べき
□3　つれづれ<u>わぶる</u>人

↓訳 長い間病気になっていた男

イメージ
やむ（病む）
「なやむ」は「やむ（病む）」と覚えます。主に身体的に苦しむことを指しますが、精神的に苦しむ意味にも用いられます。

なやむは病む

❶同じ都の内ながらも隔たりて、身にやむごとなく思ふ人の**なやむ**を聞きて、（枕草子）
↓訳 同じ都の中にいても離れていて、自分にとって（関係が）並々ではないと思っている人が病気になったことを聞いて、

＊次の「おこたる」の例文❶は、この例文の後に続く部分です。

15 □ おこたる

✤怠る ［動ラ四］

❶（病気が）よくなる
❷怠ける

関 おこたり［名］怠慢
対 なやむ［動］→14

フレーズ
病、少しおこたる
↓訳 病気が少しよくなる

イメージ
途中で滞る
「行いが途中で滞る」感じです。「病気の進行が滞る」ことから「（病気が）よくなる」の意味でよく用いられます。

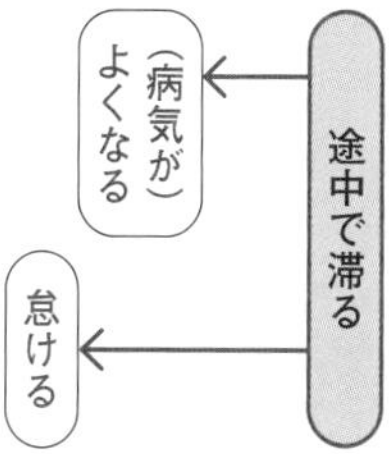

例文

❶いかにいかにと、おぼつかなきことを嘆くに、**おこたり**たる由、消息（せうそこ）きくも、いとうれし。（枕草子）
↓訳 どんな具合だろう、どんな具合だろうと、気がかりなことを嘆いている時に、（大切な人の）病気がよくなったということを、手紙で知るのも、とてもうれしい。

❷別当（べたう）どもも事**おこたら**ず、なかなか乱れたることなく、（源氏物語）
↓訳 （邸の）別当たちも勤めを怠けず、かえってだらしのないところがなくて、

1 言わずに我慢する　2 どうやって返事をしようか
3 所在がないのをつらく思う人

練習問題（1〜15）

傍線部の語を口語訳しなさい。

□① 月を**めで**花を眺めしいにしへのやさしき人はここにありはら。（徒然草）

□② 物食ひ酒飲み、**ののしり**合へるに、（枕草子）

□③ 按察使（あぜちの）大納言の御むすめ、心にくくなべてならぬさまに、親たち**かしづき**給ふこと限りなし。（堤中納言物語）

□④ あはれ、いかで芋粥（いもがゆ）に**あか**ん。（宇治拾遺物語）

□⑤ 帝、筝（さう）の琴をめでたく遊ばしけるも、御心に入れて教へなど、限りなく**時めき**給ふに、（大鏡）

□⑥ 世の中に**ときめき**給ふ雲客（うんかく）、桂（かつら）より遊びて帰り給ふが、（古今著聞集）

□⑦ 幼心地（をさなごこち）にも、さすがにうち**まもり**て、伏し目になりてうつぶしたるに、（源氏物語）

□⑧ 寝入りたるほどに、門たたくに**おどろか**れて、（蜻蛉日記）

□⑨ 猫のいとなごう鳴いたるを、**おどろき**て見れば、いみじうをかしげなる猫あり。（更級日記）

訳　＊↓の下の数字は見出し語番号です。

① 月をほめて花を眺め味わった遠い昔の風雅な人は、ここにおいでの在原業平である。↓1

② 物を食い、酒を飲み、大声で騒いでいるのに、↓2

③ 按察使の大納言の姫君は、奥ゆかしく並々でないご様子で、親たちが大切に育てなさることこの上ない。↓3

④ ああ、なんとかして芋粥を満足するほど食べたいものだ。↓4

⑤ 帝は、筝の琴をみごとにご演奏なされるが、（それも）熱心にお教えになったりなどして、（女御は）この上もなくご寵愛をお受けになっていらっしゃいましたのに、↓5

⑥ 世間で時流に乗って栄えなさっている殿上人が、桂から遊んでお帰りになるが、↓5

⑦ （少女が）幼心地にも、さすがに（尼君を）じっと見つめて、伏し目になってうつむいているところに、↓6

⑧ 寝入っていたときに、門をたたく音で自然と目が覚めて、↓7

⑨ 猫がとてもおだやかに鳴いたので、はっと気づいて見ると、とてもかわいらしい猫がいる。↓7

□1　つれづれと**ながむる**に　□2　久しく**なやみ**たる男
□3　病、少し**おこたる**

□⑩ 年ごろ仏を頼みて**行ふ**こと、やうやう年積もりにたり。（古本説話集）

□⑪ 君来むと言ひし夜ごとに過ぎぬれば**頼ま**ぬものの恋ひつつぞ経る（伊勢物語）

□⑫ **頼め**しをなほや待つべき霜枯れし梅をも春は忘れざりけり（更級日記）

□⑬ 心地（ここち）にはかぎりなく妬（ねた）く心憂く思ふを、**しのぶる**になむありける。（大和物語）

□⑭ ただ一度に**いらへ**むも、待ちけるかともぞ思ふとて、（宇治拾遺物語）

□⑮ 責めければ、責められ**わび**て、さしてむと思ひなりぬ。（大和物語）

□⑯ 暮れがたき夏の日ぐらし**ながむれ**ばそのこととなくものぞ悲しき（伊勢物語）

□⑰ 藤壺宮（ふぢつぼのみや）、**なやみ**給ふことありて、まかで給へり。（源氏物語）

□⑱ 日ごろ、月ごろ、しるきことありて、悩みわたるが、**おこたり**ぬるもうれし。（枕草子）

---

⑩ 何年もの間仏を頼りにして仏道修行することは、しだいに年が積もり重なった。→8

⑪ あなたが来ようと言った夜がそのたびごとに（むなしく）過ぎてしまったので、頼りにしないものの、（あなたを）恋しく思って時を過ごしています。→9

⑫ （あなたが私に）頼りにさせたことをやはり待つのがよいだろうか。霜で枯れた梅の木も春は忘れないことだ。→9

⑬ 心の中ではこのうえもなく妬ましくつらく思っているのを、我慢しているのであった。→10

⑭ ただ一度で返事をするのも、待っていたのかと（僧たちが）思うといやだと考えて、→11

⑮ 責めたので、（男は）責められてつらく思い、そうしてしまおうと思うようになってしまった。→12

⑯ なかなか暮れない（長い）夏の日を一日中もの思いにふけっていると、これという理由もなく、悲しく思うことよ。→13

⑰ 藤壺宮は、ご病気になられて、（宮中より）退出なさった。→14

⑱ 何日も、何か月も、はっきりした兆候があって、ずっと患い続けていたのが、すっかり病気がよくなったのもうれしい。→15

1　所在なくもの思いにふけっていると　2　長い間病気になっていた男
3　病気が少しよくなる

16 おぼゆ

✤覚ゆ　［動ヤ下二］

フレーズ
心細くおぼゆ
⬇訳 心細く思われる

イメージ
自然に思われる

「思ほゆ」から変化した語です。「ゆ」は奈良時代の自発の助動詞で、「自然に思われる」感じから「思われる」「思い出される」、また「似る」という意味も生まれました。

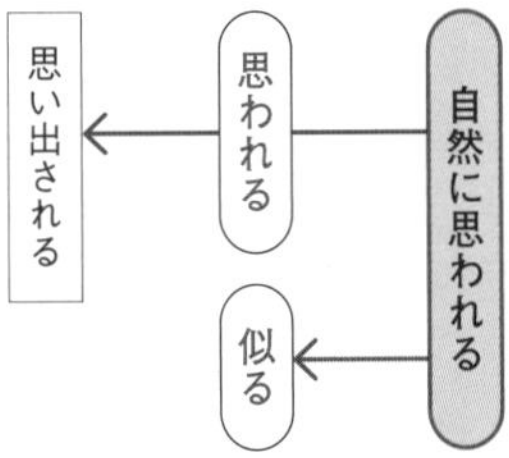

❶思われる
❷似る

関 おぼえ［名］→74

例文
❶かかることのいつぞやありしかと**覚え**て、（徒然草）
⬇訳 このようなことがいつかあったなあと思われて、

❷尼君(あまぎみ)の見上げたるに、少し**おぼえ**たるところあれば、子なめりと見給(たま)ふ。（源氏物語）
⬇訳 尼君が見上げている顔に、少し似ているところがあるので、（女の子は尼君の）子であろうとご覧になる。

17 さはる

✤障る　［動ラ四］

フレーズ
さはることあり
⬇訳 差し支えることがある

❶差し支える

関 さはり［名］
差し支え・支障

例文
❶「**さはる**ことありてまからで」なども書けるは、（徒然草）

イメージ

差し障る

「差し障りがあって、思い通りにいかない」感じです。「差し支える」以外に、「妨げになる」「邪魔になる」と訳す場合もあります。

差し障る → 差し支える
差し障る → ・妨げになる ・邪魔になる

↓訳 「差し支えることがあって参りませんで」などとも書いてあるのは、

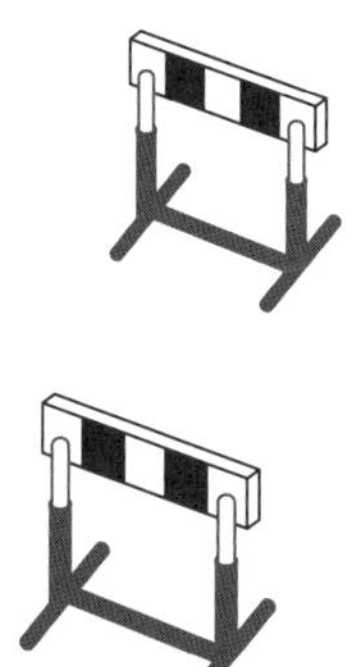

18 □ おくる 【動ラ下二】

✤後る・遅る

❶ 先立たれる

フレーズ

帝(みかど)におくれさせ給(たま)ふ

↓訳 帝に先立たれなさる

イメージ

死に遅れる

現代語の「遅れる」ですが、「後に取り残される」感じから、「死に遅れる」「先立たれる」という意味でよく用いられます。

後に取り残される → 死に遅れる → 先立たれる

例文

❶故姫君は、十ばかりにて殿に**おくれ**給(たま)ひしほど、（源氏物語）

↓訳 亡き姫君は、十歳ばかりで父君に先立たれなさったころには、

プラス **おくる**

「おくる」には「後る」のほかに「送る」もあります。「後る」は下二段活用、「送る」は四段活用なので、次のように見分けることができます。おくる人（連体形が「おく・る」は四段活用）→送る人。おくるる人（連体形が「おく・るる」は下二段活用）→先立たれる人。

19 □ ねんず

✣念ず

［動サ変］

フレーズ

念ずれど涙とまらず

➡訳 我慢するが涙がとまらない

イメージ

我慢

現代語と同じ「祈る」が本来の意味です。昔は病気から逃れるために「祈る」ことが多かったので、「我慢する」という意味が生まれました。

❶ 祈る

❷ 我慢する

類 しのぶ［動］→10

例文

❶ 仏神（ほとけかみ）に願（ぐわん）を立ててなん**念じ**ける。（源氏物語）

➡訳 神仏に願を立てて祈った。

❷ いま一声呼ばれていらへむと、**念じ**て寝たるほどに、（宇治拾遺物語）

➡訳 もう一度呼ばれてから返事をしようと、（食べたいのを）我慢して寝ているうちに、

20 □ ゐる

✣居る

［動ワ上一］

フレーズ

舟端（ふなばた）にゐて海を見る

➡訳 舟の端に座って海を見る

イメージ

じっとしている

❶ 座る

音 率（ゐ）る［動］→102

例文

❶ 三寸ばかりなる人、いとうつくしうて**ゐ**たり。（竹取物語）

➡訳 三寸ほどの人が、たいそうかわいらしい様子で座っている。

□1　心細く<u>おぼゆ</u>　□2　<u>さはる</u>ことあり

□3　帝に<u>おくれ</u>させ給ふ

「一つの場所にじっとしている」感じです。「立つ」の対義語として、「座る」という意味でよく用いられます。

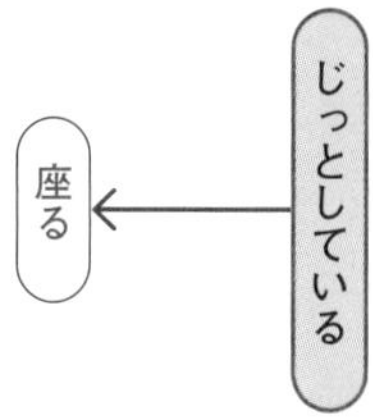

21 □ ぐす

✤具す ［動サ変］

❶備わる
❷連れる

フレーズ あまた**具し**て行く
⇒訳 たくさん連れて行く

イメージ 「具」＝備わる

道具・家具からわかるように、「具」という漢字には「備わる」という意味があります。人が備われば、「連れる」になります。

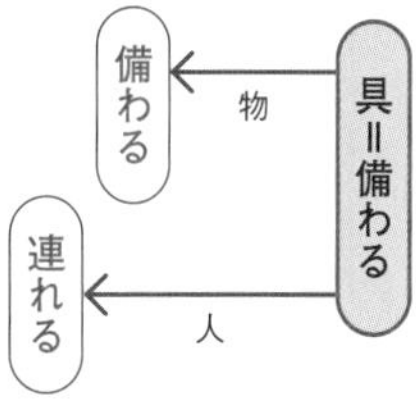

プラス 「ゐる」には「居る」以外に「率る」もあります。また「入る」「射る」は「ゐる」ではなく「いる」です。「ゐる」あるいは「いる」を漢字に直しなさい、という問題もよく出題されます。

例文

❶人よりことにかくしも**具し**たまへるありさまの、（源氏物語）
⇒訳 他人よりもとりわけこのように（何もかも）備わってなさるご様子で、

❷人あまた誘ひて、「いざ給へ、出雲（いづも）拝みに。かいもちひ召させん」とて、**具し**もて行きたるに、（徒然草）
⇒訳 人を大勢誘って、「さあ、いらっしゃい、出雲（神社）を拝みに。ぼた餅をごちそうしましょう」と言って、連れて行ったところ、

1　心細く思われる　　2　差し支えることがある
3　帝に先立たれなさる

22 □ ありがたし

✤有り難し

［形ク］

フレーズ

これほどなる物はありがたし

⬇訳 これほどの物はめったにない

イメージ

有ることが難しい

「有り」＋「難し」で「有ることが難しい」、すなわち「めったにない」という意味になります。ここから「尊くすばらしい」や、現代語の「感謝する」という意味が生じました。

「有り」＋「難し」 ― 有ることが難しい ← めったにない ← 尊くすばらしい

❶めったにない

関 かたし［形］→214

例文

❶ **ありがたき**もの。舅(しうと)にほめらるる婿。また、姑(しうとめ)に思はるる嫁の君。（枕草子）

⬇訳 めったにないもの。舅にほめられる婿。また、姑にかわいがられるお嫁さん。

23 □ かなし

✤愛し／悲し

［形シク］

フレーズ

親のかなしうする子

⬇訳 親がいとしく思う子

❶［愛し］いとしい

❷［悲し］悲しい

関 **かなしうす**［動］ かわいがる

例文

❶ 限りなく**かなし**と思ひて、河内(かふち)へも行かずなりにけり。（伊勢物語）

□1 念ずれど涙とまらず　□2 舟端にゐて海を見る
□3 あまた具して行く

イメージ

愛・悲

「愛」「悲」の漢字が当てられますが、「あるものに対する思いが強く、胸に迫る」感じは共通で、それぞれ愛情、悲哀を表します。

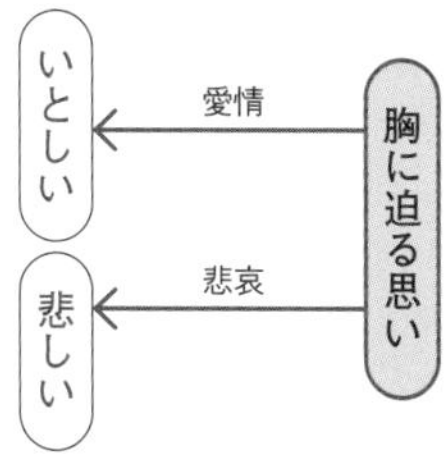

訳 (男は女を)この上なく**いとしい**と思って、河内へも行かなくなってしまった。

❷ この家にて生まれし女子の、もろともに帰らねば、いかがは**悲しき**。(土佐日記)

訳 この家で生まれた女の子が、(土佐で亡くなり)いっしょに帰ることがないので、(そのことが)どんなに**悲しい**ことか。

24 □ はづかし [形シク]

✤恥づかし

❶ きまりが悪い

❷ 立派だ

関 **ねたし**[形] しゃくだ

フレーズ

赤染衛門(あかぞめゑもん)は恥づかしき歌よみなり

訳 赤染衛門は**立派**な歌人である

イメージ

引け目を感じる

「自分に引け目を感じる」気持ちから「きまりが悪い」、また「こちらが恥ずかしくなるほど立派だ」というプラスの評価も表します。

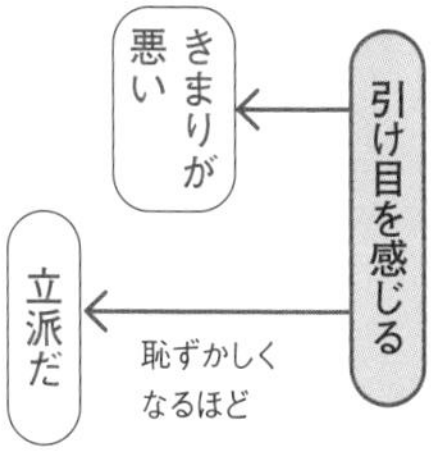

例文

❶「深く、さ、答(いら)へ給へば、いとぞかしこきや。」と、これをもいと**恥づかし**と思(おぼ)したり。(堤中納言物語)

訳「深く、そのように、お答えになるので、とても恐れいったことだ。」と、これ(=姫君の理屈)についてもたいそう**きまりが悪い**とお思いになっている。

❷ 皆、いと**恥づかしき**中に、宰相(さいしゃう)の御答(いら)へを、いかでかことなしびに言ひ出でむ。(枕草子)

訳 皆、たいそう**立派な**人たちである中でも、宰相様への御返歌を、どうして何でもないように言い出せようか。

1 我慢するが涙がとまらない　2 舟の端に座って海を見る
3 たくさん連れて行く

25 □ あさまし ［形シク］

フレーズ

あな、あさまし

↓訳 ああ、驚きあきれるほどだ

イメージ

予期しないことへの驚き

「予期しないことに出くわした時に驚く」感じです。プラスの評価なら「すばらしい」、マイナスなら「ひどい」という意味にもなります。

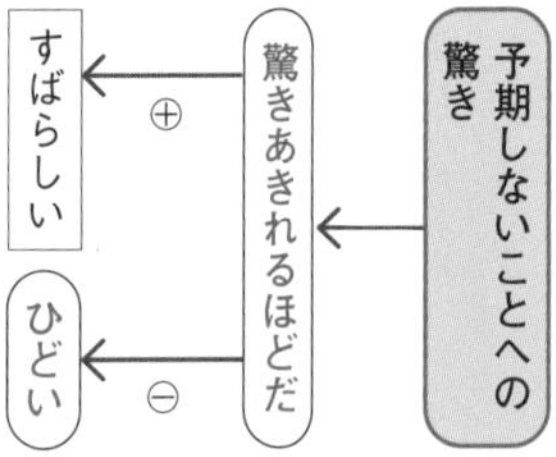

❶ 驚きあきれるほどだ
❷ ひどい

関 **あさましくなる**［連語］ 死ぬ

例文

❶ 裸にて史（さくわん）ゐたれば、盗人（ぬすびと）、**あさまし**と思ひて、（今昔物語集）

↓訳 裸で史が座っているので、盗人は驚きあきれるほどだと思って、

❷ また養和のころとか、久しくなりておぼえず。二年（ふたとせ）が間、世の中飢渇（けかつ）して、**あさましき**こと侍（はべ）りき。（方丈記）

↓訳 また養和の頃であったろうか、長い年月が経って（正確には）覚えていない。二年間、世の中に食料が欠乏して、ひどい状態になったことがありました。

26 □ おとなし ［形シク］

✤大人し

フレーズ

おとなしき心ある者

↓訳 思慮分別がある心を持った人

❶ 大人らしい
❷ 思慮分別がある

類 **をさをさし**［形］ 大人びている

例文

❶ かく**大人しく**ならせたまひにける御齢（よはひ）のほども夢のやうになん。（源氏物語）

イメージ

大人らしい

名詞「大人」が形容詞化した語で、「大人びている」が基本の意味です。「大人らしい」のほか「年輩の」「思慮分別がある」となります。

大人びている → 大人らしい
大人びている → 年輩の → 思慮分別がある

27 □ うし ［形ク］

✤憂し

フレーズ

憂き世のならひ

⬇訳 つらい世の中のさだめ

イメージ

つらい

「思い通りにならず、気が晴れない」感じです。「つらい」のほかに、「いやだ」「憎い」「薄情だ」と訳す場合もあります。

気が晴れない → つらい
気が晴れない → ・いやだ ・憎い ・薄情だ

⬇訳 このように**大人らしく**なられたご年齢もまるで夢のようだ。

❷上人（しやうにん）なほゆかしがりて、**おとなしく**もの知りぬべき顔したる神官（しんぐわん）を呼びて、（徒然草）

⬇訳 上人はいっそう（由緒を）知りたがって、**思慮分別があって**いかにもものを知っていそうな顔をした神官を呼んで、

❶ **つらい**

類 こころうし［形］
つらい
つらし［形］→128

例文

❶有明（ありあけ）のつれなく見えし別れより暁ばかり**憂き**ものはなし（古今和歌集）

⬇訳 有明けの月がそっけなく見えた、その、冷淡に思えたあの人との別れ以来、暁ほど**つらい**ものはない。

1 これほどの物はめったにない　2 親がいとしく思う子
3 赤染衛門は立派な歌人である

28 □ うるはし ［形シク］

✤ 麗し

フレーズ

装束(さうぞく)うるはしくしたる人

⬇ 訳 衣服がきちんとしている人

イメージ

きちんと

「整った美しさ」に対する気持ちを表します。容姿のほか心の美しさも表します。現代語の「麗しい」とは感じが少しずれています。

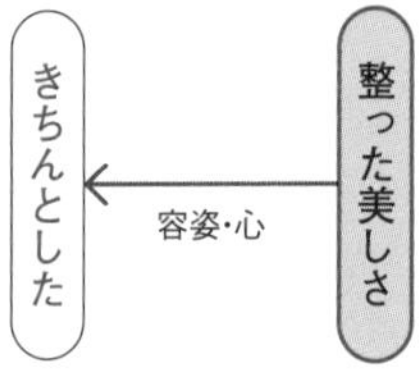

❶ きちんとしている

対 **しどけなし** ［形］→217

例文

❶ 着たる装束(さうぞく)をみな解きて、片端(かたはし)よりみなたたみて、車の畳の下に**うるはしく**置きて、（今昔物語集）

⬇ 訳 着ている衣服を全部脱いで、片っぱしからみなたたんで、牛車の畳の下にきちんと置いて、

29 □ うつくし ［形シク］

✤ 美し

フレーズ

うつくしき若君生まれ給(たま)ふ

⬇ 訳 かわいらしい若君がお生まれになる

イメージ

かわいらしい

❶ かわいらしい

類 **らうたし** ［形］ かわいい

例文

❶ 「子になり給(たま)ふべき人なめり。」とて、手にうち入れて、家へ持ちて来(き)ぬ。妻(め)の嫗(おうな)に預けて養はす。**うつくしき**こと、限りなし。（竹取物語）

□1　あな、<u>あさまし</u>　□2　<u>おとなしき</u>心ある者
□3　<u>憂き</u>世のならひ

小さいもの・幼い者に「かわいらしい」とひかれる感じで、ここから現在の意味に変化しました。

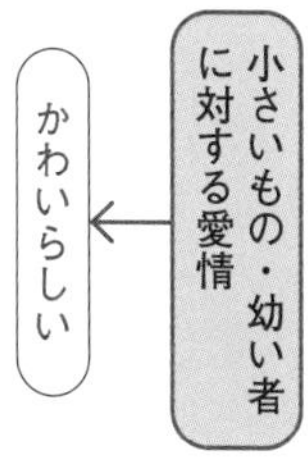

30 □ あやし ［形シク］

✤怪し／賤し

フレーズ **よにあやしきこと**

↓訳 本当に不思議なこと

イメージ **不思議なものに対する驚き**

「人知を超えた不思議なものに対して驚く」感じです。「普通と違う」ことから「不思議だ」、また貴族から見て庶民は「普通と違う」ので、「身分が低い」「粗末だ」という意味が生じました。

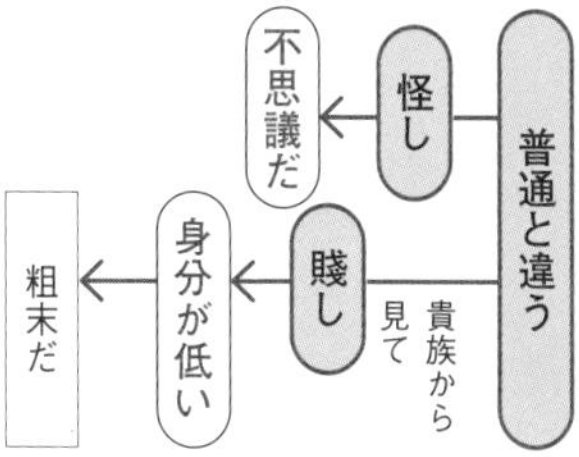

↓訳「私の子におなりになるはずの人のようだ。」と、てのひらに入れて、家へ持って来た。妻であるおばあさんに任せて育てさせる。かわいらしいこと、この上ない。

❶ ［怪し］ **不思議だ**

❷ ［賤し］ **身分が低い**

類 いやし［形］→44

例文

❶ あやしくて、近寄りて見ければ、いまだ見ぬ人なりけり。（十訓抄）

↓訳 不思議だと思って、近寄って見たところ、今まで見たことのない人であった。

❷ あやしき下臈（げらふ）なれども、聖人の戒めにかなへり。（徒然草）

↓訳 身分が低い下賤（げせん）な者であるが、聖人の教訓にかなっている。

プラス **うるはし・うつくし・あやし**

ステップAには古今異義語（現代語と古語で意味の異なる語）が多く集められています。「現代語とまったく意味が異なる語」よりも、「現代語に意味が似ているが、少しずれている語」が入試では要注意です。

1 ああ、驚きあきれるほどだ　2 思慮分別がある心を持った人
3 つらい世の中のさだめ

練習問題（16〜30）

傍線部の語を口語訳しなさい。

□① なほことざまの優(いう)に**覚え**て、もののかくれよりしばし見ゐたるに、（徒然草）

□② 后(きさい)の宮の姫君こそ、いとよう**おぼえ**て生(お)ひ出(い)でさせたまへりけれ。（源氏物語）

□③ 二日三日(ふつかみか)ばかり**さはる**ことありて、え行かでかくなむ。（伊勢物語）

□④ 人に**おくれ**て、四十九日の仏事にある聖(ひじり)を請(しやう)じ侍(はべ)りしに、（徒然草）

□⑤ 中に心賢(さか)しき者、**念じ**て射むとすれども、（竹取物語）

□⑥ その沢のほとりの木の陰に下り**ゐ**て、乾飯(かれいひ)食ひけり。（伊勢物語）

□⑦ 木曾殿(きそどの)の最後のいくさに、女を**具せ**られたりけりなんど言はれんことも、しかるべからず。（平家物語）

□⑧ 女の物言ひかけたる返事(かへりごと)、とりあえずよきほどにする男は、**ありがたき**ものぞとて、（徒然草）

□⑨ わが**かなし**と思ふむすめを仕うまつらせばや。（源氏物語）

訳　＊↓の下の数字は見出し語番号です。

① そうはいってもやはり（その家の人の）人柄が優雅に思われて、物陰からしばらく見続けていたところ、↓16

② 后の姫君は、たいそうよく（藤壺に）似てご成長なさいました。↓16

③ 二日三日ほど差し支えることがあって、（女のもとに）行くことができず、このように（詠んだ）。↓17

④ 人に先立たれて、四十九日の法要にある聖人を招きましたところ、↓18

⑤ （その）中で気丈な者が、我慢して射ようとするのだが、↓19

⑥ （男たちは）その沢のほとりの木の陰に馬から下りて座って、乾飯を食べた。↓20

⑦ 木曾殿が最後の戦いに、女を連れておられたなどと言われるようなことは、（大将軍として）ふさわしくない。↓21

⑧ 女が何か言葉をかけたときの返答を、即座に気の利いたふうにする男は、めったにいないものだといって、↓22

⑨ 私がいとしいと思う娘をお仕えさせたい。↓23

□1　装束うるはしくしたる人　□2　うつくしき若君生まれ給ふ
□3　よにあやしきこと

□⑩ **はづかしき**人の、歌の本末問ひたるに、ふと覚えたる、われながらうれし。（枕草子）

□⑪ かかる人も世に出で(い)おはするものなりけりと、**あさましき**まで目を驚かしたまふ。（源氏物語）

□⑫ 三歳にて別れし幼き人、**おとなしう**なって、髪結(ゆ)ふほどなり。（平家物語）

□⑬ **おとなしく**静やかなるけはひにて、ものなどいふ、くちをしからざなり。（更級日記）

□⑭ あり所は聞けど、人の行き通ふべき所にもあらざりければ、なほ**憂し**と思ひつつなむありける。（伊勢物語）

□⑮ この中納言参り給(たま)へれば、**うるはしく**なりて、居(ゐ)直りせられければ、（大鏡）

□⑯ さても、いと**うつくしかり**つる児(ちご)かな、何人ならむ、（源氏物語）

□⑰ 返り言(ごと)今は持て来ぬらむかし、**あやしう**遅き、と待つほどに、（枕草子）

□⑱ **あやしき**海人(あま)どもなどの、貴(たか)き人おはする所とて、集まり参りて、（源氏物語）

---

⑩ 立派な人が、和歌の上の句や下の句を尋ねたところ、とっさに思い出したのは、我ながらうれしい。→24

⑪ このようなすばらしい人もこの世に生まれ出ていらっしゃるものだなあと、驚きあきれるほどに目を見張っておいでになる。→25

⑫ 三歳で別れた幼い子は、大人らしくなって、髪を結い上げるほどの年歳である。→26

⑬ （その方は）思慮分別がありもの静かな感じで、話をする、立派な方のようである。→26

⑭ （その人の）居場所は聞いたが、普通の人が行き通うことができる所でもなかったので、（男は）やはりつらいと思い続けていた。→27

⑮ この中納言が参上なさったので、（座が）きちんと改まり、居ずまいを正したりなどなさいましたので、→28

⑯ それにしても、たいそうかわいらしい子だったなあ、誰だろう、→29

⑰ 返事をもう間もなく持って来るだろうよ、不思議に遅い、と待つうちに、→30

⑱ 身分が低い漁師たちなどが、身分の高いお方がいらっしゃる所だといって、集まって参上して、→30

1 衣服がきちんとしている人　2 かわいらしい若君がお生まれになる
3 本当に不思議なこと

31 よろし［形シク］

✤宜し

フレーズ **よろしき歌なり**

⇩ 訳 悪くはない歌だ

イメージ **相対的に良い**

他と比較して「まあまあだ」という相対的な評価を表し、「悪くはない」「普通だ」となります。絶対的に「良い」を表すのは「よし」です。

相対的に良い → 悪くはない → 普通だ

❶悪くはない
❷普通だ

類 **よし**［形］良い

例文

❶笠(かさ)うち着、足ひき包み、**よろしき**姿したる者、（方丈記）

⇩ 訳 笠をかぶり、足を覆って、悪くはない身なりをしている者が、

❷春ごとに咲くとて、桜を**よろしう**思う人やはある。（枕草子）

⇩ 訳 春が来るたびに咲くからといって、桜を普通だと思う人がいるだろうか、いやいない。

＊「よろしう」は「よろしく」のウ音便です。

類 仏だに**よく**書き奉(たてまつ)らば、（宇治拾遺物語）

⇩ 訳 せめて仏だけでもよく（→上手に）描き申しあげるならば、

32 あし［形シク］

✤悪し

フレーズ **歌集なれどあしき歌あり**

⇩ 訳 歌集であっても悪い歌がある

イメージ **絶対的に悪い**

❶悪い

類 **わろし**［形］良くはない

例文

❶翁(おきな)心地**あしく**、苦しき時も、この子を見れば、苦しきこともやみぬ。（竹取物語）

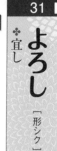

⇩ 訳 翁は気分が悪くて、苦しい時も、この子を見ると、苦しいことも

絶対的に「悪い」様子を表します。「良くはない」「普通より劣る」など、相対的に「悪い」を表すのは「わろし」です。「あし」の対義語が「よし」、「わろし」の対義語が「よろし」です。

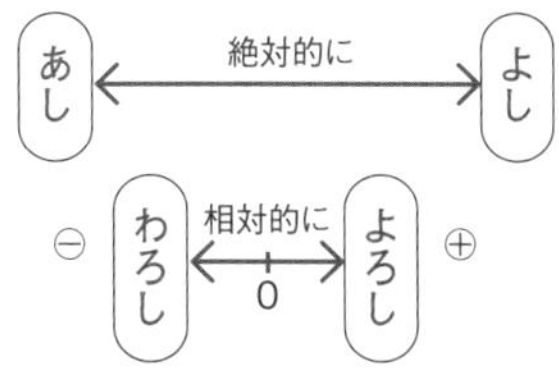

33 □ おもしろし ［形ク］

✤面白し

フレーズ **月のいみじうおもしろきに**

↓訳 月がたいそう趣があるので

イメージ **ぱっと明るくなる**

「目の前がぱっと明るくなる」感じで、景色が「趣がある」「美しい」など、視覚的な美しさを表す場合が多い語です。

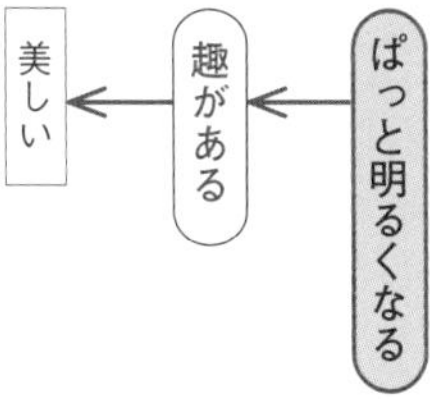

やんだ。

類 年ごろは**わろく**書きけるものかな。（宇治拾遺物語）

↓訳 長年にわたって良くはなく（↓下手に）描いていたものだな。

プラス **よろし・わろし**

「よろしき歌」は、一見すると「良い歌」のように思えますが、他と比較して相対的に良いと言っているので、実際には「そこそこよい歌」「平凡な歌」というニュアンスになります。「わろし」についても同様です。

❶ 趣がある

類 をかし［形］→41

例文

❶ ついで**おもしろき**こととともや思ひけむ。（伊勢物語）

↓訳 （事が進んでいく）順序を趣があることとでも思ったのだろうか。

イ その沢にかきつばたいと**おもしろく**咲きたり。（伊勢物語）

↓訳 その沢にかきつばたがたいそう美しく咲いていた。

34

ゆゆし

［形シク］

❶ 不吉だ
❷ はなはだしい
❸ すばらしい

類 **いまいまし**［形］ 不吉だ

フレーズ

ゆゆしくかたし

↓訳 はなはだしく難しい

イメージ

神聖

「神聖で畏れおおい、はばかられる」が本来の意味で、そこから「不吉だ」、さらに「はなはだしい」「すばらしい」「ひどい」などの意味が生じました。

神聖で畏れおおい → 不吉だ / はなはだしい / すばらしい / ひどい

例文

❶ あな、**ゆゆし**。さらに、さるものなし。（枕草子）

↓訳 ああ、不吉だ。まったく、そんなものはいません。

❷ おのおの拝みて、**ゆゆしく**信（しん）起こしたり。（徒然草）

↓訳 それぞれが拝んで、はなはだしく信心をおこした。

❸ ただ人（うど）も、舎人（とねり）など賜（たま）はるきはは、**ゆゆし**と見ゆ。（徒然草）

↓訳 ふつうの貴族でも、舎人などを（朝廷から）いただく身分の人は、すばらしく思われる。

35

つきづきし

［形シク］

❶ ふさわしい

対 **つきなし**［形］ ふさわしくない

フレーズ

家居（いへゐ）**つきづきし**

↓訳 住まいが（住む人に）ふさわしい

例文

❶ いと寒きに、火などいそぎおこして、炭もてわたるも、いと**つきづ**

□1　よろしき歌なり
□2　歌集なれどあしき歌あり
□3　月のいみじうおもしろきに

イメージ

ぴったり

動詞「付く」から生じた語で、「物と物がぴったりしている」感じです。「ふさわしい」「しっくりしている」といった意味になります。

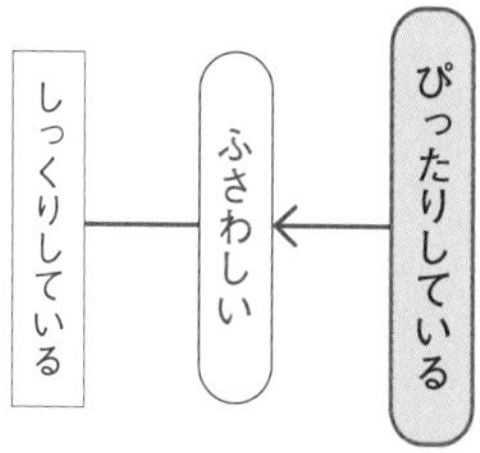

きし。

⬇訳 とても寒い時に、火などを急いでおこして、炭火を持って通って行くのも、たいそう（冬の朝に）ふさわしい。

（枕草子）

36 しるし ［形ク］

✤著し

❶ はっきりしている

音 験（しるし）［名］→73

フレーズ

隅々までしるく見ゆ

⬇訳 隅々まではっきりと見える

イメージ

はっきり

「はっきりしている」が本来の意味で「明白な様、顕著な様」を言います。現代語の「著しい」もこの語からできました。

例文

❶ つれなしづくりたまへども、ものおぼし乱るるさまの**しるけれ**ば、

（源氏物語）

⬇訳（光源氏は）さりげなくしていらっしゃるが、何か思い悩んでいる様子がはっきりしているので、

1 悪くはない歌だ　2 歌集であっても悪い歌がある
3 月がたいそう趣があるので、

37 □ かたはらいたし

✤傍ら痛し　［形ク］

フレーズ

かたはらいたく見苦しきことなり

➡訳 きまりが悪くみっともないことだ

イメージ

はらはら

傍ら（かたわ）で見たり聞いたりして、「いたたまれずはらはらする」感じです。他者に対しては「気の毒だ」「苦々しい」、自分が見られて「きまりが悪い」「恥ずかしい」となります。

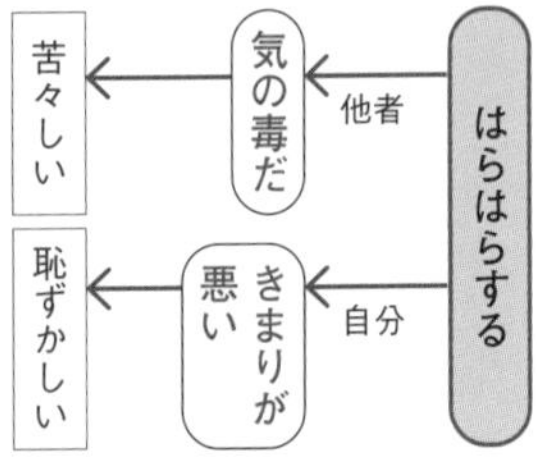

❶ 気の毒だ
❷ きまりが悪い

例文

❶女もなみならず**かたはらいたし**と思ふに、御消息（せうそこ）も絶えてなし。（源氏物語）

➡訳 女もひとかたならず（光源氏を）気の毒だと思っているが、お便りもすっかり絶えている。

❷まだ験（げん）つくばかりの行ひにもあらねば**かたはらいたけれ**ど、（源氏物語）

➡訳 まだ効験が備わるほどの仏道修行もしていませんのできまりが悪いですが、

38 □ ゆかし

［形シク］

フレーズ

山里のありさまいとゆかし

➡訳 山里の様子をたいそう見たい

❶ ～したい

例文

❶まゐりたる人ごとに山へ登りしは、何事かありけん、**ゆかしかり**

□1　ゆゆしくかたし　□2　家居つきづきし
□3　隅々までしるく見ゆ

イメージ

～したい

「行(ゆ)かし」（＝行きたい）が語源で、「見たい」「知りたい」など、「～したい」という様々な意味になります。

しかど、（徒然草）

訳 参詣(さんけい)した人々がいずれも山へ登っていったのは、山の上に何事があったのだろうか、**知りたかった**けれども、

❶ **ゆかしく**おぼゆるままに、「この源氏の物語、一の巻よりして、みな見せ給へ。」と、心のうちに祈る。（更級日記）

訳 （続きを）**見たい**と思われるので、「この源氏の物語を、一の巻から、全部お見せください。」と、心の中で祈る。

39 □ はしたなし ［形ク］

❶ **不似合いだ**

❷ **きまりが悪い**

フレーズ

はしたなくて返り事せず

訳 **きまりが悪く**て返事をしない

イメージ

どっちつかず

「どっちつかず」で中途半端」な感じです。そこから「不似合いだ」、また「きまりが悪い」「落ち着かない」といった意味になります。

どっちつかず → 不似合いだ / きまりが悪い / 落ち着かない

例文

❶ 思ほえず、ふるさとにいと**はしたなく**てありければ、心地まどひにけり。（伊勢物語）

訳 思いがけず、昔の都に（女が）たいそう**不似合いで**いたので、（男は）すっかり心が乱れてしまった。

❷ **はしたなき**もの。他人(ことひと)を呼ぶに、「わがぞ」とさし出でたる。（枕草子）

訳 **きまりが悪い**もの。他の人を呼んでいるのに、「自分のことだ」と思って出てきた者。

1 はなはだしく難しい　2 住まいが（住む人に）ふさわしい
3 隅々まではっきりと見える

40 □ いとほし ［形シク］

フレーズ
いとほしくあはれに思ふ
⬇訳 気の毒でかわいそうに思う

イメージ
見ていてつらい
「見ていてつらい」感じから「気の毒だ」、さらに幼い者・弱い者に対して「いじらしい」「かわいい」という意味も生じました。

❶ 気の毒だ

類 こころぐるし［形］→50
びんなし［形］→136

例文
❶ただ木の端などのやうに思ひたるこそ、いといとほしけれ。（枕草子）
⬇訳（世の人が法師を）ほんの木の切れ端などのように思っているのは、たいそう気の毒だ。

午前4時…

41 □ をかし ［形シク］

フレーズ
月さし出でてをかし
⬇訳 月が出て趣がある

イメージ
明るく晴れやか

❶ 趣がある

類 おもしろし［形］→33
あはれなり［形動］→55

例文
❶ただ一つ二つなど、ほのかにうち光りて行くもをかし。（枕草子）
⬇訳（蛍が闇の中を）ほんの一つ二つなど、ほのかに光って飛んで行くのも趣がある。

□1　かたはらいたく見苦しきことなり　□2　山里のありさまいとゆかし
□3　はしたなくて返り事せず

「普段と異なる様子に接した時の、明るく晴れやかな」感動を表し、「趣がある」「すばらしい」という意味になります。

明るく晴れやかな感動 — 趣がある → すばらしい

プラス 「をかし」と対比される語に、しみじみとした感動を表す「あはれなり」（→55）があります。一般に、清少納言の『枕草子』は「をかしの文学」、紫式部の『源氏物語』は「あはれの文学」と評されています。

42 □ おぼつかなし ［形ク］

❶ はっきりしない
❷ 気がかりだ

類 こころもとなし［形］→51

フレーズ

経文（きやうもん）のおぼつかなき所を尋ぬ

⬇ 訳 経文のはっきりしない箇所を質問する

イメージ

ぼんやり

「おぼ」は「おぼろ」と同じ語源で、「ぼんやりしてつかみどころがない」感じです。ここから「はっきりしない」「気がかりだ」、さらに「待ち遠しい」という意味が生じました。

ぼんやりしてつかみどころがない — はっきりしない → 気がかりだ / 待ち遠しい

例文

❶ 明けぐれの空に、雪の光見えて**おぼつかなし**。（源氏物語）

⬇ 訳 夜明けの薄暗い空に、雪明かりが見えて（あたりの様子が）はっきりしない。

❷ 御前（おまへ）渡りの**おぼつかなき**にこそ、なほ、え絶えてあるまじかりける。（枕草子）

⬇ 訳 中宮のご身辺が気がかりなので、やはり、（中宮に）お目にかからずにはいられそうもなかった。

1 きまりが悪くみっともないことだ　2 山里の様子をたいそう見たい
3 きまりが悪くて返事をしない

43 □ めでたし ［形ク］

フレーズ **花めでたく咲きけり**

⇩訳 花がすばらしく咲いていた

イメージ **すばらしい**

動詞「めづ」（＝ほめる）と形容詞「いたし」（＝はなはだしい）からできた語です。「すばらしい」「立派だ」という意味になります。

「めづ」＝ほめる ＋ 「いたし」＝はなはだしい → すばらしい ― 立派だ

❶ **すばらしい**

関 **めづ**［動］→1
めづらし［形］
すばらしい
いたし［形］→46

例文

❶ 直衣（なほし）着たる男の、笛吹きければ、誰（たれ）ならむと思ふほどに、その笛の音、この世にたぐひなく**めでたく**聞こえければ、（十訓抄）

⇩訳 直衣を着ている男が、笛を吹いたので、誰であろうかと思ううちに、その笛の音は、この世で比べるものがなく**すばらしく**聞こえたので、

イ 丹波（たんば）に出雲（いづも）といふ所あり。大社（おほやしろ）を移して、**めでたく**造れり。（徒然草）

⇩訳 丹波に出雲という所がある。出雲大社（の神霊）を移して、（社殿を）**立派に**造った。

44 □ いやし ［形シク］

✤卑し・賤し

フレーズ **あてなるもいやしきも**

⇩訳 身分が高い者も身分が低い者も

イメージ **劣っている**

❶ **身分が低い**

類 **あやし**［形］→30
対 **あてなり**［形動］→52

例文

❶ 昔、男ありけり。身は**いやし**ながら、母なむ宮なりける。（伊勢物語）

⇩訳 昔、男がいた。**身分は低い**けれど、母は天皇の子であった。

□1 いとほしくあはれに思ふ　□2 月さし出でてをかし
□3 経文のおぼつかなき所を尋ぬ

「身分や品位などが劣っている」感じです。「下品だ」「みすぼらしい」といった訳が適切な場合もあります。

身分・品位が劣る ← 身分が低い ← 下品だ／みすぼらしい

45 □ はかなし ［形ク］

フレーズ

十一月（しもつき）も**はかなく**過ぎぬ

➡ 訳 十一月もむなしく過ぎた

イメージ

確かなものがない

「確かなものがない」感じです。「むなしい」「頼りない」「ちょっとした」などの意味になります。また「はかなくなる」は「死ぬ」という意味です。

確かなものがない ← むなしい ← 頼りない／ちょっとした

イ ただ文字一つにあやしう、あてにも**いやしう**もなるは、いかなるにかあらむ。（徒然草）

➡ 訳 ただ文字一つで不思議に、上品にも下品にもなるのは、どういうわけであろうか。

＊「いやしう」は「いやしく」のウ音便です。

❶ むなしい
❷ ちょっとした

対 はかばかし［形］→120
関 はかなくなる［連語］ 死ぬ

例文

❶ 見ぬ古（いにしへ）のやんごとなかりけん跡のみぞ、いと**はかなき**。（徒然草）

➡ 訳 見たことのない昔の、高貴な方が住んでいたという屋敷跡は、とてもむなしい。

❷ 梨の花、よにすさまじきものにて、近うもてなさず、**はかなき**文つけなどだにせず。（枕草子）

➡ 訳 梨の花は、実に興ざめなもので、身近にもてはやさず、ちょっとした手紙を付けることさえしない。

関 いといたく思ひ嘆きて、**はかなくなり**侍りにしかば、（源氏物語）

➡ 訳 たいそうひどく嘆き悲しんで、死んでしまいましたので、

1 気の毒でかわいそうに思う　2 月が出て趣がある
3 経文のはっきりしない箇所を質問する

練習問題（31〜45）

傍線部の語を口語訳しなさい。

□① 若く、**よろしき**男の、下種(げす)女の名、呼びなれて言ひたるこそ憎けれ。（枕草子）

□② 唐土(もろこし)にも、かかることの起こりにこそ、世も乱れ**悪しかり**けれと、（源氏物語）

□③ 月のあかき夜などは、いと**おもしろき**を、ながめ明かし暮らすに、（更級日記）

□④ 月のもり来て、ちごの顔にあたりたるが、いと**ゆゆしく**おぼゆれば、（更級日記）

□⑤ 例の物乞(こ)ひに来たりけるを、「例の鉢来にたり。**ゆゆしく**ふくつけき鉢よ」とて、（宇治拾遺物語）

□⑥ 家居(いへゐ)の**つきづきしく**、あらまほしきこそ、仮の宿りとは思へど、興(きょう)あるものなれ。（徒然草）

□⑦ 三月(みつき)になり給へば、いと**しるき**ほどにて、（源氏物語）

□⑧ かやうのことこそは、**かたはらいたき**ことのうちに入れつべけれど、（枕草子）

□⑨ **ゆかしき**ことどもをも書き集め、世にあることなどをも聞けば、いとよし。（枕草子）

訳　＊↓の下の数字は見出し語番号です。

① 若くて、悪くはない（身分の）男が、身分の低い女の名を、呼びなれて言っているのは、憎らしい。↓31

② 中国でも、このようなことが原因で、世の中も乱れ悪かったということだと、↓32

③ 月の明るい夜などは、たいそう趣がある景色を、眺めて夜を明かしながら毎日を送っていたが、↓33

④ 月の光がもれてきて、幼児の顔にあたっているのが、たいそう不吉に思われるので、↓34

⑤ いつもの人が物乞いに来たのを、「いつもの鉢が来た。はなはだしく欲の深い鉢だよ」と言って、↓34

⑥ 住まいが（住む人に）ふさわしく、好ましいのは、（現世での）一時的な住まいとは思うが、感興あるものである。↓35

⑦ （妊娠）三か月におなりなので、たいそうはっきりしているころで、↓36

⑧ このような（自慢話めいた）ことは、きまりが悪いことの中にきっと入れてしまうはずのものであるが、↓37

⑨ 知りたいことなどを書き集め、世間の出来事なども聞く（ことができる）ので、たいへんよい。↓38

□1　花めでたく咲きけり　□2　あてなるもいやしきも
□3　十一月もはかなく過ぎぬ

□⑩ 涙のこぼるるを人の見るも**はしたなけれ**ど、（源氏物語）

□⑪ 天(あま)の羽衣うち着せ奉(たてまつ)りつれば、翁(おきな)を、**いとほし**、かなしと思(おぼ)しつることも失せぬ。（竹取物語）

□⑫ 蓬(よもぎ)の、車に押しひしがれたりけるが、輪(わ)の回りたるに、近うちかかりたるも**をかし**。（枕草子）

□⑬ 夕月夜(ゆふづくよ)の**おぼつかなき**ほどに、忍びて尋ねおはしたるに、（徒然草）

□⑭ **おぼつかなき**もの。十二年の山ごもりの法師の女親(めおや)。（枕草子）

□⑮ かぐや姫のかたちの、世に似ず**めでたき**ことを、帝(みかど)聞こしめして、（竹取物語）

□⑯ かぐや姫は、罪を作り給へりければ、かく**いやしき**おのれがもとに、しばしおはしつるなり。（竹取物語）

□⑰ 行く水に数書くよりも**はかなき**は思はぬ人を思ふなりけり（古今和歌集）

□⑱ 幼心地(をさなごこち)にも、**はかなき**花紅葉(もみぢ)につけても心ざしを見え奉(たてまつ)る。（源氏物語）

---

⑩ 涙がこぼれるのを人が見るのも<u>きまりが悪い</u>が、→39

⑪ 天の羽衣を着せ申し上げたので、翁を、<u>気の毒だ</u>、いとしいとお思いになっていたことも消えてしまった。→40

⑫ 蓬で、車に押しつぶされていたのが、牛車の車輪が回るにつれて（持ち上げられ）、近くにひっかかっているのも<u>趣</u>がある。→41

⑬ 夕方の月が<u>はっきりしない</u>ころに、こっそりとお訪ねになり、→42

⑭ <u>気がかりな</u>もの。十二年間山籠もりをしている僧の母親。→42

⑮ かぐや姫の容貌が、世に比べるものがないほど<u>すばらしい</u>ことを、帝がお聞きになって、→43

⑯ かぐや姫は、（天上界で）罪を犯しなさったので、このように<u>身分が低い</u>おまえのところに、しばらくいらっしゃったのである。→44

⑰ 流れ行く水に数を書くよりも<u>むなしい</u>ことは、（私のことを）愛さない人を愛することであるなあ。→45

⑱ （源氏の君は）幼い心にも、<u>ちょっとした</u>花や紅葉に託して（藤壺に）好意をお見せ申し上げる。→45

1 花が<u>すばらしく</u>咲いていた　2 身分が高い者も<u>身分が低い</u>者も
3 十一月も<u>むなしく</u>過ぎた

入試問題（1〜45）

(1)〜(6)は傍線部の口語訳として最も適切なものを選び、(7)〜(15)は傍線部を口語訳しなさい。

□(1) 装束（しょうぞく）送りたる文を見て、**喜びののしる**もあり。 →2

①喜びながら不満も言う
②嬉しくて大騒ぎする
③喜ぶ者を批判する

訳 装束を送ってくれた手紙を見て、②嬉しくて大騒ぎする者もいる。（曽我物語・学習院大）

□(2) 宮かくれさせ給ひてのち、守の家に帰りて住み侍るに、月ごろ心地わづらひてややおこたりけるほど、 →15

①油断した
②後退した
③回復した

訳 宮がお亡くなりになったのち、国守の家に帰って住んでおりましたところ、数か月病気になって少し③回復した頃、（兼好諸国物語・同志社大）

□(3) 君と申しながらも、**恥づかしげにおはす**とは見奉らずや。 →24

①立派な様子でいらっしゃる
②恥さらしな様子でいらっしゃる
③気がひける様子でいらっしゃる

訳 君と申し上げるのに、①立派な様子でいらっしゃるとは見申し上げませんか。（落窪物語・センター）

□(4) 四つにて別れにし若君、**おとなしく**なりて、髪おひのび、肩のまはりうち過ぎて、ゆふほどになりたり。 →26

①落ち着いて　②堂々として　③大人らしく

訳 四歳で別れた若君は、③大人らしくなって、髪も伸び、肩のほどを過ぎて、結うくらいになっていた。（平家物語・白百合女子大）

□(5) このほどはここにとこそ聞きしか、いづくならんと、**ゆかしくおぼしめして、** →38

①いぶかしくお思いになって
②縁起が悪いとお思いになって
③知りたくお思いになって

訳 このごろはここに（姫君がいると）聞いたが、どこなのであろうかと、③知りたくお思いになって、（小夜衣・センター）

□(6) 小柴（こしば）といふものは**かなくしなしたる**を、同じことなれど、いとなつかしく、よしある様なり。 →45

①かわいらしく飾ってある
②形ばかりしつらえてある
③こぎれいに手入れしてある

訳 小柴垣というものを②形ばかりしつらえてあるのも、（よそと）同じことであるが、とても心ひかれ、趣のある様子である。（山路の露・共通テスト）

□(7)香を懐かしむ時鳥もやと待たせおはしますに、心づくしの一声も**あかず**恨めし。 →4

訳 香にひかれるほととぎすも（来るだろうか）と待っていらっしゃるが、気をもみながら待った上での一声も満足せず恨めしい。（中務内侍日記・福井大）

□(8)母后、いと**いみじう時めき**、皇子のおぼえもすぐれて、皇子の →5

訳 母上の后は、とても並々でなくご寵愛を受けられ、皇子の（唐帝からの）ご寵愛も際立って、（浜松中納言物語・広島大）

□(9)隅の間の高欄におしかかりて、御前の庭をも、御簾の内をも見わたして**ながめたまふ**。 →13

訳（源氏は）隅の間の高欄にもたれて、庭先や御簾の中を見渡して、もの思いにふけっていらっしゃる。（源氏物語・香川大）

□(10)「必ず**具して**参れ。もし**具して**参らずは罪せむ」と仰せられければ、 →21

訳「必ず連れて参れ。もし連れて参らなければ罪にする」とおっしゃったので、（俊頼髄脳・都留文科大）

□(11)年ごろ隔てて御覧ずるは、**あさましう**この世のものならず、 →25

訳 数年を隔てて（帝が）ご覧になる（中納言の）姿は、驚きあきれるほどこの世のものとは思えず、（浜松中納言物語・大阪大）

□(12)悔しきこと多かれど、かひなければ、明けゆく空も**はしたなうて**出でたまふ。 →39

訳 悔やまれることが多いけれど、どうしようもないので、空が明るくなっていくのもきまりが悪くてご退出なさる。（源氏物語・國學院大）

□(13)いたづらに年を送る女、このかず、あまりつもりぬれば、「**いとほし**。われをたのみて、いたづらに年を送る。**いとほしき**事なり」とて、 →40

訳 むなしく年を過ごす侍女の、その人数が、あまりに多くなったので、「かわいそうだ。私を頼りにして、むなしく年を過ごしている。気の毒なことだ」とおっしゃって、（俊頼髄脳・三重大）

□(14)過ぎ来つる日数の程なきに、とまる人々の行く末を**おぼつかなく**、 →42

訳 過ごしてきた日数はそれほどではないのに、（都に）とどまる人々のその後が心配で、（うたたね・岐阜大）

□(15)枕草子の返す返す申して侍るめれば、こと新しく申すに及ばねど、なほいと**めでたき**ものなり。 →43

訳 枕草子に繰り返し申しているようですので、今さら申す必要もありませんが、やはりとてもすばらしいものです。（無名草子・名城大）

46 いたし［形ク］

フレーズ

風いたく吹く

➡訳 風がひどく吹く

イメージ

痛いほどはなはだしい

「痛みを感じるほどはなはだしい」感じから、多くは連用形「いたく」で「ひどく」となり、プラスの意味なら「すばらしい」になります。現在でも「いたく感激した」と使います。

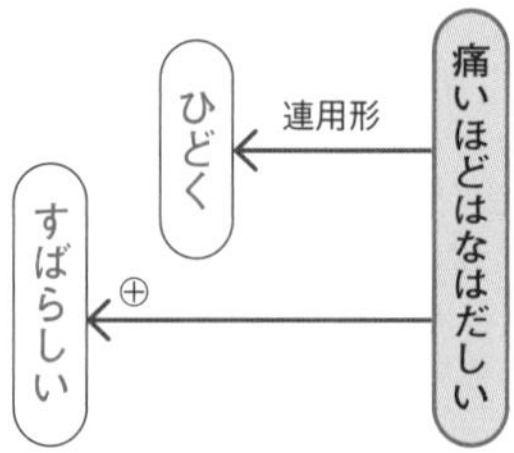

❶［連用形「いたく」で］ひどく

❷すばらしい

関 **あやにくなり**［形動］ひどい

例文

❶かぐや姫、いと**いたく**泣きたまふ。（竹取物語）

➡訳 かぐや姫は、たいそうひどくお泣きになる。

❷造れるさま木深(こぶか)く、**いたき**所まさりて、見どころある住まひなり。（源氏物語）

➡訳（家を）作った様子は木立が深く、すばらしい所が多く、見所のある住まいである。

47 いみじ［形シク］

フレーズ

いみじううつくしき児(ちご)

➡訳 たいそうかわいらしい子ども

❶［連用形「いみじく(う)」で］たいそう

❷すばらしい

類 **ゆゆし**［形］→34

例文

❶昔の人はいささかの事をも、**いみじく**自賛したるなり。（徒然草）

イメージ

並外れている

「忌み嫌うほど並外れている」感じで、連用形「いみじく(う)」は「たいそう」と訳します。意味はプラスにもマイナスにも使われます。

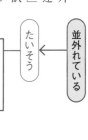

並外れている → たいそう → ⊕ すばらしい / ⊖ 大変だ

⬇訳 昔の人はちょっとしたことについてでも、たいそう自慢したものだ。

❷ 勘解由次官顕宗(かげゆのすけあきむね)とて、**いみじき**笛吹きありけり。（十訓抄）

⬇訳 勘解由次官顕宗という、すばらしい笛吹きがいた。

㋑ あな**いみじ**や。いとあやしきさまを、人や見つらむ。（源氏物語）

⬇訳 まあ大変だわ。たいそう見苦しい様子を、誰かが見てしまったかしら。

48 □ さうざうし ［形シク］

❶ 物足りない

類 **さびし**［形］ 物足りない

フレーズ

酒を一人たうべんはさうざうし

⬇訳 酒を一人でいただくのは物足りない

イメージ

心さびしい

「索々(さく)(寂々)し」が語源とされ、「あるべきものがなく、心が満足しない」様子を表します。意味は「物足りない」「心さびしい」となります。

心が満足しない → 物足りない → 心さびしい

例文

❶ 帝(みかど)、**さうざうし**とや思(おぼ)し召しけむ、殿上(てんじやう)に出でさせおはしまして遊びおはしましけるに、（大鏡）

⬇訳 帝は物足りないとお思いになったのでしょうか、殿上の間にお出ましになられて管絃の遊びなどをなさっていた時に、

やむごとなし

［形ク］

＊「やんごとなし」とも言います。

❶ 高貴だ

類 あてなり［形動］→52

フレーズ

やむごとなき大臣

⬇訳 高貴な大臣

例文

❶ 法皇の御夢に、よに気高く**やんごとなき**翁（おきな）の、束帯にて御枕に立ちて、（古今著聞集）

⬇訳 （鳥羽）法皇の御夢に、たいそう気品があって高貴な老人が、束帯姿（の正装）で御枕元に立って、

＊「やんごとなき」は「やむごとなき」の撥（はつ）音便です。

イメージ

高貴

「止むことなし」が語源で、「そのままにしておけない」ことから、身分などが「高貴だ」、学識などが高く「尊い」、また「並々でない」といった意味になります。

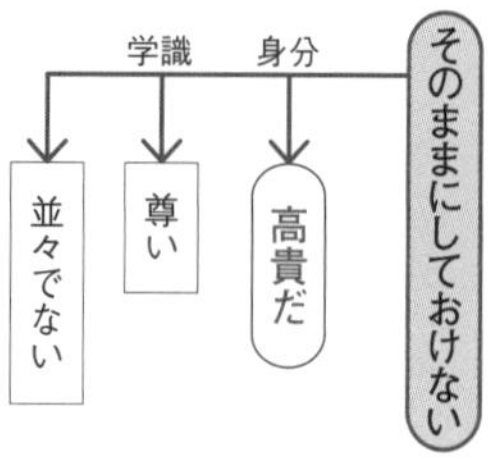

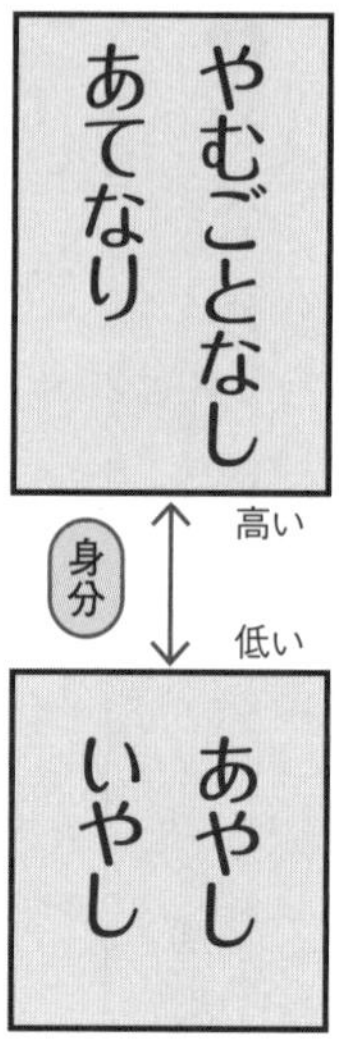

こころぐるし

［形シク］

✤心苦し

❶ つらい

❷ 気の毒だ

類 いとほし［形］→40

フレーズ

姫の**心苦しき**御気色（けしき）

⬇訳 姫の気の毒なご様子

例文

❶ 小次郎がうす手負うたるをだに、直実（なほざね）は**心苦しう**こそ思ふに、

イメージ

心苦しい

漢字の通り「心に苦しく思う」感じを表します。自分の心の場合は「つらい」、他者に対しては「気の毒だ」という意味になります。

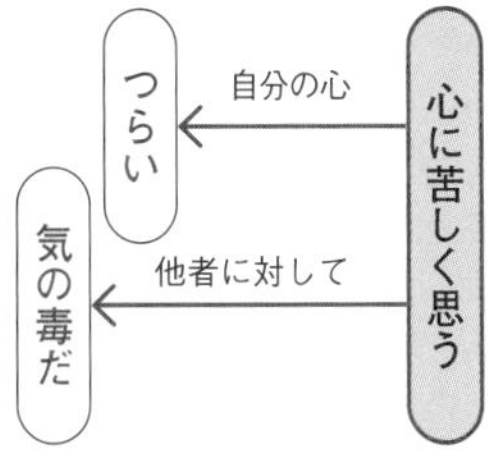

↓訳（息子の）小次郎が軽傷を負ったのさえ、直実は**つらく**思うのに、（平家物語）

＊「心苦しう」は「心苦しく」のウ音便です。

❷ **心苦し**とや思ひけむ、やうやうあはれと思ひけり。（伊勢物語）

↓訳（女は）**気の毒だ**と思ったのだろうか、しだいにいとしく思うようになった。

51 □ こころもとなし ［形ク］

✤心もとなし

❶ 待ち遠しい

❷ 気がかりだ

類 おぼつかなし［形］→42

フレーズ

人待つほど、いと心もとなし

↓訳 人を待つ間、たいそう待ち遠しい

イメージ

気持ちが落ち着かない

「心がむやみに〜する」という感じです。気持ちが先行して落ち着かないことから、「待ち遠しい」「気がかりだ」といった意味になります。

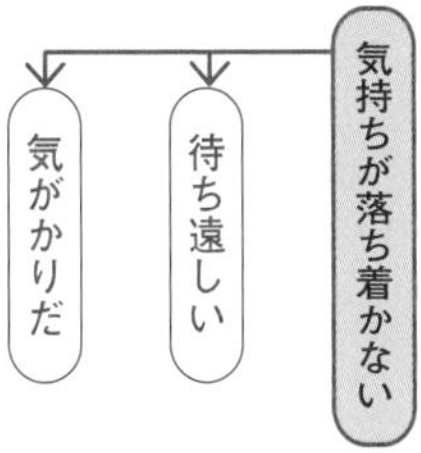

例文

❶ いかに**心もとなく**思(おぼ)すらむ。（十訓抄）

↓訳 どんなにか**待ち遠しく**思いなさっておいでだろう。

❷ 明け暮れうちとけてしもおはせぬを、**心もとなき**ことに思ふべかめり。（源氏物語）

↓訳（光源氏が）朝に夕にとうちとけては訪れにならないのを、**気がかりな**ことと思うに違いない。

1　風がひどく吹く　2　たいそうかわいらしい子ども
3　酒を一人でいただくのは物足りない

52 □ あてなり

✤貴なり

［形動ナリ］

フレーズ

昔、あてなる男ありけり

➡ 訳 昔、身分が高い男がいた

イメージ

身分が高い

「身分が高く、容姿や振る舞いが上品で優雅」な様子を表します。貴族社会（古典の世界）では、身分や家柄が美の基準とされていました。

美の基準＝身分・家柄 ← 身分が高い ← 優雅だ

❶ 身分が高い

❷ 優雅だ

類 やむごとなし［形］→49

対 いやし［形］→44

例文

❶世界のをのこ、**貴なる**もいやしきも、（竹取物語）

➡ 訳 世の中の男は、身分が高い者も低い者も、

❷四十余（よそぢ）ばかりにて、いと白う**あてに**痩せたれど、つらつきふくらかに、（源氏物語）

➡ 訳 四十歳過ぎぐらいで、たいそう色が白く優雅で痩せてはいるけれども、顔つきはふっくらしていて、

53 □ いたづらなり

［形動ナリ］

フレーズ

いたづらに月日を過ぐす

➡ 訳 無駄に月日を過ごす

❶ 無駄だ

❷ ［「いたづらになる」で］死ぬ

類 あだなり［形動］→147

例文

❶とかく直しけれども、つひに回らで、**いたづらに**立てりけり。（徒然草）

□1　やむごとなき大臣　□2　姫の心苦しき御気色

□3　人待つほど、いと心もとなし

イメージ

無駄

努力に見合った結果が得られず、「無駄だ」「むなしい」という意味です。また「いたづらになる」で「死ぬ」を意味することがあります。

努力に見合った結果が得られない → 無駄だ → むなしい

努力に見合った結果が得られない → いたづらになる → 死ぬ

54 □ あながちなり ［形動ナリ］

フレーズ

ゆゑをあながちに問ふ

↓訳 理由を強引に問う

イメージ

押し通す

「自分の意志を押し通す」感じです。「強引だ」「無理矢理だ」以外に、プラスの意味であれば「熱心だ」という意味になります。

自分の意志を押し通す → 強引だ → 無理矢理だ

自分の意志を押し通す → ⊕ 熱心だ

↓訳 （水車を）あれこれ直したけれども、とうとう回らないで、無駄に立っていた。

❷「あひ思はで…」と書きて、そこに**いたづらになり**にけり。（伊勢物語）

↓訳 「あひ思はで…」という歌を書いて、（女は）そこで死んでしまった。

❶ **強引だ**

❷ **熱心だ**

類 **せめて** ［副］→257

例文

❶思ひ立ちしことを**あながちに**もてはなれたまひしこと。（源氏物語）

↓訳 思い立ったことを、強引に遠ざけなさったことよ。

❷便りなかりける女の、清水（きよみづ）に**あながちに**参るありけり。（宇治拾遺物語）

↓訳 頼るあてのなかった女で、清水寺に熱心にお参りする者がいた。

1 高貴な大臣　　2 姫の気の毒なご様子

3 人を待つ間、たいそう待ち遠しい

55 □ あはれなり ［形動ナリ］

フレーズ 庭の気色（けしき）**あはれなり**

⬇ 訳 庭の様子は**趣がある**

イメージ しみじみ

「ああ」という感動を表す「あはれ」が形容動詞になったものので、しみじみとした感動を表します。「趣がある」という意味から「かわいそうだ」「悲しい」などの意味も生じました。

しみじみとした感動
→ 趣がある
→ かわいそうだ
→ 悲しい

❶ 趣がある

関 **あはれ**［感］ああ
あはれがる［動］感心する

例文

❶ かくてもあられけるよと、**あはれに**見るほどに、（徒然草）

⬇ 訳 このようにしても暮らしていられるのだなあと、**趣があって**見るうちに、

◎「おもしろし・をかし・あはれなり」の感じの違い

33 おもしろし	（はなやかで美しい感じで）趣がある
41 をかし	（明るく晴れやかな感じで）趣がある
55 あはれなり	（しみじみと心が動かされて）趣がある

56 □ つれづれなり ［形動ナリ］

✤徒然なり

フレーズ **つれづれなる**夕つ方

⬇ 訳 所在ない夕方

❶ 所在ない

例文

❶ **つれづれなる**ままに、日暮らし硯（すずり）に向かひて、心にうつりゆくよし

□1 昔、あてなる男ありけり　□2 いたづらに月日を過ぐす
□3 ゆゑをあながちに問ふ

イメージ

することがない

「同じ状態が長く続く」が本来の意味ですが、「孤独で満たされない」感じも含まれます。「所在ない」「手持ちぶさただ」の意味になります。

同じ状態が長く続く
- 所在ない
- 手持ちぶさただ

なしごとを、そこはかとなく書きつくれば、あやしうこそものぐるほしけれ。（徒然草）

⬇ 訳 所在ないままに、一日中硯に向かって、心に浮かんでくる取りとめもないことを、特に定まったこともなく書いていると、不思議に狂おしい気分になるものだ。

57 □ あからさまなり ［形動ナリ］

❶ ちょっとの間
❷ 急に

関 **あから目**［名］ よそ見・浮気
かりそめなり［形動］ 一時的だ

フレーズ

あからさまに立ち出づ

⬇ 訳 ちょっとの間外出する

イメージ

一瞬

「あから」が「ほんの瞬き（またた）をする間」を意味することから、「ちょっとの間」「急に」となります。同じ語源の言葉に「あから目」があります。

瞬きをする間
- ちょっとの間
- 急に

例文

❶ ここなる所に、**あからさまに**まかりて、参らむ。（枕草子）

⬇ 訳 このあたりの場所に、ちょっとの間出かけて、（また）参りましょう。

❷ 「昔恋しければ、見奉（たてまつ）らん。渡したまへ」と、**あからさまに**ありければ、（栄花物語）

⬇ 訳 「昔の人が恋しいので、お目にかかりたい。こちらによこしてください」と急に言ってきたので、

1　昔、身分が高い男がいた　2　無駄に月日を過ごす
3　理由を強引に問う

おろかなり

✤疎かなり

［形動ナリ］

フレーズ

おろかに思ふべからず

⬇訳 いい加減に思ってはならない

イメージ

疎（おろ）か

現代語の「おろそか」にあたります。「いい加減だ」「不十分だ」から、「愚か」の意味も生じました。「言ふもおろかなり」「言へばおろかなり」という連語でよく用いられます。

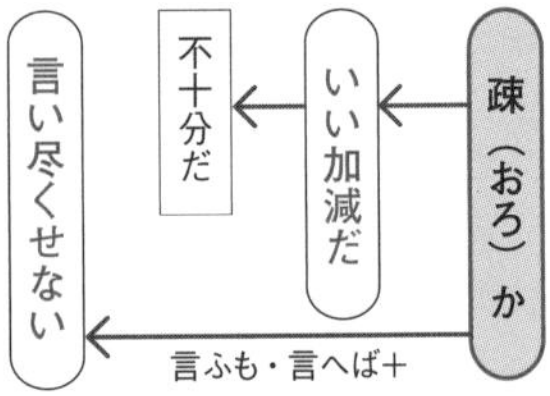

❶ **いい加減だ**

❷ **［「言ふも」「言へば」＋］言い尽くせない**

例文

❶ わづかに二つの矢、師の前にて一つを**おろかに**せんと思はんや。（徒然草）

⬇訳 わずかに二つの矢であるのに、師の前で一つをいい加減にしようと思うだろうか。

❷ あへなくいみじ、と**いへばおろかなり**。（源氏物語）

⬇訳 あっけなく悲しい、という言葉では言い尽くせない。

❷ 博士の才（ざえ）あるは、「めでたし」と**いふもおろかなり**。（枕草子）

⬇訳 博士で学識のある人は、「すばらしい」という言葉では言い尽くせない。

さらなり

✤更なり

［形動ナリ］

フレーズ

言ふもさらなり

⬇訳 言うまでもない

❶ **言うまでもない**

関 **言ふもさらなり・言へばさらなり**［連語］
言うまでもない

例文

❶ 夏は夜。月のころは**さらなり**、（枕草子）

□1 庭の気色あはれなり　□2 つれづれなる夕つ方
□3 あからさまに立ち出づ

イメージ

今更言うまでもない

「さら」は「今更」の意味で、今更「言うまでもない」「当然だ」となります。「言ふもさらなり」「言へばさらなり」の連語でよく用いられます。

今更（いまさら）
→ 言うまでもない
→ 当然だ

⬇ 訳 夏は夜（がすばらしい）。月の出ているころは言うまでもなく、

関 面（つら）つき、まみのかをれるほどなど**言へばさらなり**。（源氏物語）

⬇ 訳 顔つき、目もとのつややかで美しい様子などは、言うまでもない。

60 □ とみなり

✤頓なり

［形動ナリ］

フレーズ

とみに文（ふみ）あり

⬇ 訳 急に手紙が来た

イメージ

急

「急に、突然に」という感じです。名詞「とみ」に格助詞「の」が付いた「とみの」という形でもよく用いられます。

❶ 急だ

関 **とみの**［連語］急の

例文

❶ 粟田殿（あはたどの）にも、**とみに**やは宣旨（せんじ）下させ給ひし。（大鏡）

⬇ 訳 粟田殿にも、急には宣旨をお下しになられなかったのでした。

関 十二月（しはす）ばかりに、**とみの**こととて、御文（ふみ）あり。（伊勢物語）

⬇ 訳 十二月頃に、急のことということで、お手紙がある。

1 庭の様子は趣がある　2 所在ない夕方
3 ちょっとの間外出する

練習問題（46〜60）

傍線部の語を口語訳しなさい。

□① その音を聞きて、童（わらは）も嫗（おむな）も、いつしかとし思へばにやあらむ、**いたく**喜ぶ。（土佐日記）

□② 御前（おまへ）なる獅子（しし）・狛犬（こまいぬ）、背きて、後ろさまに立ちたりければ、上人（しやうにん）**いみじく**感じて、（徒然草）

□③ この酒をひとりたうべんが**さうざうしけれ**ば、申しつるなり。（徒然草）

□④ いみじく**やむごとなく**、容貌（かたち）ありさま、物語にある光（ひかる）源氏（げんじ）などのやうにおはせむ人を、（更級日記）

□⑤ いと**心苦しく**物思ふなるはまことにか。（竹取物語）

□⑥ 思はむ子を法師（ほふし）になしたらむこそは、いと**心苦しけれ**。（枕草子）

□⑦ 心ちのあしく、ものの恐ろしき折、夜の明くるほど、いと**心もとなし**。（枕草子）

□⑧ 一人はいやしき男のまづしき、一人は**あてなる**男持たりけり。（伊勢物語）

□⑨ さし寄りて、据ゑ直して往（い）にければ、上人（しやうにん）の感涙**いたづらに**なりにけり。（徒然草）

訳 ＊ ↓の下の数字は見出し語番号です。

① その（帆を上げる）音を聞いて、子どもも老女も、早く帰りたいと思っているからであろうか、ひどく喜んでいる。↓46

② 御前にある獅子・狛犬が、背中を向けて、後ろ向きに立っていたので、上人はたいそう感動して、↓47

③ この酒を一人でいただくのは物足りないので、（お呼び）申し上げたのです。↓48

④ たいそう高貴で、容貌や姿が、物語に出てくる光源氏などのようでいらっしゃる人を、↓49

⑤（かぐや姫が）とてもつらいと思い悩んでいると聞くが、本当か。↓50

⑥ かわいく思う子を僧にしたような人こそ、たいそう気の毒だ。↓50

⑦ 気分が悪かったり、何となく恐ろしい時は、夜が明ける頃が、たいそう待ち遠しい。↓51

⑧ 一人は身分が低い男で貧しい者を、一人は身分が高い男を（夫として）持っていた。↓52

⑨（神官は狛犬の石像のそばに）寄って、置き直して立ち去ったので、上人の感涙は無駄になってしまった。↓53

□1 おろかに思ふべからず　□2 言ふもさらなり
□3 とみに文あり

□⑩ あはれともいふべき人はおもほえで身の**いたづらになり**ぬべきかな （拾遺和歌集）

□⑪ **あながちに**御前(おまへ)去らずもてなさせ給ひしほどに、 （源氏物語）

□⑫ 折節(をりふし)の移り変はるこそ、ものごとに**あはれなれ**。 （徒然草）

□⑬ 僧たち、宵(よひ)の**つれづれ**に、「いざ、かいもちひせむ。」と言ひけるを、 （宇治拾遺物語）

□⑭ をかしげなる稚児(ちご)の、**あからさまに**抱(いだ)きて遊ばし愛(うつく)しむほどに、 （枕草子）

□⑮ 御文(ふみ)にも、**おろかに**もてなし思ふまじと、かへすがへすいましめたまへり。 （源氏物語）

□⑯ 六月になりぬれば、音(おと)もせずなりぬる、すべて**言ふもおろかなり**。 （枕草子）

□⑰ 一(いち)の人の御ありさまは**さらなり**、 （徒然草）

□⑱ あくるまでもこころみむとしつれど、**とみなる**召し使ひの来あひたりつればなむ。 （蜻蛉日記）

---

⑩ かわいそうだと言ってくれそうな人は、だれも思い浮かばずに、私は（あなたに恋い焦がれながら）きっと死んでしまうことでしょう。 ↓53

⑪ 強引におそばを離れぬようお計らいなさるうちに、 ↓54

⑫ 季節の移り変わるさまは、何ごとにつけても趣がある。 ↓55

⑬ 僧たちが、宵の所在ない時に、「さあ、ぼた餅を作ろう。」と言ったのを、 ↓56

⑭ かわいい感じの幼児が、ちょっとの間抱いて遊ばせかわいがっているうちに、 ↓57

⑮ お手紙にも、（姫君を）いい加減に取り扱うことのないようにと、くり返しご注意なさった。 ↓58

⑯ 六月になってしまうと、鳴き声もしなくなってしまうのは、まったく言い尽くせない（ほどすばらしい）。 ↓58

⑰ 摂政・関白の御姿は言うまでもなく、 ↓59

⑱ 夜が明けるまであなたの様子を見ようとしたけれど、急なお呼び寄せ（を知らせる者）に出くわしてしまったので（宮中に行かざるを得なくなった）。 ↓60

1 いい加減に思ってはならない　2 言うまでもない
3 急に手紙が来た

61 て
手 ［名］

フレーズ **文を見れば、宮の御手なり**

↓訳 手紙を見ると、宮の御筆跡である

イメージ **手に関するもの**

体の「手」から派生してさまざまな意味になりますが、特に「筆跡」「文字」の意味でよく用いられます。他に「(琴などの)演奏法」「手段」などにも要注意です。

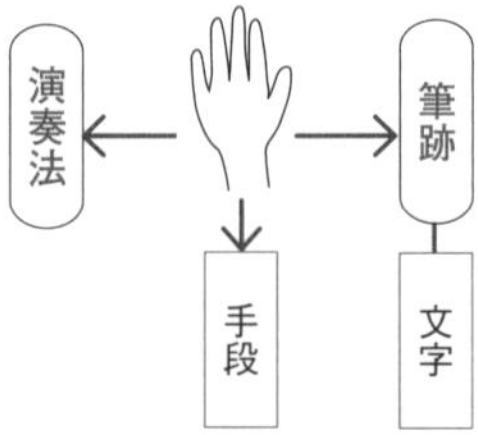

❶ 筆跡
❷ 演奏法

例文

❶ **手**などつたなからず走り書き、（徒然草）

↓訳 筆跡なども下手ではなくすらすらと書き、

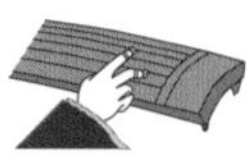

❷ 大和琴(やまとごと)にもかかる**手**ありけり。（源氏物語）

↓訳 大和琴にもこのような演奏法があったのだなあ。

62 ふみ
文・書 ［名］

フレーズ **文を見れば、歌あり**

↓訳 手紙を見ると、歌が書いてある

❶ 手紙
❷ 漢詩

類 せうそこ［名］→154

例文

❶ 京に、その人の御もとにとて、**文**書きてつく。（伊勢物語）

訳 京に(おられる)、その方のお所にということで、**手紙**を書いて託す。

❷ をかしきことに、歌にも**文**にも作るなるは。 (枕草子)

訳 趣のあることとして、和歌にも**漢詩**にも作るようであるなあ。

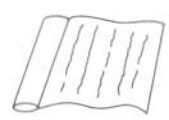

イメージ

文字に関するもの

「文字」の「文」です。したがって「文字」を使って書かれたものである「手紙」「漢詩」「書物」、さらに「学問」という意味にもなります。

文字に関するもの → 手紙 / 漢詩 / 書物 / 学問

63 □ あそび ［名］

✤ 遊び

❶ 管絃の遊び

関 **遊ぶ**［動］ 管絃などを楽しむ

例文

❶ さるべき御**遊び**の折々、何ごとにもゆゑあることのふしぶしには、 (源氏物語)

訳 しかるべき**管絃**のお**遊び**の折々や、何事につけても風情のある行事や催しのたびごとに、

フレーズ

おもしろき遊びす

訳 趣がある**管絃の遊び**をする

イメージ

貴族の遊び

貴族の「遊び」なので、笛や琴などの管絃の演奏に用いられることが基本です。他に「酒宴」や「詩歌などの遊び」の意味でも用いられます。

貴族の遊び → 管絃の遊び / 酒宴 / 詩歌などの遊び

64 □ ほい［名］

✣本意

フレーズ
本意をとげん
⬇訳 本来の意志を遂げよう

イメージ
本来の意志

「ほんい」の「ん」を表記しない形です。「本来の意志」「前からの望み」「本来の意志」の意味で、その具体的な内容は人それぞれですが、「出家」を指すことも多いので注意しましょう。

ほい とは 本来の意志

❶ 本来の意志

関 **本意なし**［形］ 不本意だ・残念だ

例文

❶ おのづから、**本意**通らぬこと多かるべし。（徒然草）
⬇訳 自然と、本来の意志が通らないことが多いのだろう。

イ 御心落ち居果て給ひて、今は**本意**も遂げなむと思しなる。（源氏物語）
⬇訳（光源氏は）お心がすっかり落ち着きなさって、今はもう前からの望み（であった出家）を成し遂げようとお思いになる。

関 過ぎ別れぬること、かへすがへす**本意なく**こそおぼえ侍れ。（竹取物語）
⬇訳 去り別れしてしまうことは、ほんとうに不本意に思われます。

65 □ つとめて［名］

フレーズ
つとめて、人やらむとす
⬇訳 早朝、使いをやろうとする

❶ 早朝
❷ 翌朝

例文

❶ 冬は**つとめて**。雪の降りたるは言ふべきにあらず。（枕草子）

□1 文を見れば、宮の御手なり　□2 文を見れば、歌あり
□3 おもしろき遊びす

イメージ

朝

「朝」を表す言葉です。特に男女が会った後の「翌朝」という意味でよく用いられます。

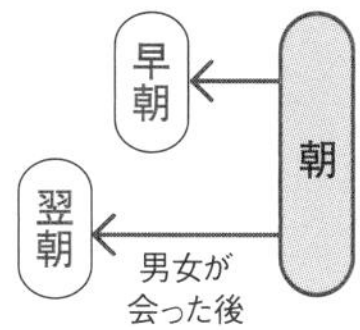

⬇訳 冬は早朝（がすばらしい）。雪が降っている朝は言うまでもない。

❷ 平中（へいちゅう）、そのあひける**つとめて**、人おこせむと思ひけるに、（大和物語）

⬇訳 平中がその（女に）逢った翌朝、人をよこそうと思ったが、

66 □ ためし ［名］

✤例

フレーズ

かかるためし思ひ出でらる

⬇訳 このような例を自然と思い出す

イメージ

例（ためし）

「例」という漢字を当てます。「前例」「先例」の訳がふさわしい場合もあります。昔はつねに「前例」にもとづいて物事を判断していたので、「手本」という意味もあります。

❶ 例

例文

❶ 綾小路宮（あやのこうぢのみや）の、おはします小坂殿（こさかどの）の棟（むね）に、いつぞや縄を引かれたりしかば、かの**ためし**思ひ出でられ侍（はべ）りしに、（徒然草）

⬇訳 綾小路宮が、（住んで）いらっしゃる小坂殿の棟に、いつだったか縄を引きなさったので、あの例が自然と思い出されましたが、

プラス

つとめて

朝を表す言葉には、知っておくとよいものがあります。時間の順に、あかつき（夜明け前のまだ暗い頃＝未明）→あけぼの（ほのぼのと明るくなってきた頃＝夜明け）→つとめて、となります。また、夜明け後を言う、あした（朝）もあります。

1　手紙を見ると、宮の御筆跡である　2　手紙を見ると、歌が書いてある
3　趣がある管絃の遊びをする

67 □ かげ ［名］

✤影

フレーズ
月影差し入る
⇓訳 月の光が差し込む

イメージ
光と影
太陽・月など「光り輝くもの」が元の意味で、そこから「光」そのもの、光によって見える人や物の「姿」の意味になります。また、「面影」の意味で用いられることもあります。

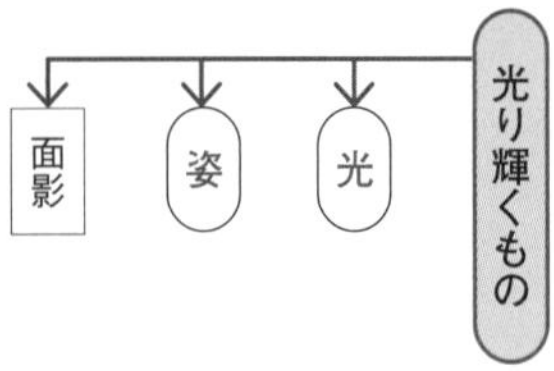

❶ 光
❷ 姿

例文
❶ 深き山の杉の梢に見えたる、木の間の**影**、うちしぐれたる群雲隠(むらくもがくれ)のほど、またなくあはれなり。（徒然草）
⇓訳 深い山の杉の梢に見えている（様子）、木の間から洩れる月の光、さっと時雨を降らせている一群の雲に隠れている様子は、この上なくしみじみとした趣がある。

❷ 暁(あかつき)近き月隈(くま)なくさし出でて、ふと人の**かげ**見えければ、（源氏物語）
⇓訳 明け方近くの月の光がくもるところなく輝き出て、不意に人の姿が見えたので、

68 □ かたち ［名］

✤形・容貌

フレーズ
かたち世にすぐれたり
⇓訳 容貌がとてもすばらしい

❶ 容貌

類 **すがた**［名］容姿
関 **かたちを変ふ**［連語］出家する

例文
❶ 二条の后(きさき)の、いとこの女御(にょうご)の御もとに、仕うまつるやうにてゐ給(たま)

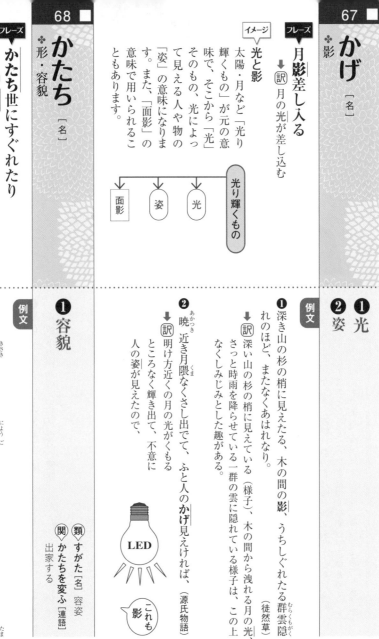

イメージ

顔の形

「物の外形」のことですが、特に「顔の形」から「容貌」の意味で用いられます。「すがた」は身体を含めた全体的な様子に用いられます。

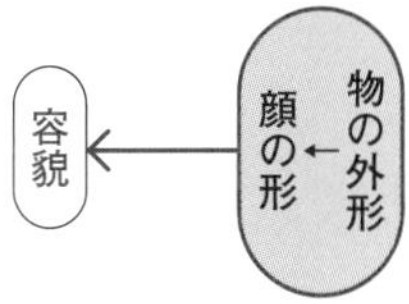

へりけるを、**かたち**のいとめでたくおはしければ、（伊勢物語）

訳 二条の后が、いとこの女御の御そばに、お仕えするようにして（身を寄せて）おられたが、容貌がたいそうすばらしくていらっしゃったので、

類 住み果てぬ世に、醜き**すがた**を待ちえて何かはせん。（徒然草）

訳 最後まで住み続けないこの世に、醜い容姿を（長生きをして）待って手に入れてどうしようというのか。

69 ちぎり ［名］

契り

❶ 約束
❷ 宿縁

関 **契る** ［動］ 約束する

フレーズ

年ごろの契りを忘る

訳 長年の約束を忘れる

イメージ

変わらないもの

「いつまでも変わらないもの」として「約束」を表します。また、前世からの約束である「宿縁」や、「夫婦の縁」の意味でもよく用いられます。

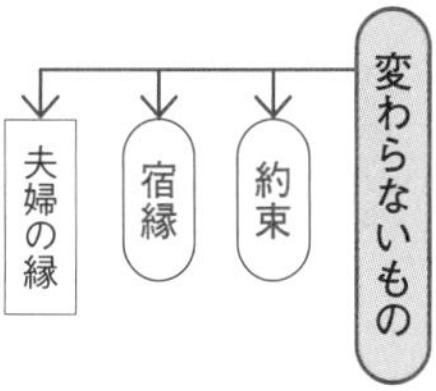

例文

❶ 逢（あ）はでやみにし憂さを思ひ、あだなる**契り**をかこち、（徒然草）

訳 逢わないで終わってしまったつらさを思い、はかない約束を嘆き、

❷ 昔の**契り**ありけるによりてなむ、この世界にはまうで来たりける。（竹取物語）

訳 前世の宿縁があったために、この世界には参りました。

1 本来の意志を遂げよう　2 早朝、使いをやろうとする
3 このような例を自然と思い出す

70 よ

✤世 ［名］

フレーズ

夢よりもはかなき世

⬇訳 夢よりもむなしい男女の仲

イメージ

人生

「よ」は元々「竹の節と節の間」のことで、区切られた範囲を表します。そこから、人が生まれてから死ぬまでの「世」、「世間」の意味となり、「男女の仲」も表すようになりました。

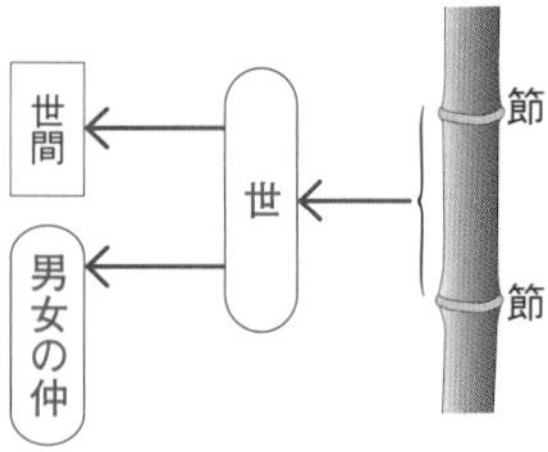

❶ **世**
❷ **男女の仲**

類 **世の中**［名］ 男女の仲

例文

❶ 前の**よ**にも御契りや深かりけむ、（源氏物語）

⬇訳 前世でもご宿縁が深かったのだろうか、

❷ 心もゆかぬ**世**とはいひながら、まだいとかかる目は見ざりつれば、（蜻蛉日記）

⬇訳 思いどおりにならない男女の仲とは言いながら、まだなんともこんな目にあったことはなかったので、

71 けしき

✤気色 ［名］

フレーズ

さらに驚く気色なし

⬇訳 まったく驚く様子もない

❶ **様子**
❷ **表情**

類 **けはひ**［名］ 様子

関 **けしきばむ**［動］ きざしが見える

例文

❶ このもとの女、悪（あ）しと思へる**気色**もなくて、出だしやりければ、

□1　月影差し入る　□2　かたち世にすぐれたり
□3　年ごろの契りを忘る

イメージ
目で見た様子
視覚でとらえた人や物の客観的な外面・そぶりを主に表します。聴覚などによってとらえた様子には「けはひ」を使います。

視覚的な外面・そぶり
→ 様子
→ 表情

⇩訳 このもとの女は、不愉快だと思っている**様子**もなくて、（男を）送り出してやったので、（伊勢物語）

❷ 新大納言**けしき**かはりて、さっとたたれけるが、（平家物語）
⇩訳 新大納言は**表情**が変わって、さっとお立ちになったが、

72 □ ことわり ［名］

✤理

❶ **道理**

関 **ことわる**［動］道理に照らして判断する
ことわりなり［形動］もっともだ

フレーズ
泣きまどふさま、ことわりなり
⇩訳 泣いて取り乱す様子は、**道理**である

イメージ
ものごとの道理
動詞「ことわる」を名詞化したもので、「ものごとの道理」を表します。「道理」の意味から発展して、「当然」「判断」「理由」ともなります。

ものごとの道理 → 道理 → 当然・判断・理由

例文

❶ 沙羅双樹（しゃらさうじゅ）の花の色、盛者必衰（じやうしゃひっすい）の**理**をあらはす。（平家物語）
⇩訳 沙羅双樹の花の色は、勢いの盛んな人も必ず衰えるという**道理**を表している。

関 思（おぼ）し乱れたるさまも、いと**ことわりに**かたじけなし。（源氏物語）
⇩訳 （藤壺宮が）思い乱れていらっしゃる様子も、まったく**もっとも**で恐れ多いことである。

1 月の光が差し込む　2 容貌がとてもすばらしい
3 長年の約束を忘れる

しるし 【名】

✤験

フレーズ

祈りのしるしに病おこたりぬ

⬇訳 祈りの効験で病気がよくなった

イメージ

効き目

「験」のほか様々な漢字を当てますが、基本は「表面にはっきりと現れた物や現象」を表します。祈祷(きとう)の「効験(こうけん)(効き目)」、神仏の「御利益(りやく)」の意味でよく用いられます。

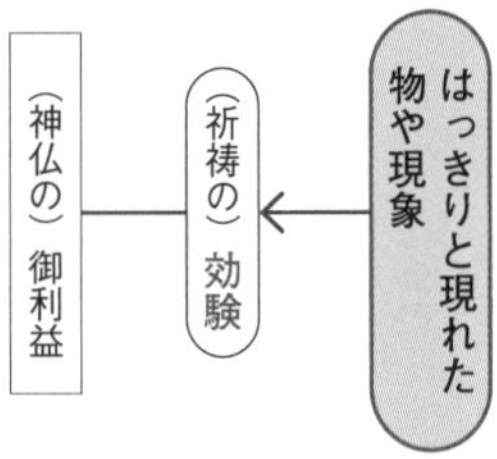

❶ **効験**

音 著し【形】→36
関 わざ【名】仏事

例文

❶ 観音(くわんおん)の御**しるし**、これのみにおはしまさず。(古本説話集)
⬇訳 観音の御効験は、これだけではおありにならない。

イ 「必ず仏の御**験**(み)を見む」と思ひ立ちて、(更級日記)
⬇訳 「絶対に仏様の御利益を受けよう」と決心して、

関 後の**わざ**ども営み合へる、心あわただし。(徒然草)
⬇訳 死後の法事などを営み合っているうちは、心が落ち着かない。

おぼえ 【名】

✤覚え

フレーズ

世のおぼえはなやかなり

⬇訳 世間の評判がすばらしい

❶ **評判**
❷ **寵愛**

類 聞こえ【名】評判
関 おぼゆ【動】→16

例文

❶ 小式部(こしきぶ)、これより歌詠みの世に**覚え**出で来にけり。(十訓抄)

□1　夢よりもはかなき世　　□2　さらに驚く気色なし
□3　泣きまどふさま、ことわりなり

イメージ

よく思われること

動詞「おぼゆ」の名詞形で、「相手からよく思われること」を表します世間の「評判」のほか、「御覚え」で帝の「ご寵愛」の意味になります。

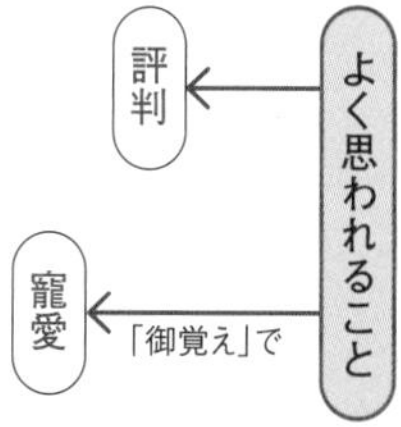

↓訳 小式部は、この時から歌人としての世間の評判が広まったということだ。

❷ いとまばゆき人の御**覚え**なり。（源氏物語）

↓訳 ほんとうに見ていられないほどの（帝の）ご寵愛である。

類 天下のものの上手（じやうず）といへども、始めは不堪（ふかん）の**聞こえ**もあり、（徒然草）

↓訳 天下のその道の名人といっても、最初は未熟だという評判もあり、

---

75 □

ひがこと ［名］

✤僻事

フレーズ

これはいみじきひがことなり

↓訳 これはひどい間違いである

イメージ

間違った

「ひが」は名詞に付いて、「間違った、ひねくれた」という意味を添えます。「ひが事」は「間違った事」つまり「間違い」となります。

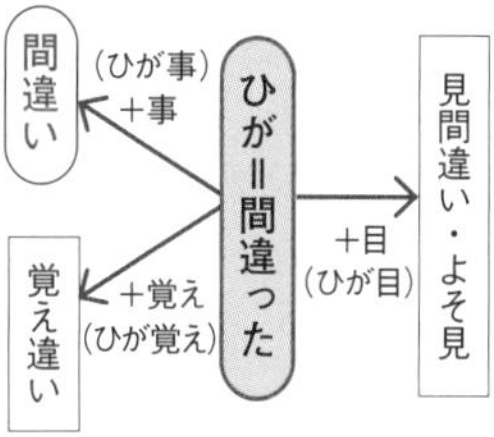

❶ **間違い**

例文

❶ いかでなほすこし**ひがこと**見つけてをやまむ。（枕草子）

↓訳 何とかしてやはり少しでも間違いを見つけてやめにしよう。

プラス **ひがこと**

「ひが」が付く言葉には、ほかに次のようなものがあります。

ひが聞き・ひが耳…「聞き間違い」、ひが心…「誤解・ひねくれた心」、ひが者…「ひねくれ者」

1　夢よりもむなしい男女の仲　2　まったく驚く様子もない
3　泣いて取り乱す様子は、道理である

練習問題（61～75）

傍線部の語を口語訳しなさい。

□①その花びらに、いとをかしげなる女の**手**にて、かく書けり。（大和物語）

□②**文**を書き置きてまからむ。恋しからむ折々、取り出でて見給へ。（竹取物語）

□③月のおもしろきに、夜更くるまで**遊び**をぞしたまふなる。（源氏物語）

□④山籠り（やまごもり）の**本意**深く、今年はいでじ、と思ひけれど、（源氏物語）

□⑤橘（たちばな）の葉の濃く青きに、花のいと白う咲きたるが、雨うち降りたる**つとめて**などは、世になう心あるさまにをかし。（枕草子）

□⑥**つとめて**になりて、隙（ひま）なくをりつる者ども、一人二人すべり出でて去（い）ぬ。（枕草子）

□⑦さてもまた、集（しふ）をえらぶ人は**ためし**多かれど、（十六夜日記）

□⑧月の**かげ**は同じことなるべければ、人の心も同じことにやあらむ。（土佐日記）

□⑨急ぎ参らせて御覧ずるに、めづらかなる児（ちご）の御**かたち**

訳　＊↓の下の数字は見出し語番号です。

①その花びらに、たいそう趣のある女性の筆跡で、こう書いてあった。↓61

②手紙を書き置いて参りましょう。恋しく思う折には、取り出してご覧くださいませ。↓62

③月が美しいので、夜がふけるまで管絃の遊びをなさっているようである。↓63

④山寺での修行という本来の意志が深くて、今年は（山から）出まいと思っていたけれど、↓64

⑤橘の葉が濃く青いところに、花がたいそう白く咲いているのが、雨の少し降っている早朝などは、世にまたとなく情趣のある様子で趣がある。↓65

⑥翌朝になって、すき間なくつめかけていた者たちは、一人二人とそっと抜け出して帰って行く。↓65

⑦それにしてもまた、勅撰（ちょくせん）集を編纂（へんさん）する人は例が多いけれど、↓66

⑧月の光は同じものであるはずなので、人の心も同じものであろうか。↓67

⑨急いで参内させてご覧になると、世にもまれなほど美し

□1　祈りの<u>しるし</u>に病おこたりぬ　□2　世の<u>おぼえ</u>はなやかなり
□3　これはいみじき<u>ひがこと</u>なり

なり。（源氏物語）

□⑩あはれに心深き**契り**をしたまひしに、（源氏物語）

□⑪「この姫君を盗ませよ」と責め言ひければ、さるべき**契り**にやありけん、盗ませてけり。（宇治拾遺物語）

□⑫今はとて命を限る別れ路は後の**世**ならでいつを頼まん。（増鏡）

□⑬むげに**よ**を思ひ知らぬやうに、おぼほれたまふなむ、いとつらき。（源氏物語）

□⑭妻戸をいま少し押し開けて、月見る**気色**なり。（徒然草）

□⑮千変万化するものは自然の**ことわり**なり。（三冊子）

□⑯さまざまの御祈りはじまりて、なべてならぬ法ども行はるれど、さらにその**しるし**なし。（方丈記）

□⑰世の**覚え**、時のきら、めでたかりき。（平家物語）

□⑱藤壺（ふぢつぼ）ならび給ひて、御**覚え**もとりどりなれば、（源氏物語）

□⑲**ひが事**聞きたまへるならむ。いと恥づかしき御けはひに、何ごとをかは答（いら）へきこえむ。（源氏物語）

い皇子のご容貌である。 ↓68

⑩情が細やかで愛情の深い約束をなさったので、 ↓69

⑪「この姫君を盗ませよ」と言い寄ったので、そうなるはずの宿縁であったのか、盗ませてしまった。 ↓69

⑫もはやこれまでと生きている限り会うことができない別れでは、来世でなくてはいつを頼みにできるでしょうか。 ↓70

⑬まったく男女の仲のことを知らないように、悲しみに沈んでいらっしゃるのが、とてもつらい。 ↓70

⑭妻戸をもう少し開けて、月を見ている様子である。 ↓71

⑮千変万化するというのは自然の道理である。 ↓72

⑯いろいろなご祈祷（きとう）が始まって、特別の修法が行われたが、まったくその効験がない。 ↓73

⑰世間の評判も、権勢の繁栄も、すばらしかった。 ↓74

⑱藤壺の宮はこの君とお並びになって、帝のご寵愛も二人それぞれに厚いので、 ↓74

⑲間違いをお聞きになられたのだろう。たいそう立派なご様子に、どうお答え申し上げればよいだろうか。 ↓75

1　祈りの効験で病気がよくなった　2　世間の評判がすばらしい
3　これはひどい間違いである

76 としごろ ［副／名］

✤年頃

フレーズ

年ごろ思ひつること

⬇訳 長年願っていたこと

イメージ

数～

「ころ」は年・月・日の下に付いて「一定の長い期間」を表します。したがって、現代語と異なり、「年ごろ」は「長年」「数年来」となります。「月ごろ」「日ごろ」も同様です。

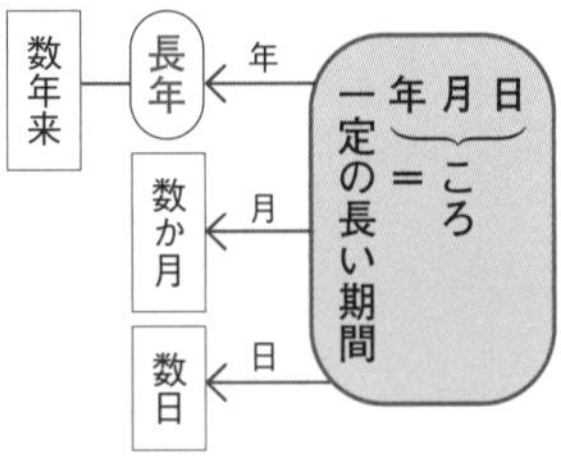

❶長年

関 **月ごろ**［名］ 数か月
日ごろ［名］ 数日

例文

❶**年ごろ**、不動尊の火炎を悪^あしく書きけるなり。（宇治拾遺物語）

⬇訳 長年、不動尊の火炎を下手に描いていたのだ。

関 **日ごろ**経て、宮に帰り給うけり。（伊勢物語）

⬇訳 数日たって、御殿にお帰りになった。

77 げに ［副］

フレーズ

げにただごとともおぼえず

⬇訳 本当に普通のことともも思われない

❶本当に
❷なるほど

類 むべ［副］→258

例文

❶**げに**ただ人にはあらざりけりと思^{おぼ}して、（竹取物語）

イメージ

納得

「現に」から生まれた語で、前から言われていることなどに、「本当に」と納得したり、本当であることに感動して「なるほど」というように用いられます。

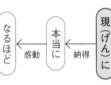

⬇訳 本当に普通の人ではなかったのだなあとお思いになって、

❷ **げに**もまことに野も山も、海も川も、みな敵（かたき）でありけり。いかがせん。（平家物語）

⬇訳 なるほど、本当に野も山も、海も川も、みな敵ばかりなのだな。どうしよう。

78 □ かたみに ［副］

❶ たがいに

フレーズ

かたみに語り合ふ

⬇訳 たがいに語り合う

イメージ

交互に

「一つのことを二人で別々に行う」感じです。「たがいに」のほか、「かわるがわる」と訳すと自然な場合もあります。

例文

❶ 同じ所に住む人の、**かたみに**恥ぢかはし、（枕草子）

⬇訳 同じ所に宮仕えしている人で、たがいに遠慮し合って、

とく

✤疾く ［副］

フレーズ

とく迎へに参らむ

↓訳 早く迎えに参上しよう

イメージ

疾走

「疾走」「疾風」に使われている「疾」の字が当てられます。形容詞「疾し」の連用形「疾く」が副詞化したもので、「早く」「急いで」「とっくに」といった意味になります。

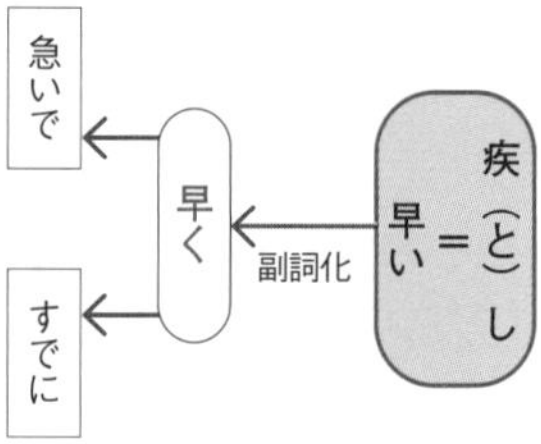

❶ 早く

関 **とし**［形］早い

はやく［副］以前

例文

❶ 心苦しう思さるるを、**とく**参りたまへ。（源氏物語）

↓訳 気の毒に思われますから、早く参内なさい。

関 とまれかうまれ、**疾く**破りてむ。（土佐日記）

↓訳 ともかく、（こんなものは）早く破り捨ててしまおう。

あまた

✤数多 ［副］

フレーズ

姫君あまたあり

↓訳 姫君がたくさんいる

❶ たくさん

類 **ここら**［副］→261

そこばく［副］たくさん

関 **あまたたび**［副］何度も

例文

❶ いづれの御時（おほんとき）にか、女御（にようご）、更衣（かうい）**あまた**候（さぶら）ひ給（たま）ひける中に、

□1 年ごろ思ひつること　□2 げにただごとともおぼえず

□3 かたみに語り合ふ

イメージ

数多く

「数多」と漢字を当て、文字の通り「数多く」「たくさん」という意味です。「あまたたび（数多度）」で「何度も」の意味になります。

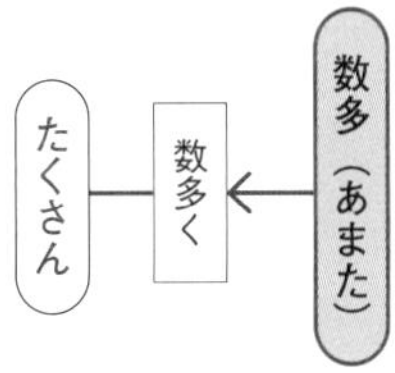

➡訳 どの帝の御代であったか、女御や更衣が**たくさん**お仕えしていらっしゃった中に、（源氏物語）

類 **そこばく**の蜂(はち)、盗人(ぬすびと)ごとにみな付いて、（今昔物語集）

➡訳 **たくさん**の蜂が、盗人一人一人にすべてくっ付いて、

---

81 □

やがて ［副］

❶ **すぐに**
❷ **そのまま**

類 **すなはち**［副］→256

フレーズ

「酒」と言へば、やがて持て来たり

➡訳 「酒」と言ったら、すぐに持って来た

イメージ

すぐに

「時間や状態が、隔たりなく前に続く」という感じで、時間的な場合は「すぐに」、状態の場合は「そのまま」という意味になります。

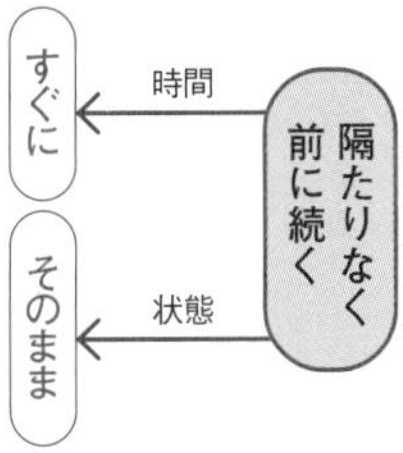

例文

❶ 名を聞くより、**やがて**面影は推しはからるる心地するを、（徒然草）

➡訳 名前を聞くやいなや、**すぐに**（その人の）顔つきが自然と推測される気がするのに、

❷ 春は**やがて**夏の気をもよほし、（徒然草）

➡訳 春は**そのまま**夏の気配をきざし始め、

1　長年願っていたこと　2　本当に普通のこととも思われない
3　たがいに語り合う

など ［副］

フレーズ

などいらへもせぬ

⬇ 訳 どうして返事もしないのか

イメージ

疑問

「何と」の変化した形で、「どうして（～か）」と理由を問う疑問のほか、「どうして～（か、いや～ない）」という反語としても用いられます。

「など」
- 疑問 → どうして（～か）
- 反語 → どうして（～か、いや～ない）

❶ どうして（～か）

類 **なぞ**［副］・**などか**［副］ どうして（～か）
なでふ［副］→ 267

例文

❶ **など**、かくたのもしげなく申すぞ。（竹取物語）

⬇ 訳 どうして、このような頼りないことを申すのか。

イ **など**かく疎(うと)ましきものにしもおぼすべき。（源氏物語）

⬇ 訳 どうしてこのように疎ましいとお思いになっていいものだろうか（いや、お思いにならないでほしい）。

いかに ［副］

✤如何に

フレーズ

いかに思ふらむ

⬇ 訳 どのように思っているだろうか

イメージ

疑問

❶ どのように（～か）

例文

❶ 我を**いかに**せよとて、捨てては昇り給(たま)ふぞ。（竹取物語）

⬇ 訳 私のことを（この後）どのようにしろというおつもりで、見捨てて（天に）昇りなさるのか。

□1 とく迎へに参らむ　□2 姫君あまたあり
□3 「酒」と言へば、やがて持て来たり

状態などを問う「どのように(〜か)」のほか、理由を問う「どうして(〜か)」、程度のはなはだしさを表す「どんなにか」の意味にもなります。

「いかに」
- 疑問(状態) → どのように(〜か)
- 疑問(理由) → どうして(〜か)
- 程度 → どんなにか

84 いかで 【副】

✤如何で

フレーズ **いかで帰らむ**

➡ 訳 どうして帰ろうか

イメージ **疑問や願望**

「どうして(〜か)」と疑問を表すほか、「どうして(〜か、いや〜ない)」と反語を表す場合もあります。また、下に願望を表す語を伴って、「なんとかして」の意味になります。

「いかで」
- 疑問 → どうして(〜か)
- 反語 → どうして(〜か、いや〜ない)
- 願望 → なんとかして

イ **いかに**かく言ふぞ。(徒然草)

➡ 訳 どうしてそのように言うのか。

イ このごろの山の紅葉(もみぢ)は**いかに**をかしからむ。(和泉式部日記)

➡ 訳 今ごろの山の紅葉はどんなにか趣があることだろう。

❶ 【疑問】 どうして(〜か)

❷ 【願望】 なんとかして

類 **いかでか**【副】どうして(〜か)・なんとかして

例文

❶ 仲忠(なかただ)が面伏(おもてぶ)せなることは、**いかで**啓したるぞ。(枕草子)

➡ 訳 仲忠の面目をつぶすようなことを、どうして申し上げたのか。

❷ 世の中に物語といふもののあんなるを、**いかで**見ばやと思ひつつ、(更級日記)

➡ 訳 世の中に物語というものがあると聞いていたが、なんとかして見たいものだと思いつづけていて、

疑問・反語: ぞ か けむ らむ べし まじ
疑問・反語／願望: む
願望: まほし じ ばや にしがな てしがな

◎「いかで」の下に来る助詞・助動詞

1 早く迎えに参上しよう　2 姫君がたくさんいる
3 「酒」と言ったら、すぐに持って来た

やうやう ［副］

フレーズ

夜もやうやう更けゆく

➡訳 夜もだんだん更けてゆく

イメージ

だんだん

「少しずつ変化している」感じで、「だんだん」「しだいに」という意味になります。また「やっとのことで」の意味になることもあります。

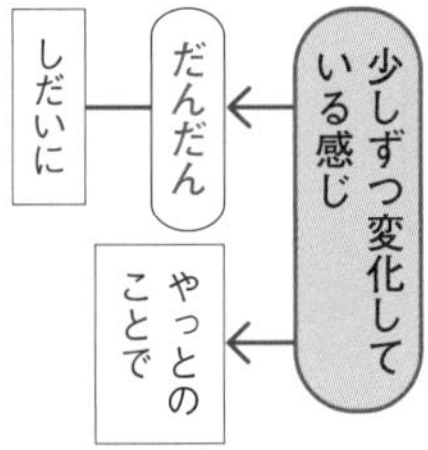

❶ **だんだん**

例文

❶ 春はあけぼの。**やうやう**白くなりゆく山ぎはは、少しあかりて、紫だちたる雲の、細くたなびきたる。（枕草子）

➡訳 春はあけぼの（がよい）。だんだんあたりが白んでいき、その山際が、ほんのり明るくなって、紫がかっている雲が、細く横になびいている（のがよい）。

㋑ その日**やうやう**草加（さうか）といふ宿（しゆく）にたどり着きにけり。（奥の細道）

➡訳 その日やっとのことで草加という宿場（しゆくば）にたどり着いたのだった。

かく ［副］

フレーズ

かく言ひやる

➡訳 このように言ってやる

イメージ

指示語

❶ **このように**

類 さ［副］↓169　しか［副］↓260

関 とかく［副］ あれやこれや

例文

❶ **かく**危ふき枝の上にて、安き心ありて眠るらんよ。（徒然草）

➡訳 このように危ない枝の上で、どうして安心して眠っているのだろ

□1 などいらへもせぬ　□2 いかに思ふらむ
□3 いかで帰らむ

現代語のこそあど言葉（これ・それ・あれ・どれ、などの何かを指示する語）に対応する語の一つで、「このように」の意味になります。

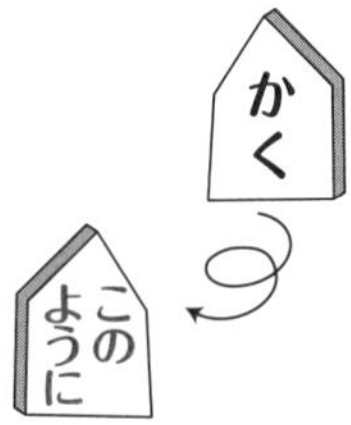

87 □ いと ［副］

フレーズ

いとをかし

⇒訳 たいそう趣がある

イメージ

たいそう

「程度がはなはだしい」ことを表します。「たいそう」「とても」と訳しますが、下に打消の語を伴って「それほど(〜ない)」の意味になります。

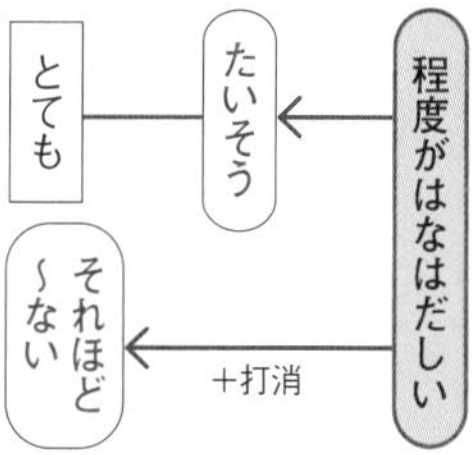

うなあ。

関 髪上げなど**とかく**して、髪上げさせ、裳着す。（竹取物語）

⇒訳 髪上げなどあれやこれや手配して、髪を上げさせ、裳を着せる。

❶ **たいそう**

❷ ［＋打消］ **それほど〜ない**

類 いみじ［形］→47

例文

❶ ある人、ゑのこを**いと**いたはりけるにや、（伊曾保物語）

⇒訳 ある人は、子犬をたいそうかわいがっていたのであろうか、

❶ **いと**幼ければ、籠に入れて養ふ。（竹取物語）

⇒訳 たいそう幼いので、籠の中に入れて育てる。

❷ 雪の**いと**高うはあら**で**、薄らかに降りたるなどは、**いと**こそをかしけれ。（枕草子）

⇒訳 雪がそれほど高くはなくて、うっすらと降った様子などは、たいそう趣がある。

＊「で」は打消接続を表す接続助詞です。

1 どうして返事もしないのか　2 どのように思っているだろうか
3 どうして帰ろうか

つゆ＋打消 ［副］

✤露

フレーズ **つゆ知らず**

⇒ 訳 まったく知らない

イメージ **まったく**

「露」（＝小さくわずかであること）が語源の陳述の副詞で、下に打消の語を伴い、「まったく〜ない」という強い否定を表します。現代語でも「つゆ知らず」などと使います。

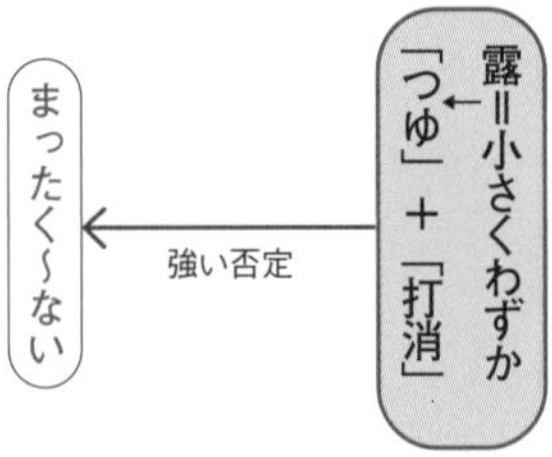

❶ まったく〜ない

例文

❶ 木の葉に埋（うづ）もるる懸樋（かけひ）の雫（しづく）ならでは、**つゆ**おとなふもの**なし**。（徒然草）

⇒ 訳 木の葉に埋もれている懸樋からしたたり落ちるしずくのほかには、まったく音を立てるものはない。

＊「なし」は形容詞「なし」の終止形です。

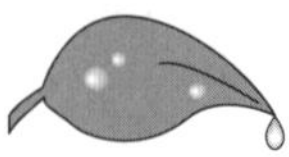

プラス 「露」は、形状から「涙のたとえ」として、また「小さく消えやすい」ことから「つゆの命」「つゆの身」などの比喩表現として用いられます。「はかない命」「はかない（わが）身」と訳します。

え＋打消 ［副］

フレーズ **心地あしくてえ参らず**

⇒ 訳 気分が悪くて参上できない

❶ 〜できない

関 **えならず**［連語］ 並々でない
えさらず［連語］ やむをえない

例文

❶ 帝の御前と思ふに、臆（おく）して、わななきて、**え**吹か**ざり**けり。（十訓抄）

□1 夜もやうやう更けゆく　□2 かく言ひやる
□3 いとをかし

イメージ

できない

「え」は陳述の副詞で、下に打消の語（主に助動詞の「ず・じ・まじ」、助詞の「で」）を伴い、「〜できない」という不可能を表します。

↓訳 帝の御前だと思うと、気後れして、ふるえて、（笛を）吹くことができなかった。

＊「ざり」は打消の助動詞「ず」の連用形です。

❶昔、男ありけり。女の**え**得**まじかり**けるを、（伊勢物語）

↓訳 昔、男がいた。女で手に入れることができそうにもなかった人に、

＊「まじかり」は打消推量の助動詞「まじ」の連用形です。

90 □ な〜そ ［副］

フレーズ

な言ひそ

↓訳 言うな

イメージ

しないでね

「な」は陳述の副詞で、終助詞「そ」とともに用いられて、「〜（する）な」「〜（してくれる）な」という穏やかな禁止を表します。

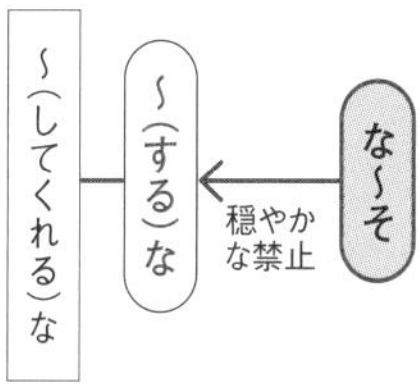

❶ 〜（する）な

例文

❶や、**な**起こし奉（たてまつ）り**そ**。をさなき人は、寝入り給ひにけり。（宇治拾遺物語）

↓訳 やあ、お起こし申しあげるな。幼い人は、眠り込んでしまわれたのだよ。

プラス 「な」と「そ」の間には、動詞の連用形（ただし、カ変・サ変は「な来そ」「なせそ」のように未然形）や動詞＋助動詞の連用形が入ります。

1 夜もだんだん更けてゆく　2 このように言ってやる
3 たいそう趣がある

練習問題（76～90）

傍線部の語を口語訳しなさい。

□① **年ごろ**、常のあつしさになりたまへれば、（源氏物語）

□② **げに**御容貌ありさまあやしきまでぞおぼえたまへる。（源氏物語）

□③ 宮の内、殿ばらの事ども、**かたみに**語り合はせたるを、（枕草子）

□④ 暁には**疾く**下りなむといそがる。（枕草子）

□⑤ 御堂ざまに上るに、御堂の東の端にも**あまた**立ちて、向かひ合ひたれば、（宇治拾遺物語）

□⑥ **やがて**かけこもらましかば、口惜しからまし。（徒然草）

□⑦ 言ひたきままに語りなして、筆にも書きとどめぬれば、**やがて**また定まりぬ。（徒然草）

□⑧ **など**久しくは見えざりつるぞ。（今昔物語集）

□⑨ あはれ、**いかに**したまはむずらむ。（蜻蛉日記）

訳　＊↓の下の数字は見出し語番号です。

① 長年、いつもご病気がちでいらっしゃったので、↓76

② （話には聞いていたが）本当に、ご容貌も、お姿も、不思議なほどに（亡き桐壺の更衣に）似ていらっしゃる。↓77

③ 宮中や、殿たちのことなどを、たがいに話し合っていたところ、↓78

④ 夜明け前には早く退出してしまおうと気がせく。↓79

⑤ 本堂の方向に登ると、本堂の東の端にも（京の若者たちが）たくさん立っていて、向かい合ったので、↓80

⑥ （その人を見送ってから）すぐに鍵をかけて中に閉じこもるならば、残念なことだろうに。↓81

⑦ 言いたい（と思う心の）ままにことさらに語って、文章にも書きとめてしまうので、そのまま（それが本当だと）決まってしまう。↓81

⑧ どうしてしばらく姿を見せなかったのか。↓82

⑨ ああ、どのようになさることだろうか。↓83

□1 つゆ知らず　□2 心地あしくてえ参らず
□3 な言ひそ

□⑩ 昨日の御気色のいとなやましう思(おぼ)したりしに、**いかで**かくたどり歩(あり)きたまふらん。（源氏物語）

□⑪ **いかで**このかぐや姫を得てしがな、見てしがなと、（竹取物語）

□⑫ 夜**やうやう**明けなむとするほどに、女方より出だす杯の皿に、歌を書きて出だしたり。（伊勢物語）

□⑬ **かく**おびただしくふることは、しばしにて止(や)みにしかども、（方丈記）

□⑭ 富士の山を見れば、五月(さつき)のつごもりに、雪**いと**白う降れり。（伊勢物語）

□⑮ **いと**やんごとなきにはあら**ね**ど、（蜻蛉日記）

□⑯ 入道殿は、**つゆ**さる御気色も**なく**て、（大鏡）

□⑰ 我は、三巻四巻(みまきよまき)をだに、**え**見はて**じ**。（枕草子）

□⑱ 「一つ**な**落とし**そ**。」と言へば、いかがはせむ。（枕草子）

---

⑩ 昨日はご様子がたいそう悪いとお思いでいらっしゃったのに、どうしてこのように歩き回っていらっしゃるのだろうか。→84

⑪ なんとかしてこのかぐや姫をわがものにしたいものだ、妻にしたいものだと、→84

⑫ 夜がだんだん明けようとするころ、女の方から出す（別れの）杯の皿に、歌を書いて出した。→85

⑬ このように激しく（地震で）揺れることは、しばらくしてやんだけれども、→86

⑭ 富士の山を見ると、五月の末頃に、雪がたいそう白く降り積もっている。→87

⑮ それほど高貴な身分ではないが、→87

⑯ 入道殿は、まったくそんなご様子もなくて、→88

⑰ 私は、三巻四巻でさえ、読み通すことはできないだろう。→89

⑱ 「一つも（書き）落とすな」と言うので、どうしようもない。→90

1　まったく知らない　2　気分が悪くて参上できない
3　言うな

(1)〜(6)は傍線部の口語訳として最も適切なものを選び、(7)〜(15)は傍線部を口語訳しなさい。

□(1) ことさら「宮の御乳母子(めのとご)なり」とて、人も**おろかならず思ふさまなり**。 →58

①賢明な人だと思っている様子だ
②いいかげんに思っている様子だ
③並一通りでなく思っている様子だ

訳 ことさら「宮の乳母の子どもだ」と言って、人も③並一通りでなく思っている様子だ。（兵部卿物語・センター）

□(2) ことの有様こまかに申したまふに、いとあはれに思し召して、「**さらなり**、皆聞きたることなり。…」 →59

①もちろんだ　②今さらだ　③残念だ

訳 事情を細かく申し上げなさったところ、（道長公は）たいそう気の毒にお思いになって、「①もちろんだ、皆聞いていることだ。…」（大鏡・関西学院大）

□(3)「まからずとて立ちぬる人を待ちて詠まむ」とて求めけるを、夜ふけぬとにやありけむ、**やがて**往にけり。 →81

①そのうちに　②とうとう　③そのまま

訳「まだ帰らないといって立った人を待って詠みましょう」といって探したが、夜が更けたということであったのだろうか、③そのまま帰ったのだった。（土佐日記・武庫川女子大）

□(4) 兵部卿宮(ひやうぶきやう)の御手なり。こはいかに。宮の御手にてわたらせ給ふ。**いかにして思し召し寄りけるぞ**。 →83

①どれほど深く思いをお懸けになっていたことか
②どのようにして思いをお寄せになったのか
③何としても思いを遂げようとお考えになったのだな

訳「兵部卿宮のご筆跡である。これはどうしたことだ。宮自身のご筆跡でおよこしになっている。②どのようにして思いをお寄せになったのか。（一本菊・センター）

□(5) 御車の後(しり)に、大納言殿、中納言殿、さるべき人々は歩ませたまふ。いへばおろかにて、**えまねびやらず**。 →89

①とても真似(まね)のしようがない
②表現しつくすことはできない
③決して忘れることはできない

訳 御車の後ろに、大納言殿、中納言殿（がお乗りになり）、そうするのにふさわしい人々はお歩きになる。言葉では言いつくせず、②表現しつくすことはできない。（栄花物語・共通テスト）

□(6) 上臈(じやうらふ)の仰せけるは、「我をば誰(たれ)とか思し召す。庄司が後家に頼まれし菖蒲(あやめ)の前とは自らなり。**心に節な置かれそ**」と… →90

①分別をお持ちください
②先走らないでください
③遠慮しないでください

訳 上﨟のおっしゃるには、「私を誰だとお思いですか。庄司の後家に頼まれた菖蒲の前とは私のことです。③遠慮しないでください」と…（恨の介・センター）

□(7) 主の、ところにはばかり、人のほどに片去る歌どもにはかき混ぜず撰り(え)出でたらば、**いかにいみじくはべらむ**。→47・83

訳 撰者(せんじゃ)自身が、地位に気兼ねし、身分に遠慮する歌々には混ぜ合わせず選び出したならば、どんなにかすばらしいでしょう。（無名草子・成蹊大）

□(8) 大納言は、**暮るるも心もとなくて**、御車に下簾(したすだれ)かけ、女房の参るやうにて、御車寄せたり。→51

訳 大納言は、日が暮れるのも待ち遠しくて、御車に下簾をかけ、女房が参上するふりをして、御車を寄せた。（夜の寝覚・立命館大）

□(9) その夜はかくて明かしぬ。又の日も発り(をこ)日にて、**いたづらに**眺め暮らす。→53

訳 その夜はこのようにして明かした。次の日も病で熱が出る日で、何もしないでもの思いにふけりながら一日を過ごす。（小島のくちずさみ・埼玉大）

□(10) かくて、**いとおもしろく遊びののしる**。→63・87

訳 こうして、たいそう風流に管絃の遊びをして大騒ぎする。（宇津保物語・東京大）

□(11) いかにも世をのがるることを思ひあつかひて侍りしに、そこの御徳に、**年ごろの本意**をなんとげて侍る。→64・76

訳 どうにかしてこの世を逃れる方法を考え悩んでおりましたが、あなたのおかげによって、長年の望みを遂げようとしています。（閑居友・北海道大）

□(12) **つとめて、人やらむとしけれど**、官(つかさ)の督(かみ)、にはかにものへいますとて、率ていましぬ。→65

訳 翌朝、使いをやろうとしたが、官の督が、急にお出かけになるというので、（男を）連れて行かれた。（平中物語・岡山大）

□(13) 人柄もよかりければ、**世のおぼえ**も花やかにてなむ。→70・74

訳 人柄もよかったので、世間の評判もすばらしくていらっしゃった。（今昔物語集・岐阜大）

□(14) 年月の経るに添へて、**つゆ忘れさせ給はぬ御気色**の、ときどき漏り出でさせ給ふこそ、あらはに心苦しく見えさせ給へ。→71・88

訳 年月が経つのにつれて、（亡き更衣のことを）まったくお忘れにならないご様子が、時々現れておいでになるのは、はっきりとお気の毒に思われる。（源家長日記・京都大）

□(15) さまざま経文など書きて弔ひけれども、**そのしるしなかりしに**、→73

訳 様々な経文などを書いて供養したけれど、その効験はなかったが、（古今百物語評判・埼玉大）

＊太字は第1章で取り上げている語です。

《沙石集》

ある姫君、殿のもとへおはすべきにてありけるを、乳母教へけるは、「やさしく尋常なることをば、物の姫君などのやうにとこそ申せ、何となき事のみ、御口がましき御癖のおはします事の、然るべから**ず覚え**候ふに、殿の聞かせ給はむ時、①**いたく**物**な**仰せられ候ひ**そ**。『**あはれ**、この御前の、物を仰せられよかし。聞かむ』など思し召す時、物は仰せ候へよ。春の鶯の、籬の竹におとづれむを聞かむやうに、**めづらしき**御事にて候へよ」と教へ申しければ、「我はままよりさきに心得たるぞ、何しにさかしく教ふる」とのたまへば、「御心得だに候はば、それこそ心安く思ひまゐらせ候へ」とぞ言ひける。

さて、殿のもとへおはして後、二、三日はつやつや物ものたまはず。これもあまりなりと思ひけるほどに、殿と並びて物召しけるに、よに**よき**酸茎のありけるを、なほ欲しく思はれけるにや、膝を立て、肩をすべ、羽づくろひするやうにして、頸を延べ、声を作りて、「酸茎食はむ」と二声、鶯の鳴く声色にてのたまひける。乳母、あまりに**心憂く**、**あさましく覚え**て、また言はせじとて、「②**やがて**まゐらせむ」と言ひけるが、遅かりければ、「きときときと」とぞ言ひける。まことに興醒めて、殿も思はれける。

物の心を得ずして言葉にしたがふこと、世間出世**かく**こそありけれ。

＊おはすべきにて…輿入れなさるはずで。　＊まま…乳母。
＊酸茎…現在の漬物の「すぐき」。　＊肩をすべ…肩をすぼめて。
＊世間出世…俗世間でも仏門でも。

《訳》

ある姫君が、（ある）殿のもとに輿入れなさるはずであったが、乳母が教えたことには、「優美でしとやかであることを、世間では姫君のようだと申します、何ということもないことばかり、口うるさくていらっしゃる癖がありになることが、よろしくないと思われますので、殿がお聞きになるような時は、ひどくものをおっしゃいますな。『ああ、このお方（＝姫君）が、何かおっしゃってくださいよ。聞きたいものです』などとお思いになる時、ものをおっしゃいませ。春の鶯が、垣根の竹に来てさえずるのを聞くように、例がないほどすばらしいご様子でいらっしゃいませ」とお教え申し上げたところ、「私はあなたより先に心得ていますよ、どうしてさしでがましく教えるのですか」とおっしゃるので、「お心得さえございますなら、それこそ安心に思い申し上げます」と言った。

さて、殿のもとへいらっしゃってのち、二、三日は全く何もおっしゃらない。これもあんまりだと（乳母が）思っていたところ、殿と並んで食事を召し上がった時に、非常によい酸茎があったのを、もっと欲しいとお思いになったのであろうか、膝を立て、肩をすぼめて、羽づくろいをするようにして、首を伸ばし、作り声をして、「酸茎が食べたい」と二声、鶯が鳴く声色でおっしゃった。乳母は、あまりに情けなく、嘆かわしく思われて、二度と言わせまいとして、「すぐに差し上げましょう」と言ったが、（お出しするのが）遅かったので、「早く早く早く」と言った。本当に興ざめなことだと、殿もお思いになったのだ。

ものごとの真の意味を理解しないで言葉（の表面的な意味）に従うことは、俗世間においても仏門においてもこのようであった。

古今著聞集

中ごろ、なまめきたる女房(にようばう)ありけり。**世の中**たえだえしかりけるが、みめかたち愛敬(あいぎやう)づきたりけるむすめをなむもたりける。十七八ばかりなりければ、これを、いかにもしてめやすきさまならせむと思ひける。③かなしさのあまりに、八幡(はちまん)へむすめともに、なくなくまゐりて、夜もすがら御前にて、「我が身は今は**いかに**ても候ひなむ。このむすめを心やすきさまにて見せさせ給へ」と、数珠をすりてうち泣きうち泣き申しけるに、このむすめまゐりつくより、母のひざを枕にして、起きもあがらず寝たりければ、暁がたになりて母申すやう、「いかばかり思ひたちて、かなはぬ心に④かちよりまゐりつるに、かやうに夜もすがら、神も**あはれ**とおぼしめすばかり申したまふべきに、思ふことなげに寝たまへる、うたてさよ」と、くどきければ、むすめ**おどろき**て、「かなはぬ心ちにくるしくて」といひて、

身のうさをなかなか何と石清水(いはしみづ)思ふ心はくみてしるらむ

とよみたりければ、母も**はづかしく**なりて、ものもいはずして下向する程に、七条朱雀(すざく)のへんにて、世の中に**ときめき**たまふ雲客、桂(かつら)より**あそび**て帰りたまふが、このむすめをとりて車にのせて、**やがて**北の方にして、始終**いみじかり**けり。大菩薩(だいぼさつ)この歌を納受ありけるにや。

*八幡…山城の国(現在の京都府)にある石清水八幡宮。
*雲客…殿上人。
*桂…山城の国の地名。現在の京都市西京区の桂川西岸の辺り。

訳

それほど遠くない昔、若々しくて美しい女がいた。生活はみじめなありさまで貧しく暮らしていたが、容姿が愛らしい娘がいた。(娘は)十七、八歳くらいだったので、(女は)この娘を、どうにかして見苦しくない状態でいさせたい(=世間に恥ずかしくないような縁組みをしたい)と思った。大変ないとおしさのために、石清水八幡宮へ娘と一緒に、泣きながら参詣して、一晩中(神様の)御前で、「私の身は今となってはどのようになってもかまいません。この娘を安心できる状態でお見せください(=安心できるような縁組みをさせてください)」と、数珠をすり合わせて泣きながら申し上げたが、この娘は(石清水に)参り着くやいなや、母の膝を枕にして、起き上がることもなく寝ていたので、夜明け前になって母が申すことには、「どんなにか決意して、たえられない思いで歩いてお参りしたというのに、このように一晩中、神様もしみじみとお心を動かされるくらいお祈り申し上げなさるべきなのに、心配することもなさそうに寝なさっている、情けないことよ」と、くどくど言うので、娘は目を覚まして、「たえられないほどにつらくて」と言って、

わが身のつらさをなまじっか言うことはできません。口に出して言わなくても、石清水の神様は、私の思いをくみ取ってわかってくださっているでしょう。

と詠んだので、母もきまりが悪くなって、何も言わないで参詣から帰る時に、七条大路と朱雀大路が交わる辺りで、世間で時流に乗って栄えなさる殿上人が、桂の地から遊んでお帰りになるのが、この娘をつかまえて車に乗せて、そのまま正妻にして、終生大切になさったということだ。八幡大菩薩がこの歌をお聞き入れになったのであろうか。

問

(1)傍線部①、②を現代語訳しなさい。（岡山大）

(2)傍線部③、④を現代語訳しなさい。（筑波大）

解答

(1)① (例) ひどくものをおっしゃいますな

② (例) すぐに差し上げましょう

(2)③ (例) 大変ないとおしさのため

④ (例) 徒歩で

解説

(1)①「いたく」は、形容詞「いたし」の連用形で、「ひどく」という意味。

「な〜そ」は、副詞「な」が終助詞「そ」と呼応して、「〜（する）な」という禁止を表す。 ↓46・90

「候ひ」は丁寧の補助動詞「候ふ」の連用形で、「〜ます」という意味。 ↓280

②「やがて」には「すぐに・そのまま」という意味があるが、ここは、姫君が情けない姿で酸茎を求めるのを、乳母が一刻も早くやめさせたいと思っている、という文脈なので、「すぐに」が適切。 ↓81

「まゐらせ」は、謙譲語「まゐらす」の未然形で、「差し上げる」という意味。 ↓278

(2)③「かなしさ」は、「愛しさ」と表記し、「いとしいこと・かわいいこと」。「悲しさ」（＝悲しいこと）と同音なので、文脈から適切に判断する。 ↓〔参考〕23

「〜のあまり」は、限度を超す様子を表す。

④「かちより」は、「徒歩で・歩いて」。「より」は、動作の手段・方法を示す格助詞。 ↓155

作品解説

説話文学とは、神話・伝説・昔話などの文学作品の総称である。内容によって、「世俗説話」と「仏教説話」とに分けられる。前者は主に人々の生活を幅広く題材とし、『今昔物語集』『宇治拾遺物語』『古今著聞集』『十訓抄』などがある。後者は仏教の教えを題材とするものが多く、『発心集』『閑居友』『沙石集』などがある。ただし、世俗説話と仏教説話の両方を含むものもある（『今昔物語集』など）。作品の多くは鎌倉時代に成立した。

《沙石集》

鎌倉時代（一二八三年）に成立した仏教説話集。全十巻。作者は僧侶の無住。作者が直接見聞きした話や、民間に伝わっている話を取り上げ、平易な文章で書かれている。なかでも、多く収められる笑話風の話は、狂言や咄本の材料にもなり、落語の源流となって、後世に大きな影響を与えた。

《古今著聞集》

鎌倉時代（一二五四年）に成立した世俗説話集。全二十巻。編者は橘成季。神祇・釈教・武勇などの三十のテーマからなる。人間・社会・自然に関するさまざまな内容の約七百編を分類し、年代順に整然と配列している。なお、約七百編という話数は、最多の『今昔物語集』（約千編）に次ぐものである。

第2章 ステップB ［90語］

前半の45語（見出し語91～135）

□□□ 第1週の15語（見出し語91～105）
動詞15語
練習問題91～105

□□□ 第2週の15語（見出し語106～120）
動詞3語・形容詞12語
練習問題106～120

□□□ 第3週の15語（見出し語121～135）
形容詞15語
練習問題121～135

入試問題91～135

後半の45語（見出し語136～180）

□□□ 第1週の15語（見出し語136～150）
形容詞3語・形容動詞9語・名詞3語
練習問題136～150

□□□ 第2週の15語（見出し語151～165）
名詞12語・代名詞1語・副詞2語
練習問題151～165

□□□ 第3週の15語（見出し語166～180）
副詞12語・連体詞2語・感動詞1語
練習問題166～180

入試問題136～180
長文問題1～180

91

うつろふ

✤移ろふ ［動ハ四］

フレーズ

うつろひたる花

⬇訳 色があせた花

イメージ

移っていく

「移る」に奈良時代の継続の助動詞「ふ」が付いた形で、「物事の位置や状態が移っていく」感じです。多くは、花の色や人の心が望ましくない方向に変わっていくことを表します。

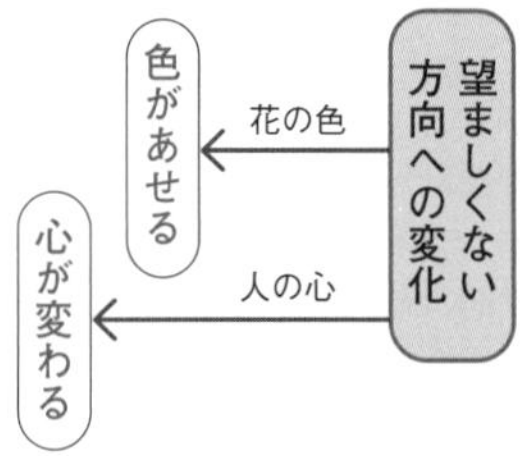

❶色があせる
❷心が変わる

例文

❶例よりはひきつくろひて書きて、**うつろひ**たる菊にさしたり。（蜻蛉日記）

⬇訳 いつもよりは（体裁を）整えて書いて、色があせた菊に差した。

❷おのづから御心**うつろひ**て、こよなう思(おぼ)し慰むやうなるも、あはれなるわざなりけり。（源氏物語）

⬇訳 （藤壺へ）自然とお心が変わっていき、この上もなくお気持ちが慰むようであるのも、しみじみと感じられることであった。

92

かる

✤離る ［動ラ下二］

フレーズ

人目も草もかれぬ

⬇訳 人目も離れ、草も枯れてしまう（＊）

❶離れる

関 **住む**［動］（男が女のもとへ）通う
かれがれなり［形動］疎遠だ

例文

❶あひ思はで**かれ**ぬる人をとどめかねわが身は今ぞ消えはてぬめる

イメージ

離（か）る

「空間的・時間的・心理的に、人や物との距離が大きくなる」感じです。特に男女の関係が「疎遠になる」時に用いられます。

⬇訳 互いに思い合うことなく**離れ**てしまった人を引き止められず、私は今にも死んでしまいそうです。 （伊勢物語）

関 かぐや姫に**すみ**たまふとな。 （竹取物語）

⬇訳 かぐや姫のところに**通っ**てなさるというのですね。

＊「かれ」が「離れ」と「枯れ」の掛詞になっています。

93 □ あきらむ ［動マ下二］

✤明らむ

❶ 明らかにする

フレーズ

理をあきらむ

⬇訳 道理を明らかにする

イメージ

明（あき）らむ

「物事をはっきりと見定め、事情や理由を明らかにする」感じです。また心を「明るくする」「晴らす」という意味にもなります。

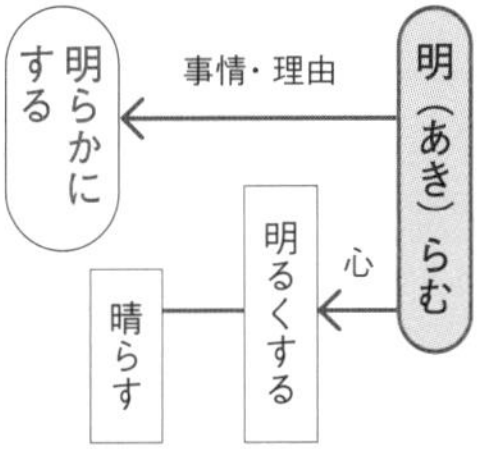

例文

❶ ここもとの浅き事は、何事なりとも**あきらめ**申さん。 （徒然草）

⬇訳 身近でちょっとしたことは、何事であろうと明らかにし申し上げよう。

イ 嘆かしき心のうちも**あきらむ**ばかり、 （源氏物語）

⬇訳 悲嘆にくれている心の中をも明るくするぐらいに、

94 □ あくがる 〔動ラ下二〕

❶ さまよう
❷ （心が）ひかれる

フレーズ

いづ方へ**あくがれ**出づる
⬇訳 どこへさまよい出るのか

例文

❶ もの思ふ人の魂はげに**あくがるる**ものになむありける。（源氏物語）
⬇訳 物思いをする人の魂は、本当にさまようものであったことだ。

❷ 夜深くうち出でたる声の、らうらうじう愛敬（あいぎやう）づきたる、いみじう心**あくがれ**、せむかたなし。（枕草子）
⬇訳 （ほととぎすの）真夜中に鳴き出した声が、気品があって魅力があるのは、たいそう心がひかれ、どうしようもない。

イメージ

本来の場所を離れる

「あく」（＝場所）＋「離る」で、「人の魂や体が本来の場所を離れる」感じから、「さまよう」という意味になります、魂がどこかに向かえば「（心が）ひかれる」となります。

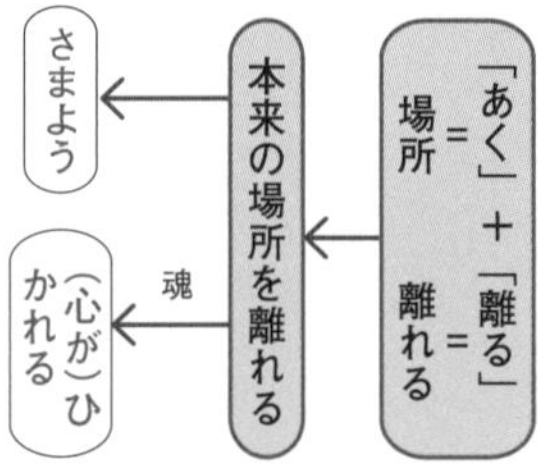

95 □ にほふ 〔動ハ四〕

✤匂ふ

❶ 美しく照り輝く

関 にほひ〔名〕 つややかな美しさ

フレーズ

咲く花の**にほふ**がごとし
⬇訳 咲く花が美しく照り輝くようだ

例文

❶ 紫草（むらさき）の**にほへ**る妹（いも）をにくくあらば人妻ゆゑに我（あれ）恋ひめやも（万葉集）

□1 うつろひたる花　□2 人目も草もかれぬ
□3 理をあきらむ

イメージ

視覚的な美しさ

現代では嗅覚に関する語ですが、本来は視覚的な美しさに用いられました。「あたり一面に明るく華やいだ美しさがあふれている」感じです。

⬇訳 紫草のように美しく照り輝いているあなたを気に入らなく思うならば、どうして人妻であるあなたに恋するでしょうか。

関 この御**にほひ**には並び給ふべくもあらざりければ、（源氏物語）

⬇訳 この（若宮の）つややかな美しさにはお並びになりようもなかったので、

96 □ たがふ

✤違ふ ［動八四／動八下二］

フレーズ

仏の教へにたがふ

⬇訳 仏の教えとは違う

イメージ

違う

「相手の意向や自分の予想と異なっている」感じです。「違う」が基本ですが、「間違える」「背く（そむ）」と訳す場合もあります。

相手の意向や自分の予想と異なっている → 違う → 間違える / 背く

❶ 違う

例文

❶ かぐや姫ののたまふやうに**たがは**ず作りいでつ。（竹取物語）

⬇訳 かぐや姫がおっしゃるように違わず作り上げた。

❹ 常にある、めづらしからぬことのままに心得たらん、よろづ**違ふ**べからず。（徒然草）

⬇訳 普通にある、珍しくもないことのとおりに心得ているならば、万事において間違えるはずはない。

1 色があせた花　2 人目も離れ、草も枯れてしまう
3 道理を明らかにする

まうく 【動カ下二】

✤設く

フレーズ **酒飯をまうく**

➡ 訳 酒や食事を準備する

イメージ **前もって備える**

「将来の事態に前もって備える」感じで、「準備する」の意味になります。現代語でも「したくする」「会場を設ける」などと使います。

前もって備える → 準備する ／ したくする

❶ 準備する

関 **まうけ**【名】準備・もてなし
急ぎ【名】→161

例文

❶ 汝(なんぢ)、供養せむと思はば、まさに財宝を**まうく**べし。（今昔物語集）

➡ 訳 あなたは、仏を供養しようと思うならば、さしあたって財宝を準備しなさい。

関 ところどころに**まうけ**などしていきもやらず。（更級日記）

➡ 訳 （道中の）所々でもてなしなどをしてくれるので素通りするわけにもいかない。

やつす 【動サ四】

フレーズ **身をやつす**

➡ 訳 身なりを目立たない姿にする

イメージ **目立たない姿**

❶ 目立たない姿にする

関 **やつる**【動】目立たない姿になる

例文

❶ 狩(かり)の御衣(おんぞ)など、旅の御よそひいたく**やつし**給(たま)ひて、（源氏物語）

➡ 訳 狩衣など、旅のご装束もたいそう目立たない姿にしなさって、

「服装などを目立たない姿や、みすぼらしい様子にする」感じです。高貴な人が人目を忍んで外出する時や、出家する様子を表します。

関 ことさらに**やつれ**たる気配しるく見ゆる車二つあり。（源氏物語）
⬇
訳 わざわざ目立たない姿になっている様子がはっきりとわかる車が二台ある。

99 □ かづく

✤被く 【動カ四／動カ下二】

❶ [四段]（ほうびを）いただく
❷ [下二段]（ほうびを）与える

音 **潜く**（かつ）[動] 潜る
関 **かづけ物** [名] ほうびの品物

フレーズ
衣をかづく人
⬇
訳 衣をいただく人

イメージ
頭の上に載せる

本来は「頭の上に載せる」という意味ですが、四段の場合はほうびの衣服を「かぶる」ことから「（ほうびを）いただく」、下二段は「かぶせる」ことから「（ほうびを）与える」になります。

頭の上に載せる
四段 → かぶる → （ほうびを）いただく
下二段 → かぶせる → （ほうびを）与える

例文

❶ 大将も物**かづき**、忠岑（ただみね）も禄（ろく）たまはりなどしけり。（大和物語）
⬇
訳 大将も物をいただき、忠岑もほうびの物をいただきなどした。

❷ 大将の君、御衣（おんぞ）ぬぎて**かづけ**たまふ。（源氏物語）
⬇
訳 大将の君は、御衣を脱いで（ほうびとして）与えなさった。

活用	語幹	未然	連用	終止	連体	已然	命令
四段	かづ	か	き	く	く	け	け
下二段	かづ	け	け	く	くる	くれ	けよ

1　どこへさまよい出るのか　　2　咲く花が美しく照り輝くようだ
3　仏の教えとは違う

ためらふ

［動ハ四］

フレーズ

しばしためらふ

⬇訳 しばらく気を静める

イメージ

落ち着かせる

「高まってくるものを抑える」感じです。「体や心を元の状態に戻し、落ち着かせる」ことから、心（気持ち）の場合は「気を静める」、体（特に病気）の場合は「静養する」となります。

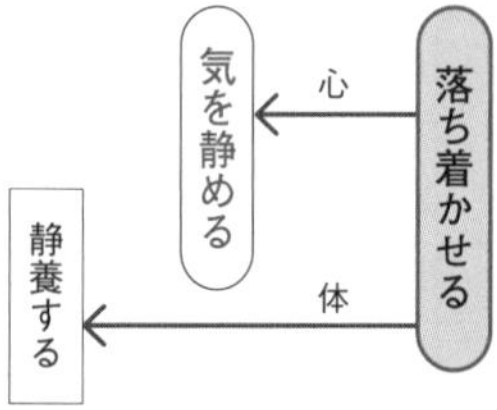

❶ **気を静める**

関 やすらふ［動］→199

例文

❶女君、泣き沈み給へる、**ためらひ**て、（源氏物語）

⬇訳 女君は、泣き沈んでいらっしゃったが、気を静めて、

㋑風邪起こりて、**ためらひ**はべるほどにて。（源氏物語）

⬇訳 風邪をひいて、静養しております間で。

ものす

［動サ変］

✤物す

フレーズ

いづこにものし給（たま）ふ

⬇訳 どこにいらっしゃるのか

❶ **いる**

❷ **〜する**

例文

❶日ごろここに**ものし**たまふとも見ぬ人々の、かく戦ひしたまふは、

□1　酒飯をまうく　□2　身をやつす
□3　衣をかづく人

イメージ

be、do

名詞「物」に動詞「す」が付き、「何かをする」を意味します。英語のbeやdoと同様、様々な動詞の代用となるので、意味は文脈から判断します。

いかなる人ぞ。（徒然草）

↓訳 ふだんここにいらっしゃるとも思えない人々で、このように戦いなさるのは、どんな人ですか。

❷ さなめりと思ふに、憂くて、開けさせねば、例の家とおぼしきところに**ものし**たり。（蜻蛉日記）

↓訳 そのようだ（＝夫が来たようだ）と思うが、嫌で、開けさせずにいると、例の家と思われる所に行ってしまった。

102 □ ゐる ［動ワ上一］

✤率る

❶ 連れる

音 居る（ゐ）［動］→20

フレーズ

御供にゐておはしませ

↓訳 お供にお連れください

イメージ

率る

「率（ひき）いる」「連れる」という意味です。「居る」と同音異義語なので、平仮名で書かれている場合、どちらになるかは文脈から判断します。

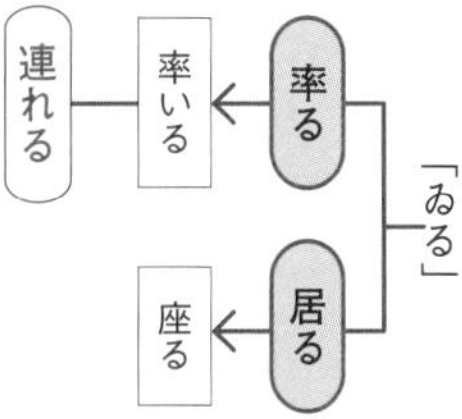

例文

❶ やうやう夜も明けゆくに、見れば、**ゐ**て来（こ）し女もなし。（伊勢物語）

↓訳 だんだん夜も明けていくので、（蔵の中を）見ると、連れてきた女もいない。

語幹	未然	連用	終止	連体	已然	命令	活用
（ゐ）	ゐ	ゐ	ゐる	ゐる	ゐれ	ゐよ	上一段

1 酒や食事を準備する　2 身なりを目立たない姿にする
3 衣をいただく人

103 わたる

✤渡る ［動ラ四］

フレーズ

姫君の方に渡る

⬇訳 姫君のもとに行く

イメージ

一方から他方へ

空間的・時間的に「一方から他方へ移動する」ことを表し、「行く」「通る」「過ごす」などの訳になります。他の動詞に付いて「一面に（～する）」「ずっと（～する）」の意味にもなります。

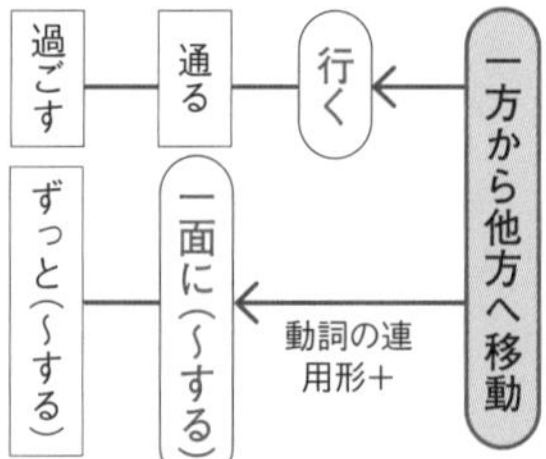

❶ 行く

❷ ［動詞の連用形＋］一面に（～する）

例文

❶ 住む館（たち）より出（い）でて、船に乗るべき所へ**渡る**。（土佐日記）

⬇訳 住んでいた官舎から出て、船に乗るはずの場所へ行く。

❷ 夕霧たち**わたり**て、いみじうをかしければ、（更級日記）

⬇訳 夕霧が一面に立ちこめて、たいそう趣があるので、

イ 日を消（せう）し、月を**渡り**て一生を送る、もっとも愚かなり。（徒然草）

⬇訳 日を費やし、月を過ごして一生を送るのは、非常に愚かなことである。

104 ありく

✤歩く ［動カ四］

フレーズ

池の辺（わた）りをありく

⬇訳 池のほとりを歩き回る

❶ 歩き回る

❷ ［動詞の連用形＋］（～し）続ける

関 **あゆむ**［動］歩く

例文

❶ 五月（さつき）ばかりなどに山里に**歩く**、いとをかし。（枕草子）

□1　しばしためらふ　　□2　いづこにものし給ふ

□3　御供にゐておはしませ

イメージ

あちこち移動

「あちこち移動して回る」感じで、動物や車の場合にも用いられます。他の動詞に付いて「(〜して)回る」「(〜し)続ける」の意味にもなります。

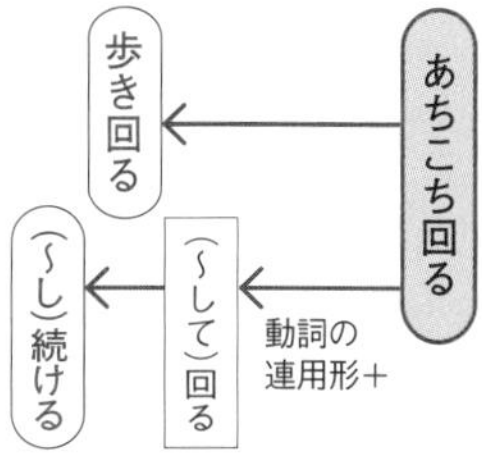

105 わづらふ

✤煩ふ

[動ハ四]

フレーズ

思ひわづらふ

⬇訳 思い悩む

イメージ

心身の苦しみ

「思うようにならず苦しむ」感じで、心なら「悩む」、体なら「病気になる」となります。他の動詞に付いて「(〜し)かねる」の意味にもなります。

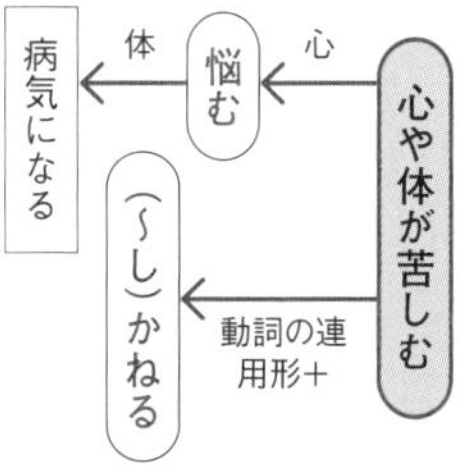

⬇訳 五月ごろなどに山里をあちこち**歩き回る**のは、とても趣がある。

❷ なくなりにければ、かぎりなく悲しくのみ思ひ**ありく**ほどに、（大和物語）

⬇訳 (妻が) 亡くなってしまったので、この上なくただ悲しく思い**続けるときに、**

❶ **悩む**

❷ **[動詞の連用形＋](〜し)かねる**

関 **ここち**[名] 気持ち・病気

例文

❶ 寛大にして極まらざる時は、喜怒これにさはらずして、物のために**わづらはず**。（徒然草）

⬇訳 心が広くて狭く限ることがない時は、喜怒の感情がさしつかえることもなく、物事に**悩まない**。

❷ いかにして過ぎにし方を過ぐしけむ暮らし**わづらふ**昨日今日かな（枕草子）

⬇訳 どのようにして過去の日々を過ごしていたのでしょうか、(あなたがいないので) 一日を**送りかねる**昨日今日ですよ。

1　しばらく気を静める　2　どこにいらっしゃるのか
3　お供にお連れください

練習問題（91～105）

傍線部の語を口語訳しなさい。

□① 九重(ここのへ)に**うつろひ**ぬとも菊の花もとの籬(まがき)を思ひ忘るな（新古今和歌集）

□② 色見えで**うつろふ**ものは世の中の人の心の花にぞありける（古今和歌集）

□③ 御達(ごたち)なりける人をあひしりたりける、ほどもなく**かれ**にけり。（伊勢物語）

□④ おほかた、古(いにしへ)を考ふること、さらに一人二人の力もて、ことごとく**あきらめ**尽くすべくもあらず。（玉勝間）

□⑤ もの思へば沢の蛍も我が身より**あくがれ**出づる魂(たま)かとぞ見る（後拾遺和歌集）

□⑥ 春は、藤波を見る。紫雲のごとくして西方(さいはう)に**にほふ**。（方丈記）

□⑦ 御車寄せたる所に、院渡り給(たま)ひて、おろし奉(たてまつ)り給ふなども、例には**たがひ**たることどもなり。（源氏物語）

□⑧ 迎ふる気、下に**まうけ**たるゆゑに、待ち取るついで甚(はなは)だ速し。（徒然草）

□⑨ 御様を**やつし**、いやしき下臈(げらふ)のまねをして、日吉社(ひよしのやしろ)に御参籠(ごさんろう)あつて、（平家物語）

訳　＊→下の数字は見出し語番号です。

① 宮中で色があせてしまったとしても、菊の花よ、もと咲いていた垣根を忘れるなよ。→91

② 色にも現れないで、あせて（＝心が変わって）しまうものは、世の中の人の心という花であったことよ。→91

③ 女房であった人とつきあっていたが、まもなく離れ（→疎遠になっ）てしまった。→92

④ 一般に、古代について考えることは、決して一人や二人の力によって、すべて明らかにし尽くすことができるはずもない。→93

⑤ 思い悩んでいると、沢を飛ぶ蛍も私の体からさまよい出る魂ではないかと見ることだ。→94

⑥ 春は、藤の花を見る。（その色は阿弥陀仏が乗っている）紫の雲のようであって西の方に美しく照り輝く。→95

⑦ お車を寄せた所に、院がお迎えに出られて、（女三の宮を）お降ろし申し上げなさるなどというのも、通例とは違っていることどもである。→96

⑧（変化の時を）待つ気配を、下に準備しているために、待ち受ける順序はとても速い。→97

⑨ ご様子を目立たない姿にし、身分の低い者のふりをして、日吉神社に参籠なさって、→98

□1　姫君の方に渡る　□2　池の辺りをありく
□3　思ひわづらふ

□⑩ 白きものどもを品々**かづき**て、（源氏物語）

□⑪ 守(かみ)の館(たち)にて饗宴(あるじ)しののしりて、郎等(らうどう)までに物**かづけ**たり。（土佐日記）

□⑫ 苦しげなるを**ためらひ**つつ聞こえ給(たま)ふに、民部(みんぶ)卿も母上も、涙を流しつつあはれに思ひよせたり。（発心集）

□⑬ 日ごろ**ものし**つる人、今日ぞ帰りぬる。（蜻蛉日記）

□⑭ 心地(ここち)悪(あ)しみして、物も**ものし**給(た)ばで、ひそまりぬ。（土佐日記）

□⑮ 人の娘を盗みて、武蔵野(むさしの)へ**ゐ**てゆくほどに、（伊勢物語）

□⑯ 源氏の君は、御あたり去り給(たま)はぬを、ましてしげく**渡ら**せ給ふ御方は、（源氏物語）

□⑰ 池のわたりのこずゑども、遣水(やりみづ)のほとりのくさむら、おのがじし色づき**わたり**つつ、（紫式部日記）

□⑱ 「翁丸(おきなまろ)か。このごろ、かかる犬やは**ありく**」と言ふに、（枕草子）

□⑲ かかる由(よし)の返りごとを申したれば、聞きたまひて、「いかがすべき」と思(おぼ)し**わづらふ**に、（竹取物語）

---

⑩ （ほうびの）白い衣をいくつかそれぞれいただいて、↓99

⑪ 国守の館で饗宴をして大騒ぎして、従者にまで物を与えた。↓99

⑫ 苦しげな様子なのに気を静めながら申し上げなさるので、民部卿も母上も、涙を流しながら同じ気持ちで感動したのだった。↓100

⑬ ここ数日（一緒に）いた人が、今日は（都に）帰ってしまった。↓101

⑭ 気分を悪くして、物もお食べにならないで、寝込んでしまった。↓101

⑮ 人の娘を盗んで、武蔵野へ連れて行く途中、↓102

⑯ 源氏の君は、（父帝の）おそばをお離れにならないので、ことさら（帝が）ひんぱんにお行きになる御方は、↓103

⑰ 池のほとりの木々のこずえや、遣り水のそばの草むらが、それぞれ一面に紅葉して、↓103

⑱ 「（おまえは）翁丸か。近ごろ、このような犬が歩き回るのか」と言うので、↓104

⑲ このような内容の返事を申し上げたところ、お聞きになって、「どうしよう」とお思い悩みになるが、↓105

1　姫君のもとに行く　2　池のほとりを歩き回る
3　思い悩む

106 みゆ

［動ヤ下二］

✤見ゆ

❶ 見える
❷ 思われる
❸ 結婚する

関 **見す**［動］ 見せる・結婚させる
見る［動］→181

フレーズ **ほのかに見ゆ**
⬇訳 かすかに見える

イメージ **見える**

動詞「見る」に、奈良時代の自発・受身の助動詞「ゆ」が付いた語で、「見える」「見られる」となります。また、女性が姿を「見られる」ことは「結婚する」ことを意味しました。

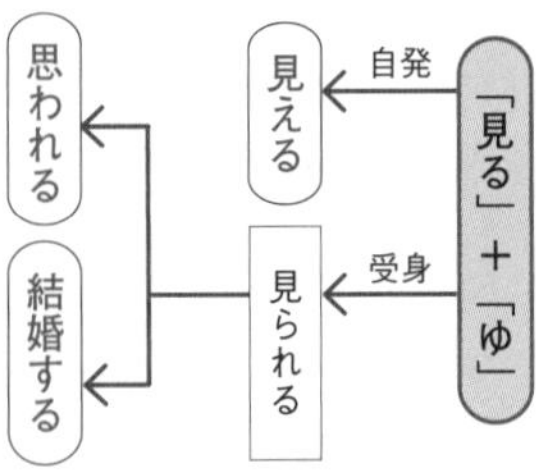

例文

❶ ただ今人の言ふことも、目に**見ゆる**ものも、わが心のうちも、（徒然草）
⬇訳 たった今、人が言うことも、目に見えるものも、自分の心の中のことも、

❷ いとは辛（つら）く**見ゆれ**ど、志はせむとす。（土佐日記）
⬇訳 とても薄情だと思われるけれど、謝礼だけはしようと思う。

❸ かかる異様（ことやう）のもの、人に**見ゆ**べきにあらず。（徒然草）
⬇訳 このような変わり者は、人と結婚してはならない。

107 おこす

［動サ下二］

❶ 送ってくる

対 **やる**［動］→108

フレーズ **都より文（ふみ）おこす**

例文

↓訳 都から手紙を**送ってくる**

イメージ
よこす

現代語の「よこす」で、「(こちらへ)送ってくる」という意味です。対義語は「やる」です。「おこす」は「よこす」と覚えましょう。

❶人の国より**おこせ**たる文の、物なき。(枕草子)

↓訳 地方から**送ってき**た手紙で、物を添えていないもの(は興ざめだ)。

おこすはよこす

108 やる ［動ラ四］

✤遣る

❶送る

関 **心をやる**［連語］
気を晴らす

言ひ(も)やらず［連語］
言い終わりもせず

フレーズ
女に文(ふみ)をやる

↓訳 女に手紙を**送る**

イメージ
向こうへやる

「おこす」の対義語で、人や物を「向こうへやる」=「送る」という意味です。「やる」に関連した慣用表現に「心をやる」、「言ひ(も)やらず」などがあります。

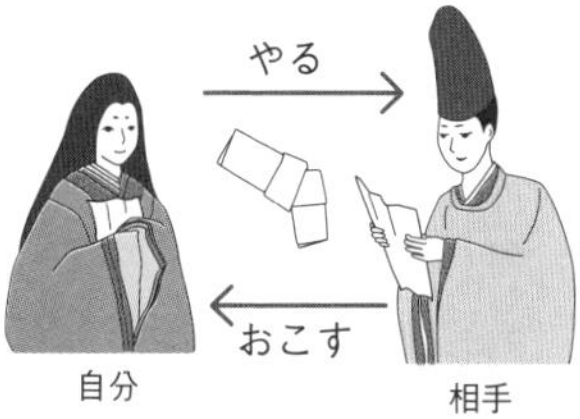

例文

❶男の、着たりける狩衣(かりぎぬ)の裾(すそ)を切りて、歌を書きて**やる**。(伊勢物語)

↓訳 男は、自分が着ていた狩衣の裾を切って、歌を書いて**送る**。

関 夜光る玉といふとも酒飲みて**心をやる**にあに及(し)かめやも (万葉集)

↓訳 夜光の玉と言っても、酒を飲んで**気を晴らす**ことに、どうしてまさるだろうか。

関 **言ひもやらず**、むせかへりたまふほどに、夜も更(ふ)けぬ。(源氏物語)

↓訳 **言い終わりもせず**、涙にむせかえりなさるうちに、夜も更けてしまった。

くまなし

✤ 隈無し

［形ク］

フレーズ

月くまなく明かし

⬇ 訳 月は曇りがなく明るい

イメージ

曇りなし

「隈」（＝暗くて見えない陰の部分）に、「無し」が付いて、「光が十分で明るい」様子を表します。意味は❶のほか、比喩的に「隠し事がない」「何でも知っている」ともなります。

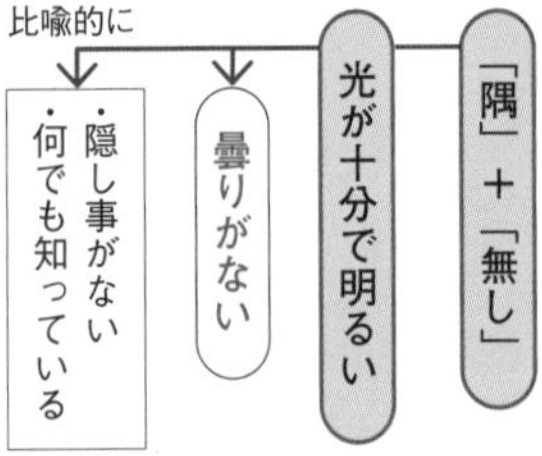

❶ 曇りがない

例文

❶ 花は盛りに、月は**くまなき**をのみ見るものかは。（徒然草）

⬇ 訳 桜の花は満開のものだけを、月は曇りがないものだけを見るものだろうか。

イ **くまなき**もの言ひも、定めかねて、いたくうち嘆く。（源氏物語）

⬇ 訳 （女性のことは）何でも知っている論客も、決めかねて、深いため息をつく。

いはけなし

［形ク］

フレーズ

いはけなき子

⬇ 訳 幼い子

❶ 幼い

類 いときなし［形］・いとけなし［形］ 幼い

対 おとなし［形］→26

例文

❶ **いはけなく**かいやりたる額つき、髪（かむ）ざし、いみじううつくし。

□1　ほのかに見ゆ　　□2　都より文おこす

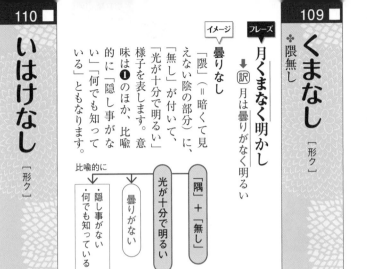

□3　女に文をやる

イメージ

あどけなさ

漢字で書くと「稚けなし」で、意味は「幼い」となります。語尾の「なし」は、付いた語の意味を強める接尾語で、「無し」ではない点に注意しましょう。

⬇訳 幼く（髪を）かき上げた額の様子、髪の様子も、たいへんかわいらしい。（源氏物語）

類 母の命尽きたるを知らずして、**いとけなき**子の、なほ乳（ち）を吸ひつつ、臥（ふ）せるなどもありけり。（方丈記）

⬇訳 母の命が尽きたのを知らずに、幼い子どもが、なおも乳を吸いながら、横になっている姿などもあったのだった。

111 □ すさまじ ［形シク］

❶ 興ざめだ

❷ 殺風景だ

例文

❶ **すさまじき**もの。昼吠（ほ）ゆる犬。（枕草子）

⬇訳 興ざめなもの。（それは）昼間吠える犬。

❷ 影**すさまじき**暁（あかつき）月夜に、雪はやうやう降り積む。（源氏物語）

⬇訳 光も殺風景な明け方の月夜に、雪はしだいに降り積もる。

フレーズ

返しせざらむもすさまじ

⬇訳 返歌をしないのも興ざめだ

イメージ

しらけた感じ

現代語の「すさまじい」とはかなり語感が異なり、「不調和な感じやしらけた感じから受ける不快感」を表し、「興ざめだ」「殺風景だ」と訳します。

・不調和な感じ
・しらけた感じ
→ 興ざめだ
→ 殺風景だ

1 かすかに見える　2 都から手紙を送ってくる
3 女に手紙を送る

あらまほし ［形シク］

フレーズ
あらまほしき家居（いへゐ）
⬇ 訳 理想的な住居

イメージ
理想的
動詞「あり」に希望の助動詞「まほし」が付いた連語「あらまほし」（＝あってほしい）が一語になったもので、「理想的だ」「好ましい」の意味になります。連語かどうかは文脈から考えます。

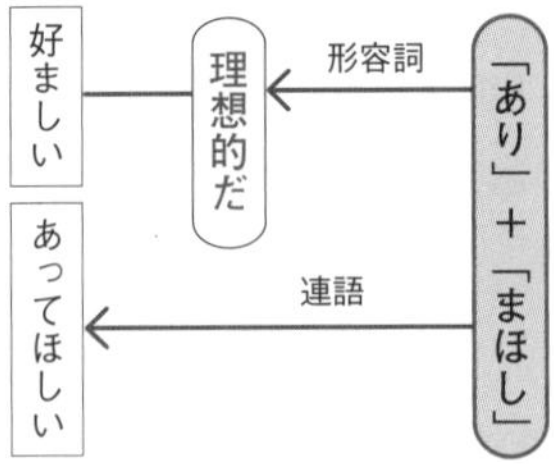

❶ 理想的だ

関 あらまほし［連語］ あってほしい

例文
❶常よりも心とどめたる色あひ、しざまいと**あらまほしく**て、（源氏物語）
⬇ 訳 いつもより念入りにした色合いや、仕立てがたいそう理想的で、

関 少しのことにも、先達（せんだち）は**あらまほしき**事なり。（徒然草）
⬇ 訳 ちょっとしたことにも、先導役はあってほしいものである。

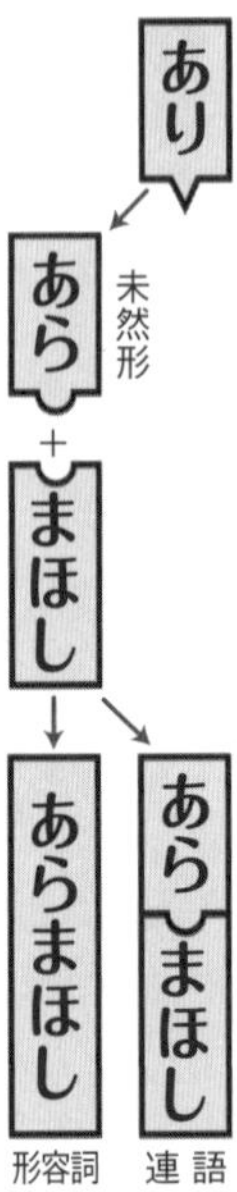

さうなし ［形ク］

✤ 左右無し

フレーズ
さうなく言ひ出（い）だす
⬇ 訳 ためらわないで口に出す

❶ ためらわない

音 双無（さうな）し［形］ 並ぶものがない

例文
❶車寄せの縁の際（きは）にかしこまりて、「申せと候（さうら）ふ。」とは、**さうなく**

□1　月くまなく明かし　　□2　いはけなき子
□3　返しせざらむもすさまじ

イメージ

あれこれ考えない

「左右」は「あれこれ」の意味で、「あれこれ考えない」＝「ためらわない」で行動する様子を表します。同音異義語に「双無し」があります。

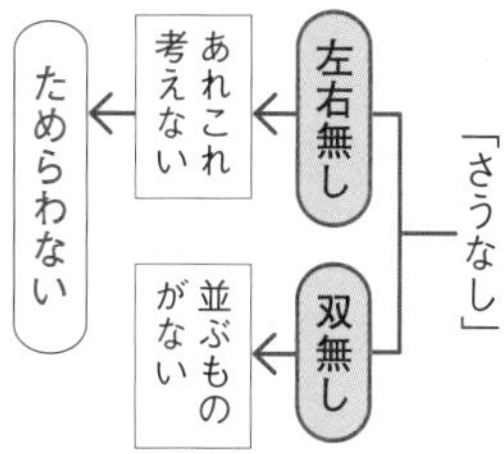

114 むつかし

［形シク］

フレーズ

むつかしき心地

⬇ 訳 不快な気持ち

イメージ

不快

「うっとうしく不快で、わずらわしい」感じを表します。現代語の「難しい」を意味する古語は「かたし➡214」なので、注意しましょう。

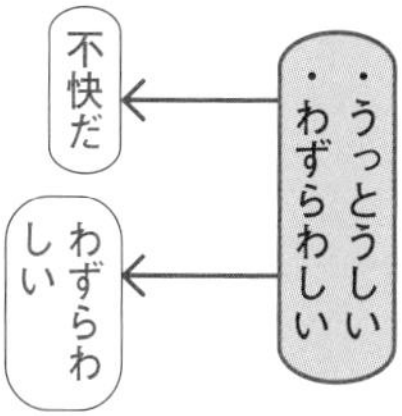

言ひ出でたれど、（今物語）

⬇ 訳 車寄せの縁の端に慎んで座って、「（主人が、私から）申し上げよとのことでございます。」とは、**ためらわないで**言い始めたが、

音 悲田院の堯蓮上人（げうれんしやうにん）は、俗姓（ぞくしやう）は三浦（みうら）の某（なにがし）とかや、**さうなき**武者なり。（徒然草）

⬇ 訳 悲田院の堯蓮上人は、俗人の時の姓は三浦の某とかいって、**並ぶものがない**武士である。

❶ **不快だ**

❷ **わずらわしい**

類 **うるさし**［形］ 不快だ

関 **むつかる**［動］ 不快に思う

例文

❶ あなづりやすき人ならば、「のちに。」とてもやりつべけれど、心恥づかしき人、いとにくく**むつかし**。（枕草子）

⬇ 訳 軽く扱ってもいい人ならば、「後で。」と言っても帰してしまえるだろうが、立派な人（だとそうできず）、とてもにくらしく**不快だ**。

❷ 用ありて行きたりとも、その事果てなば、とく帰るべし。久しく居（ゐ）たる、いと**むつかし**。（徒然草）

⬇ 訳 用事があって行っても、そのことが終わったら、すぐに帰るのがよい。長居しているのは、たいそう**わずらわしい**。

1　月は曇りがなく明るい　2　幼い子
3　返歌をしないのも興ざめだ

115 □ さかし ［形シク］

✤賢し

フレーズ **さかしき帝**(みかど)**の御政**(まつりごと)

⬇訳 賢い帝のご政治

イメージ **しっかりして賢い**

「才能・知恵があってしっかりしている」感じから、「賢い」の意味になります。現代語の「こざかしい」のように、マイナスの意味で「利口ぶっている」ともなります。

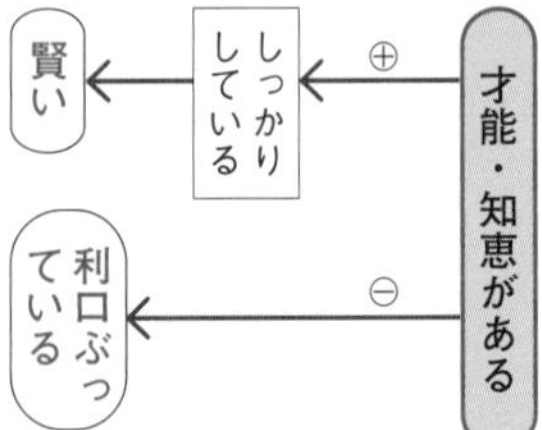

❶ **賢い**

❷ **利口ぶっている**

関 **さかしら**［名］ 利口ぶること

例文

❶古(いにしへ)の七(なな)の**さかしき**人たちも欲(ほ)りせしものは酒にしあるらし (万葉集)

⬇訳 昔の七人の賢い人たちも欲しがったものは、酒であるに違いない。

❷**さかしう**、やがて末まではあらねども、すべてつゆたがふことなかりけり。(枕草子)

⬇訳 利口ぶって、すぐに下の句までは答えないけれども、すべて少しも間違えることはなかった。

＊「さかしう」は「さかしく」のウ音便です。

116 □ かしこし ［形ク］

✤畏し

フレーズ **帝ののたまふこと、かしこし**

⬇訳 帝のおっしゃることは、畏れ多い

❶ **畏れ多い**

❷ ［連用形「かしこく」で］ **はなはだしく**

例文

❶**かしこき**御蔭(かげ)をば頼み聞こえながら、(源氏物語)

□1 あらまほしき家居　□2 さうなく言ひ出だす

□3 むつかしき心地

イメージ

畏れ多い

自然の霊力や威力に対して「畏れおののく」気持ちを表します。対象を敬う気持ちから「すぐれている」、また連用形「かしこく」を副詞的に用いて「はなはだしく」ともなります。

畏れおののく気持ち → 畏れ多い → すぐれている
→ 「かしこく」で はなはだしく

⬇ 訳 畏れ多い帝のご庇護（ひご）を頼み申し上げながらも、

❷ 男はうけきらはず呼び集へて、いと**かしこく**遊ぶ。（竹取物語）

⬇ 訳 男は受け入れるのに分け隔てをせず招き集めて、たいそうはなはだしく（→盛大に）管絃の宴を開いた。

117

めやすし ［形ク］

✤目安し

❶ 感じがよい

対 **見苦し** ［形］ みっともない

関 **やすし** ［形］ 安らかだ

フレーズ

めやすき人かな

⬇ 訳 感じがよい人だなあ

イメージ

いい感じ

「目」＋「安し」（＝安らかだ）が一語となったもので、「見た目がよい」様子を表します。

「目」＋「安し」 → 見た目がよい → 感じがよい

例文

❶ 髪ゆるるかにいと長く、**めやすき**人なめり。（源氏物語）

⬇ 訳 髪はゆったりとしてたいそう長く、感じがよい人のようである。

対 「まだらに候ふも**見苦しく**や。」と重ねて申されければ、（徒然草）

⬇ 訳 「まだらでございますのもみっともなくございませんか。」と重ねて申し上げなさったところ、

1 理想的な住居　2 ためらわないで口に出す
3 不快な気持ち

やさし 【形シク】

✤優し

フレーズ **やさしき蔵人**(くらうど)
➡訳 優美な蔵人

イメージ **繊細で優美**

動詞「痩(や)す」(=やせる)が形容詞化した語で、「身がやせるほどつらい」感じを表します。「恥ずかしい」、さらに繊細さがプラスイメージとなって「優美だ」「けなげだ」ともなります。

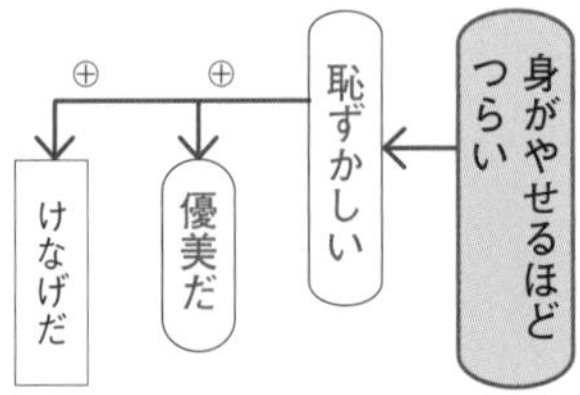

❶恥ずかしい
❷優美だ

関 **まばゆし**[形] 恥ずかしい

例文

❶昨日今日帝ののたまはむことにつかむ、人聞き**やさし**。(竹取物語)
➡訳 昨日今日帝がおっしゃったことに従うのは、世間の評判が恥ずかしい。

❷いくさの陣へ笛もつ人はよもあらじ。上臈(じやうらふ)は猶(なほ)も**やさしかり**けり。(平家物語)
➡訳 戦陣に笛を持ってくる人はまさかいないだろう。身分の高い人はやはり優美だったのだなあ。

あたらし 【形シク】

✤惜し

フレーズ **あたらしく思**(おぼ)**す**
➡訳 惜しいとお思いになる

❶惜しい

類 **くちをし**[形]→123
関 **あたら**[連体/副] 惜しい/惜しいことに

例文

❶際(きは)ことにかしこくて、ただ人にはいと**あたらしけれ**ど、(源氏物語)

□1 さかしき帝の御政　□2 帝ののたまふこと、かしこし
□3 めやすき人かな

イメージ

惜（あたら）し

漢字では「惜し」で、「本来の価値が十分に示されないことを惜しむ」感じを表し、「惜しい」「もったいない」の意味になります。

惜(あたら)し → 惜しい → もったいない

訳 （皇子は）格別に賢くて、臣下とするには非常に惜しいが、

120 □ はかばかし ［形シク］

❶ しっかりしている

フレーズ

はかばかしき後ろ見

訳 しっかりしている後見人

イメージ

てきぱき

仕事が「はかどる」の「はか」を重ねて形容詞化した語で、「てきぱき進む」ことから、「しっかりしている」「はっきりしている」「きちんとしている」の意味になります。

てきぱき → しっかりしている → ・はっきりしている ・きちんとしている

例文

❶おのづからこの族に、**はかばかしき**人なくて、（落窪物語）

訳 自然と私たち一族には、しっかりした人がいなくて、

プラス **はかばかし**

「はかばかし」のように、同じ語を重ねて一語にした形容詞には、この本のなかにもいくつかあります。たとえば、「35つきづきし」「48さうざうし」「124すきずきし」「207ことごとし」「220おどろおどろし」などです。これらの形容詞はいずれもシク活用になります。

1 賢い帝のご政治　2 帝のおっしゃることは、畏れ多い
3 感じがよい人だなあ

練習問題（106～120）

傍線部の語を口語訳しなさい。

□① ただ、波の白きのみぞ**見ゆる**。（土佐日記）

□② 勢ひ猛（まう）に、ののしりたるにつけて、いみじとは**見え**ず、（徒然草）

□③ 撫子（なでしこ）の花を折りて**おこせ**たりし。（源氏物語）

□④ 山々に人を**やり**つつ求めさすれど、さらになし。（大和物語）

□⑤ 月は**くまなく**さし出でて、ひとつ色に見え渡されたるに、（源氏物語）

□⑥ **いはけなく**おはしまししときより見たてまつり、（源氏物語）

□⑦ いつしかと待ちおはするに、かくたどたどしくて帰り来たれば、**すさまじく**、（源氏物語）

□⑧ はかなきことにつけても、**あらまほしう**もてなし聞こえ給（たま）へれば、（源氏物語）

□⑨ かの太刀（たち）は実（げ）によき太刀にてありければ、…**さうなく**差し替へてけり。（今昔物語集）

訳

＊ ↓の下の数字は見出し語番号です。

① ただ、波の白いのだけが見える。↓106

② 権勢が盛んで、評判が高くても、すばらしいとは思われず、↓106

③ なでしこの花を折って送ってきた。↓107

④ 山々に人を送って探させたけれど、まったく見つからない。↓108

⑤ 月は曇りがなく照らし出して、一面同じ色に（＝白く）見えている中に、↓109

⑥ 幼くていらっしゃった時から見申し上げ、↓110

⑦ 早くと待っていらっしゃったところへ、（小君が）このようにはっきりしないで帰ってきたので、興ざめで、↓111

⑧ ちょっとしたことにつけても、（母君は姫君を）理想的にお世話申し上げなさっているので、↓112

⑨ その太刀は本当に立派な太刀だったので、…ためらわないで交換した。↓113

□1 やさしき蔵人　□2 あたらしく思す

□3 はかばかしき後ろ見

□⑩女君は、暑く**むつかし**とて、御髪（みぐし）すまして、すこしさはやかにもてなしたまへり。（源氏物語）

□⑪昔**さかしき**帝の御政（まつりごと）の折は、（大鏡）

□⑫御門（みかど）の御位はいともかしこし。（徒然草）

□⑬むかし、男女、いと**かしこく**思ひかはして、こと心（ごころ）なかりけり。（伊勢物語）

□⑭世に浮きたるやうにて見苦しかりつる宰相（さいしやう）の君も、思ひなく**めやすき**さまに静まり給ひぬれば、（源氏物語）

□⑮世の中を憂（う）しと**やさし**と思へども飛び立ちかねつ鳥にしあらねば（万葉集）

□⑯一人は小姫にて、名を「かさね」といふ。聞き慣れぬ名の**やさしかり**ければ、（奥の細道）

□⑰若くて失（う）せにし、いといとほしく**あたらしく**なむ。（増鏡）

□⑱いみじき心ばせなりけむ人の、**はかばかしき**よすがなどもなかりけるにや。（無名草子）

---

⑩女君は、暑く不快だと言って、御髪を洗って、少しさっぱりした様子でいらっしゃった。→114

⑪昔、賢い帝がご政治をなさる際には、→115

⑫天皇の御位はたいそう畏れ多い。→116

⑬昔、男と女が、とてもはなはだしく（→深く）愛し合って、（互いに少しも）浮ついた気持ちがなかった。→116

⑭身も固まらずみっともなかった宰相の君も、何の心配もなく感じがよい形に落ち着かれたので、→117

⑮この世の中は、つらく、恥ずかしい（→耐えがたい）と思うけれども、飛び去ることはできない、鳥ではないので。→118

⑯一人は小さな女の子で、名を（聞くと）「かさね」という。聞き慣れない名前で優美に感じられたので、→118

⑰（宮内卿（くないきょう）が）若くて亡くなってしまったのは、たいへん気の毒で惜しく思われる。→119

⑱すばらしい心遣いを見せた人が、しっかりしている縁者などもなかったのだろうか。→120

1　優美な蔵人　2　惜しいとお思いになる
3　しっかりしている後見人

121 わりなし ［形ク］

フレーズ
わりなき恋
➡ 訳 道理に合わない恋

イメージ
わり＝ことわり（理）

「わり」は「ことわり（理）」で、「道理に合わない」が本来の意味です。ここから「どうしようもなくつらい」、さらに「無理だ」「はなはだしい」といった意味も生まれました。

「理」が無い → 道理に合わない → どうしようもなくつらい / 無理だ / はなはだしい

❶ 道理に合わない
❷ どうしようもなくつらい

類 あやなし［形］→204
関 ことわり［名］→72

例文

❶ 人の上言ふを腹立つ人こそ、いと**わりなけれ**。（枕草子）
➡ 訳 他人のことを言っているのに腹を立てる人は、まったく道理に合わない。

❷ **わりなき**心地の慰めに、猫を招き寄せてかき抱きたれば、（源氏物語）
➡ 訳 どうしようもなくつらい気持ちの慰めに、猫を招き寄せて抱きかかえたところ、

122 なつかし ［形シク］

✤懐かし

フレーズ
花の匂ひなつかし
➡ 訳 花の美しさに心がひかれる

❶ 心がひかれる

例文

❶ **なつかしう**らうたげに、さりとてうちとけず心深う恥づかしげな

イメージ **親しみ**

動詞「なつく」(＝なれ親しむ)が形容詞化した語で、「人や物に心がひかれ、寄り添いたい」という「親しみ」の気持ちを表します。「いとしい」とも訳します。

寄り添いたい気持ち → 心がひかれる → いとしい

123 くちをし

✤口惜し ［形シク］

フレーズ **本意なく口惜し**

⇒訳 不本意で残念だ

イメージ **残念**

何かの都合で、自分の期待通りにいかなかったことに対する失望・不満感を表し、「残念だ」「くやしい」の意味になります。

期待外れだった → 残念だ → くやしい

る御もてなしなどのなほ人に似させ給はぬを、（源氏物語）

⇒訳 **心がひかれる**ほどおかわいらしく、そうかといって（光源氏に）心を許すでもなく、思慮深く（こちらが）恥じいるくらいご立派な物腰などが、やはり普通の人とは似ていらっしゃらないのを、

＊「なつかしう」は「なつかしく」のウ音便です。

❶ 残念だ

類 **くやし**［形］ 悔やまれる

あたらし［形］→119

例文

❶ 忘れがたく、**口惜しき**こと多かれど、え尽くさず。（土佐日記）

⇒訳 忘れがたく、残念なことが多いけれど、とても書き尽くすことができない。

類 すみやかにすべきことを緩く(ゆる)し、緩くすべきことを急ぎて、過ぎにしことの**くやしき**なり。（徒然草）

⇒訳 すぐに行うべきことを後回しにして、ゆっくりすべきことを急いで行って、（一生を）過ごしてしまったことが悔やまれるのである。

すきずきし 〔形シク〕

✤好き好きし

❶ 色好みだ
❷ 風流だ

フレーズ

すきずきしき心なき人

⬇訳 色好みの心のない人

イメージ

色や風流が好き

漢字では「好き好きし」で、古語の「好き」は、「色(=恋愛)や風流に心を傾けること」を表します。この「好き」を重ねることで、「色や風流に深く執着する様子」を意味します。

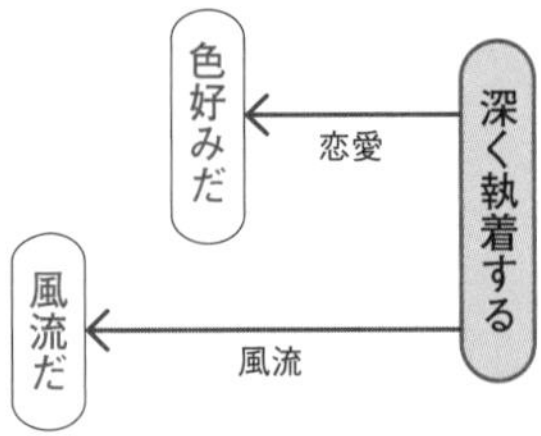

例文

❶ **すきずきしき**方(かた)にはあらで、まめやかに聞こゆるなり。（源氏物語）

⬇訳 色好みな気持ちからではなく、まじめに申し上げるのです。

❷ そなたに向ひてなむ、念じ暮らさせ給ひけるも、**すきずきしく**あはれなることなり。（枕草子）

⬇訳 内裏の方に向かって、ずっとお祈りしていらっしゃったのは、風流で趣があることです。

うしろめたし 〔形ク〕

✤後ろめたし

❶ 気がかりだ

フレーズ

ゆくすゑうしろめたし

⬇訳 将来が気がかりだ

類 **うしろめたなし**〔形〕 気がかりだ

対 **うしろやすし**〔形〕 → 218

例文

❶ いとはかなうものし給ふこそ、あはれに**うしろめたけれ**。（源氏物語）

□1 わりなき恋　□2 花の匂ひなつかし
□3 本意なく口惜し

イメージ

後が気がかり

語源は「後ろ目痛し」あるいは「後ろ辺痛し」で、「見えない背後が気がかりだ」「人を後ろから見て気がかりだ」という不安感を表します。

・後ろ目痛し
・後ろ辺痛し
→ 気がかりだ

↓訳 たいそう頼りなくていらっしゃるのが、不憫（ふびん）で気がかりです。

126 □ いぶかし ［形シク］

❶ **気がかりだ**

類 いぶせし→224

フレーズ

いぶかしく思ひつつ

↓訳 気がかりに思いながら

イメージ

はっきりせず気がかり

「様子がはっきりしないために気が晴れず、気がかりだ」という疑いの感じを表し、そこから「もっと知りたい」という意味になることもあります。

様子がはっきりせず気が晴れない → 気がかりだ → もっと知りたい

例文

❶ つとめて、**いぶかしけれ**ど、わが人をやるべきにしあらねば、いと心もとなくて待ちをれば、（伊勢物語）

↓訳 翌朝、（男は女が）気がかりだったが、自分の方からの使いをやるわけにはいかないので、とても待ち遠しい気持ちで待っていると、

1 道理に合わない恋　2 花の美しさに心がひかれる
3 不本意で残念だ

127 □

わびし 【形シク】

✤侘びし

❶ つらい

関 わぶ［動］→12

フレーズ **わびしき目を見る**

⬇訳 つらい目に会う

イメージ **やるせない**

「物事が思うようにならず、やるせない」感じを表します。「つらい」が基本の意味で、「がっかりだ」「困った」と訳す場合もあります。

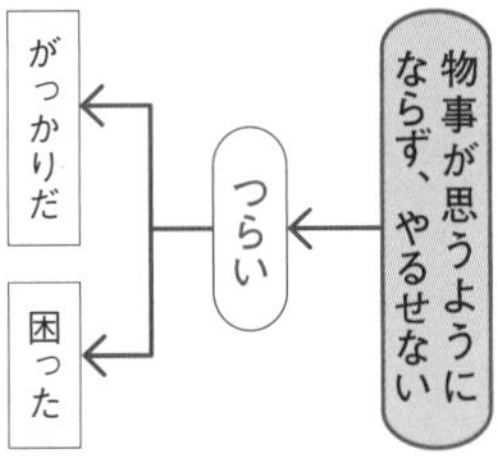

例文

❶わが父の作りたる麦の花散りて、実の入らざらむ思ふが**わびしき**。（宇治拾遺物語）

⬇訳 私の父が作っている麦の花が散って、実が入らないのではないかと思うことがつらい。

❶あな、**わびし**と思ひて、いま一度起こせかしと、思ひ寝に聞けば、（宇治拾遺物語）

⬇訳 ああ、つらい（↓困った）と思って、もう一度起こしてくれよと、思いながら寝て聞くと、

128 □

つらし 【形ク】

✤辛し

❶ 薄情だ

❷ 心苦しい

類 うし［形］→27

フレーズ **つらく見ゆ**

⬇訳 薄情だと思われる

イメージ **態度が冷たい**

例文

❶見捨てて行きあかれにけりと、**つらく**や思はむ。（源氏物語）

⬇訳 （自分を）見捨てて立ち去ってしまったと、（私を）薄情だと思

□1　すきずきしき心なき人　□2　ゆくすゑうしろめたし
□3　いぶかしく思ひつつ

「相手の仕打ちや態度が冷たい」様子を表すことから、「薄情だ」「思いやりがない」となり、また「心苦しい」「つらい」という現代語と同じ意味にもなりました。

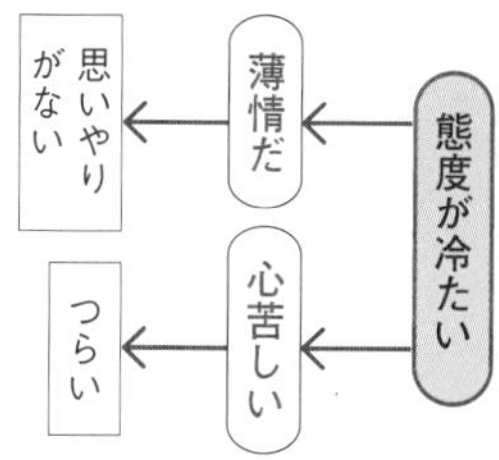

うだろうか。

❷「あやしと思ひし」など仰せらるるに、いと**つらく**、うちも泣きぬべき心地ぞする。（枕草子）

⬇訳「不思議だと思った」などとおっしゃるので、（私は）たいそう心苦しく、泣き出してしまいそうな気がする。

129 □ つれなし ［形ク］

フレーズ

つれなきもてなし

⬇訳 冷淡な態度

イメージ

連れ＝関連

「周囲との関連（連れ）が無い」が元の意味です。「周囲に感情が動かされない」感じから「冷淡だ」「平然としている」の意味になります。

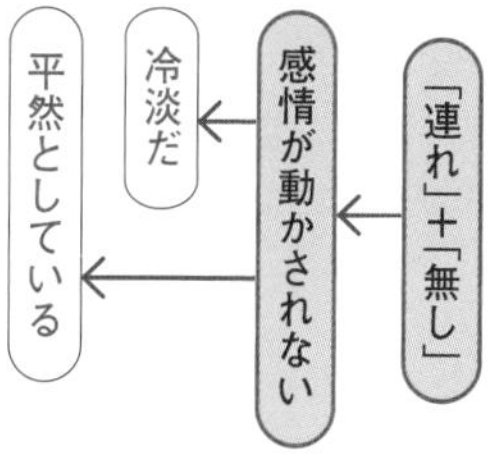

❶ **冷淡だ**
❷ **平然としている**

例文

❶昔、男、**つれなかり**ける女に言ひやりける。（伊勢物語）

⬇訳 昔、ある男が、（自分に）冷淡だった女に詠んで送った（歌）。

❷左の中将の、いと**つれなく**、知らず顔にてゐたまへりしを、（枕草子）

⬇訳 左の中将が、まったく平然として、知らないという顔をして座っていらっしゃったので、

1 色好みの心のない人　2 将来が気がかりだ
3 気がかりに思いながら

130 □

よしなし

✤由無し

［形ク］

フレーズ

よしなき事言ふ

⬇訳 つまらない事を言う

イメージ

由（よし）が無し

「由」（＝方法・由緒など）に「無し」が付き、「方法がない」「由緒がない」となります。さらに、「無い」ことに不満を感じて「つまらない」「無益だ」の意味にもなります。

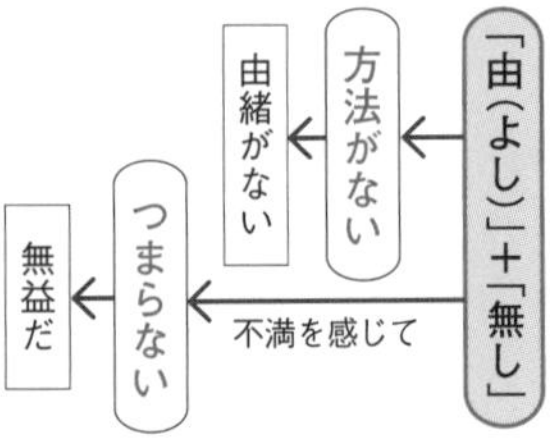

❶ 方法がない

❷ つまらない

関 よし（由）［名］→159

例文

❶ 今さらに**よしなし**。これぞめでたきこと。（大鏡）

⬇訳 今さら方法がない。（かえって）これはけっこうなことだ。

❷ **よしなき**人をあはれみ置きて、その徳には、果ては勘当（かんだう）蒙（かうぶ）るにこそあなれ。（宇治拾遺物語）

⬇訳 つまらない人を気の毒に思って家に置いてやって、そのおかげで、しまいにはお咎（とが）めを受けることになるようだ。

㋑ 「用なき歩（あり）きは**よしなかり**けり」とて来ずなりにけり。（竹取物語）

⬇訳 「無用な出歩きは無益なことだった」と言って来なくなった。

131 □

ずちなし

✤術無し

［形ク］

フレーズ

ずちなく貧しき人

⬇訳 どうしようもなく貧しい人

❶ どうしようもない

類 **すべなし**［形］ どうしようもない

せむかたなし［形］→132

例文

❶ ひしひしと、ただ食ひに食ふ音のしければ、**ずちなくて**、

□1 わびしき目を見る　□2 つらく見ゆ

□3 つれなきもてなし

イメージ

術（ずち）＝方法

「術」（＝方法）に「無し」が付いた語で、元の「方法がない」から❶の意味になります。「術」を訓読みした「すべなし」も同じ意味です。

「術（ずち）」＋「無し」 → 方法がない → どうしようもない

132 せむかたなし ［形ク］

＊「せんかたなし」とも言います。

フレーズ

せむかたなく思ひ乱る

⬇訳 どうしようもなく思い乱れる

イメージ

方法がない

動詞「す」＋推量の助動詞「む」＋「方」（＝方法）＋「無し」から成る語で、元の「（すべき）方法がない」から❶の意味になります。

「せむ方」＋「無し」 → （すべき）方法がない → どうしようもない

「せ」はサ変動詞「す」の未然形
「む」は推量の助動詞「む」の連体形

（宇治拾遺物語）

⬇訳 （僧たちが）むしゃむしゃと、ひたすら食べに食べる音がしたので、どうしようもなくて、

類 清水の観音を念じたてまつりても、**すべなく**思ひまどふ。（源氏物語）

⬇訳 清水の観音様にお祈り申し上げても、どうしようもなく思い悩む。

❶どうしようもない

類 ずちなし［形］→131

例文

❶上の衣の肩を張り破りてけり。**せむかたもなく**て、ただ泣きに泣きけり。（伊勢物語）

⬇訳 袍の肩のところを張り破ってしまった。どうしようもなくて、ただ泣くばかりであった。

せむかたなし

1 つらい目に会う　2 薄情だと思われる
3 冷淡な態度

133 なまめかし ［形シク］

❶ 若々しい
❷ 優美だ

類 えんなり ［形動］ → 236

フレーズ **あてになまめかしき女**

↓ 訳 身分が高く優美な女

イメージ **みずみずしい**

「なま（生＝未熟）だが、若くてみずみずしい美しさ」を表し、「しっとりと上品な美しさ」を意味するようになりました。「若々しい」「優美だ」のほか、「上品だ」と訳す場合もあります。

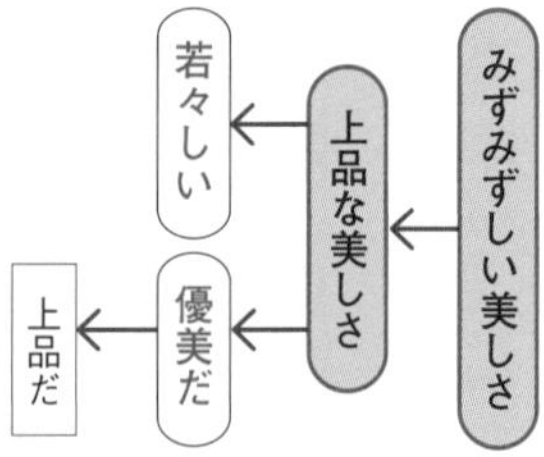

例文

❶ かくてしもうつくしき子どもの心地(ここち)して、**なまめかしう**をかしげなり。（源氏物語）

↓ 訳 このようになさっていてもかわいらしい子どものような感じがして、若々しくすばらしい様子である。

＊「なまめかしう」は「なまめかしく」のウ音便です。

❷ **なまめかしき**もの。細やかに清げなる君達(きんだち)の直衣(なほし)姿。（枕草子）

↓ 訳 優美なもの。ほっそりとしてきれいな貴族の直衣を着た姿。

134 いふかひなし ［形ク］

✤ 言ふ甲斐無し

❶ 言っても仕方がない

類 **言はむ方(かた)なし** ［連語］ 言いようがない

フレーズ **かなしめども、いふかひなし**

↓ 訳 悲しむが、言っても仕方がない

例文

❶ されど、とかく**言ふかひなく**て、（方丈記）

□1 よしなき事言ふ　□2 ずちなく貧しき人
□3 せむかたなく思ひ乱る

イメージ

仕方がない

「言ふ甲斐（＝言う価値）が無い」ことから、「言っても仕方がない」となります。「とるにたりない」「情けない」と訳す場合もあります。

「言ふ甲斐」＋「無し」
→ 言っても仕方がない
→ ・とるにたりない ・情けない

⇒ 訳 けれど、あれこれ言っても仕方がなくて、

関 心ひとつに思ひあまる時は、**いはむかたなく**すごき言（こと）の葉、あはれなる歌を詠みおき、（源氏物語）

⇒ 訳 自分の心一つに留めおけない時は、言いようがないぞっとする言葉や、趣のある歌を詠んで残しておき、

135 おほけなし ［形ク］

❶ 分不相応だ

フレーズ

おほけなき心つく

⇒ 訳 分不相応な心が生じる

イメージ

不相応

「身分に不相応に出過ぎた」感じで、「分不相応だ」「身のほどをわきまえない」のほか、否定的に「恐れ多い」と訳す場合もあります。

身分に不相応に出過ぎ
→ 分不相応だ → 身のほどをわきまえない
→（否定的なニュアンス）恐れ多い

例文

❶ なほいとわが心ながらも**おほけなく**、いかで立ちいでしにかと汗あえていみじきには、（枕草子）

⇒ 訳 やはりまったく自分から思い立った（宮仕え）とはいえ分不相応で、どうして（宮仕えに）出てきてしまったのだろうかと冷や汗が出て苦しい時に、

イ わが心ながら、かかる筋に**おほけなく**あるまじき心のむくいに、（源氏物語）

⇒ 訳 自分からはじめたことではあるが、こうした（藤壺への）恋の道で恐れ多くとんでもない心のむくいによって、

1 つまらない事を言う　2 どうしようもなく貧しい人
3 どうしようもなく思い乱れる

練習問題（121〜135）

傍線部の語を口語訳しなさい。

□① 人の後(うしろ)にさぶらふは、様(さま)あしくも及(およ)びかからず、**わりなく**見んとする人もなし。（徒然草）

□② 寺は荒(あば)れたれば、風もたまらず、雪も障(さは)らず、いと**わりなき**に、つくづくと臥(ふ)せり。（古本説話集）

□③ 御心ばへいと**なつかしう**、おいらかにおはしまして、（大鏡）

□④ 出でむままにこの物語見果てむと思へど、見得ず。いと**口惜しく**、思ひ嘆かるるに、（更級日記）

□⑤ なほしるべせよ。我は**すきずきしき**心などなき人ぞ。（源氏物語）

□⑥ 乳母(めのと)替へてむ。いと**うしろめたし**。（枕草子）

□⑦ このころはいかにさきくや**いぶかし**我妹(わぎも)（万葉集）

□⑧ また見苦しきこと散るが**わびしければ**、御文(ふみ)は、いみじう隠して人につゆ見せ侍(はべ)らず。（枕草子）

□⑨ ものも見で帰らむとし給へど、通り出でむ隙(ひま)もなきに、「事なりぬ。」と言へば、さすがに**つらき**人の御前(おまへ)渡り

訳　＊↓の下の数字は見出し語番号です。

① 主人の後ろにお仕えする者は、（前の人に）みっともなくのしかかることもなく、道理に合わず（↓無理に）見ようとする人もいない。↓121

② 寺は荒れているので、風も止まらず（吹き抜け）、雪もさえぎられず（吹きつけて）、まったくどうしようもなくつらいので、ぐったりと横になっている。↓121

③ ご性格はとても心がひかれ（↓親しみが感じられ）、おっとりとしていらっしゃって、↓122

④ （寺から）出たらすぐにこの物語を最後まで見たいと思ったが、見られない。たいそう残念に、思い嘆かれていたところ、↓123

⑤ やはり案内しなさい。私は色好みな心などない人間だ。↓124

⑥ 乳母を替えてしまおう。とても気がかりだ。↓125

⑦ このごろはいかがですか、気がかりです、恋しいあなたよ。↓126

⑧ また見苦しい歌が世間に広まるのがつらいので、お手紙は、ひたすら隠して人にはまったく見せていません。↓127

⑨ 見物もしないで帰ろうとなさるが、通り抜けるすき間もないうちに、「行列が来た。」と言うので、それでもやは

□1　あてに**なまめかしき**女　　□2　かなしめども、**いふかひなし**

□3　**おほけなき**心つく

の待たるるも心弱しや、（源氏物語）

□⑩ なほ我に**つれなき**人の御心を尽きせずのみおぼし嘆く。（源氏物語）

□⑪ にはかに親この女を追ひうつ。男、血の涙をながせども、とどむる**よしなし**。（伊勢物語）

□⑫ 何事にか。**よしなき**情けをかけて、うるさき事や言ひかけられん。（発心集）

□⑬ 柱折れ棟(むね)崩れて、**ずちなし**。（宇治拾遺物語）

□⑭ いといたく若びたる人にて、物にけどられぬるなめりと、**せむかたなき**心地し給ふ。（源氏物語）

□⑮ 御賀などいふことは、ひが数(かぞ)へにやとおぼゆるさまの、**なまめかしく**人の親(おや)げなくおはしますを、（源氏物語）

□⑯ 小少将の君は、そこはかとなくあてに**なまめかしう**、二月(きさらぎ)ばかりのしだり柳のさましたり。（紫式部日記）

□⑰ よき悪(あ)しきを言はず、ひたぶるに古きを守るは、学問の道には**言ふかひなき**わざなり。（玉勝間）

□⑱ これを見てより後、この童(わらは)、**おほけなき**心つきて、嘆きわたれど、（古本説話集）

り薄情な人（＝光源氏）のお通りが待たれるのも心の弱いことよ、 ↓128

⑩ 依然として自分に冷淡な人の御心をひたすら尽きることなくお嘆きになる。 ↓129

⑪ 急に親はこの女を追い出した。男は、血の涙を流し（て泣い）たけれども、止める方法がない。 ↓130

⑫ 何事であろうか。つまらない情けをかけて、わずらわしい事をもちかけられるのだろうか。 ↓130

⑬ 柱は折れ棟は崩れて、どうしようもない。 ↓131

⑭ たいそうひどく子どもっぽい人なので、物の怪(け)に正気を奪われてしまったのだろうと、どうしようもないお気持ちになる。 ↓132

⑮ （四十の）賀などということは、数え間違いであろうかと思われるご様子で、若々しくて子を持つ親らしくはお見えにならないでいらっしゃるのを、 ↓133

⑯ 小少将の君は、どことなく上品で優美で、二月ごろのしだれ柳のような様子をしている。 ↓133

⑰ 正しいか誤っているかを問題にせず、ひたすら古い説を守るのは、学問の道にとっては言っても仕方がない（＝情けない）ことである。 ↓134

⑱ これ（＝姫君）を見てから、この少年は、分不相応な心が起こって、嘆き続けるが、 ↓135

1 身分が高く優美な女　2 悲しむが、言っても仕方がない
3 分不相応な心が生じる

入試問題（91～135）

(1)～(6)は傍線部の口語訳として最も適切なものを選び、(7)～(15)は傍線部を口語訳しなさい。

□(1) 晴明が思ふやう、「この法師は、**かしこき**者にこそあるめれ。我を試みんとて来る者なり、それに悪く（わろく）見えては悪かるべし、… ↓116

① 才能のある　② 恐れ多い　③ 身分の高い

訳 晴明が思うには、「この法師は、①才能のある者であるようだ。私を試そうとして来る者で、その人にたいしたことはないと見られてもよくないだろう、…
（宇治拾遺物語・福岡大）

□(2) 何ごとにもいかでかくと**めやすくおはせしものを**、顔かたちよりはじめ、心ざま、手うち書き、絵などの心に入り、さいつころまで御心に入りて、 ↓117

① すばらしい人柄だったのになあ
② すこやかに過ごしていらしたのになあ
③ 感じのよい人でいらっしゃったのになあ

訳 何事につけてもどうしてこのようにと（思われるほど）③感じのよい人でいらっしゃったのになあ、容貌をはじめ、気立て（もよく）、字も上手に書き、絵などが気に入って、先日までご満足な様子で、
（栄花物語・共通テスト）

□(3) 色を思ふよりも、身の栄えを願ひ財宝（たから）を求むる心などこそは、**あながちにわりなく**見ゆめるに、 ↓121

① ひたむきで抑えがたく　② かえって理不尽に
③ ややありきたりに

訳 色恋を思うよりも、自分自身の栄達を願い財宝を求める心などは、①ひたむきで抑えがたく見えるようだが、
（石上私淑言・センター）

□(4) 女君、人なき折にて、琴いとをかしう**なつかしう**弾き伏したまへり。 ↓122

① 楽しそうに　② 寂しそうに　③ 心ひかれるように

訳 女君は、誰もいない時なので、琴をたいそう趣があって③心ひかれるようにうつむいてお弾きになっている。
（落窪物語・日本大）

□(5) 我さへおろかなるさまに見えたてまつりて、いと**うしろめたき**御思ひの添ふべかめるをいといとほし、 ↓125

① 不愉快な　② 無粋な　③ 気がかりな

訳 私までも（女三の宮を）いいかげんに扱っていると見られ申して、ますます③気がかりな思いが加わりなさるように思えて、
（源氏物語・関西学院大）

□(6) 院号などの沙汰もあるべくこそ。されどおはしましし時に、そのことは**よしなかるべく**仰せられおきしかば、内よりも聞こし召し過ぐしけり。 ↓130

① 光栄だろうというふうに
② 不吉だろうというふうに
③ 無用だろうというふうに

訳 院号などの話もあってよいはずだ。しかしご存命の時に、そのことは③無用だろうというふうにご遺言なさっていたので、朝廷でもお聞き流しになってしまった。（増鏡・関西学院大）

□(7) しをれこし袂（たもと）干すまも覚えで**あくがれ行くに**、門司の関にもなりぬ。↓94

訳 濡れた袂を乾かす間もなくさまよい行くと、門司の関に着いた。（九州の道の記・山口大）

□(8) ある夜、**春のまうけ**に、いつくしききぬをたち縫ひてありけるが、↓97

訳 ある夜、新年の準備に、立派な衣を仕立てていたが、（新花摘・千葉大）

□(9) 何事もみな口惜しくあせゆく世の末なれど、**かかる人のものしたまひけるよ。**↓101

訳 何事もすべて残念で色あせていく末世であるけれど、このような人がいらっしゃったよ。（とりかへばや・大阪府立大）

□(10) 雪もなほ降りまさりつつ、月もいとおもしろう澄みのぼりたり。「遊びなども、**すさまじうおぼえて**、ことにものの音（ね）なども聞かでなむ過ごしつるに」とて、↓111

訳 雪もいっそう降り増して、月もたいそう趣深く澄んで空にのぼっている。「管弦の遊びなども、興ざめに思われて、特に楽器の音なども聞かないで過ごしていたので」といって、（浜松中納言物語・大阪大）

□(11) 惜しむ由（よし）して請はれむと思ひ、勝負の負けわざにことつけなどしたる、**むつかし**。↓114

訳 惜しむふりをして（相手から）欲しがられようと思ったり、勝負の負けにかこつけて与えたりするのは、不快である。（徒然草・香川大）

□(12) この世にはめづらかに、かくわざと物語などに作り出だしたらむやうにおはすれば、**やさしく**すきずきしこと多くて、↓118

訳 今の世の中にはめったになくて、このようにことさらに物語に作り出したようでいらっしゃるので、優美で好色めいていることが多くて、（今鏡・立教大）

□(13) いと心細き古里にながめすごしたまひしかど、**はかばかしく御乳母だつ人**もなし。↓120

訳 とても心細い実家で物思いにふけりながら過ごしていらっしゃったが、しっかりとお世話する乳母のような人もいない。（堤中納言物語・千葉大）

□(14) **夜昼いとわびしく**、病になりておぼえければ、↓127

訳 夜も昼もたいそうつらく、病気になりそうに思われたので、（大和物語・熊本県立大）

□(15) 惑ひものにて候ふを不便（ふびん）に存じ候へども、おのおのが身も**いふかひなく候ふままに**、↓134

訳 流浪の身となっていますのをかわいそうに思いますけれども、我々の身も言っても仕方がないものでございますので、（沙石集・学習院大）

びんなし ［形ク］

✤便無し

フレーズ

びんなきこと出で来

⬇訳 都合が悪いことが出てくる

イメージ

「便」＝都合

「便（びん）」（＝都合）に「無し」が付き、「都合が悪い」「不都合だ」の意味になります。また、そのような状態の相手に対する気持ちから、「気の毒だ」ともなります。

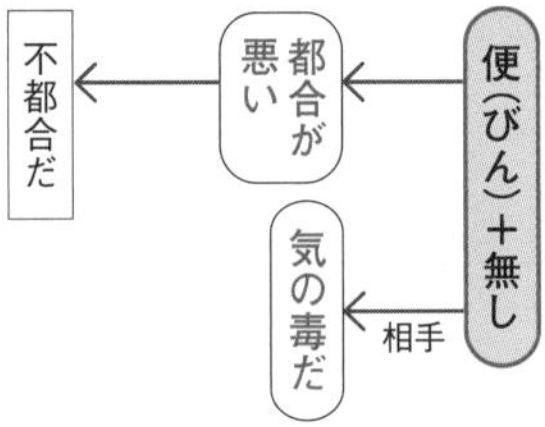

❶ 都合が悪い
❷ 気の毒だ

類 **不便なり**［形動］ 都合が悪い・気の毒だ

例文

❶人のために**便なき**言ひ過ぐしもしつべき所々もあれば、（枕草子）

⬇訳 他人にとって都合が悪い言い過ぎをしてしまったに違いない所も多々あるので、

❷「きのふの価かへしくれたびてむや」と詫ぶ。いと**びんなけれ**ば、ゆるしやりぬ。（風俗文選）

⬇訳（商人が）「昨日の代金を返してくださらないか」と困りはてている。とても気の毒なので、願いを聞き入れて（金を返して）やった。

こころづきなし ［形ク］

✤心付き無し

フレーズ

返りごと心づきなし

⬇訳 返事が気に入らない

❶ 気に入らない

例文

❶しばしは、忍びたるさまに、「内裏に。」など言ひつつぞあるべきを、

イメージ

しっくりこない

漢字では「心付き無し」で、文字通り「相手の行為・状態に心が付かない＝心がしっくりこない」感じから、「気に入らない」となります。

「心付き」＋「無し」 ← 心がしっくりこない ← 気に入らない

いとどしう**心づきなく**思ふことぞ、限りなきや。（蜻蛉日記）

↓訳 しばらくは、人目につかない様子で、「宮中に。」などと言いながら通うのが当然であるのに、ますます**気に入らなく**思うこと、この上ないのですよ。

138 こころにくし ［形ク］

✤心憎し

❶ **奥ゆかしい**

フレーズ

心にくくのどやかなるさま

↓訳 奥ゆかしくおおらかな様子

イメージ

奥ゆかしい

あこがれやねたみを抱くほど奥が深くて優れた相手に対する褒め言葉で、「奥ゆかしい」の意味になります。憎悪の気持ちは含まれません。

例文

❶まれまれかの高安（たかやす）に来てみれば、初めこそ**心にくく**もつくりけれ、（伊勢物語）

↓訳 まれに例の高安に来てみると、（女は）初めこそ**奥ゆかしく**装っていたが、

プラス **こころにくし**

現代語でも、「心憎いまでに落ち着いている」「心憎い態度」などのように、相手を褒める言葉として用いられます。

139

なのめなり

［形動ナリ］

❶ 普通だ

❷ いい加減だ

関 **なのめならず**［連語］ 並一通りでない

フレーズ

なのめならぬありさま

⇩ 訳 普通でない様子

イメージ

平凡

「ありふれて平凡な様子」を表し、意味は「普通だ」となります。「普通では駄目」というマイナスの感じが加わり「いい加減だ」となります。「なのめならず」もよく用いられます。

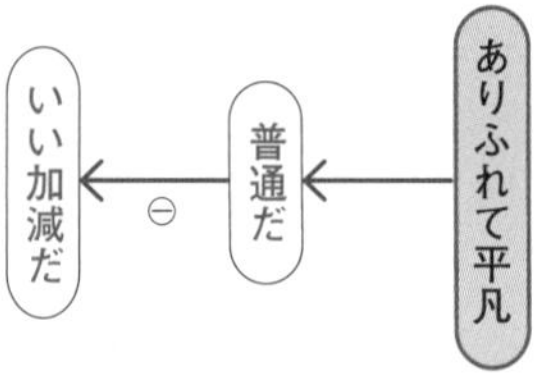

例文

❶ **なのめなる**際(きは)のさるべき人の使ひだにまれなる山蔭に、（源氏物語）

⇩ 訳 普通の身分の、当然そうしなければならない人の使者でさえも来ることがめったにない山陰（のお住まい）に、

❷ 事が中に、**なのめなる**まじき人の後見(うしろみ)の方(かた)は、（源氏物語）

⇩ 訳 （妻としての）仕事の中で、いい加減であってはならない夫の世話という点では、

関 家内富貴(けないふっき)して、たのしい事**なのめならず**。（平家物語）

⇩ 訳 一家は富み栄えて、裕福であることは並一通りではない。

140

せちなり

✤切なり ［形動ナリ］

❶ 切実だ

❷ ［連用形「せちに」で］しきりだ

フレーズ

切なる思ひ

⇩ 訳 切実な思い

例文

❶ 嘆き**切なる**ときも、声を上げて泣くことなし。（方丈記）

□1 びんなきこと出で来　□2 返りごと心づきなし
□3 心にくくのどやかなるさま

イメージ

切実

漢字では「切なり」で、「深く身にしみる」感じから「切実だ」となります。「せちに」の形で「しきりだ」の意味でよく用いられるほか、「重要だ」ともなります。

深く身にしみる
→ 切実だ
→ 「せちに」で しきりだ
→ 重要だ

141 みそかなり

✤密かなり

［形動ナリ］

フレーズ

みそかに語らふ

⬇ 訳 こっそりと語り合う

イメージ

ひそか

秘密の「密」の字を当てます。現代語の「ひそか」に相当し、「人目につかないようにこっそりと」という感じです。

み・そか は ひ・そか

⬇ 訳 悲しみが切実なときも、声を上げて泣くことはない。

❷ かく、世の人は**せちに**言ひおとしきこゆるこそ、いとほしけれ。（枕草子）

⬇ 訳 このように、世間の人がしきりに悪くおうわさ申し上げるのが、たいそう気の毒である。

❶ こっそりと

例文

❶ あさましく候ひ（さぶら）しこそは、人にも知らせさせ給（たま）はで、**みそかに**花（くわ）山（さん）寺におはしまして、御出家入道（すけにふだう）させ給へりしこそ。（大鏡）

⬇ 訳 驚きあきれましたことは、人にもお知らせにならないで、こっそりと花山寺にいらっしゃって、ご出家入道なさってしまった、まさにそのことだ。

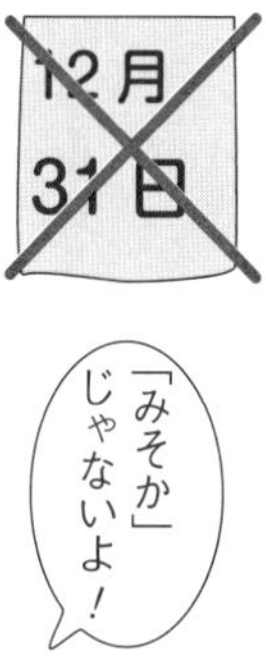

1 都合が悪いことが出てくる　2 返事が気に入らない
3 奥ゆかしくおおらかな様子

142 すずろなり

［形動ナリ］

フレーズ

すずろに涙こぼる

➡ 訳 わけもなく涙が出る

イメージ

何となく

「そぞろ歩き」の「そぞろ」と同じ語源で、「理由や目的・意志とは無関係に、何となく物事が進んでいく」感じです。「わけもなく」「むやみに」の意味になります。

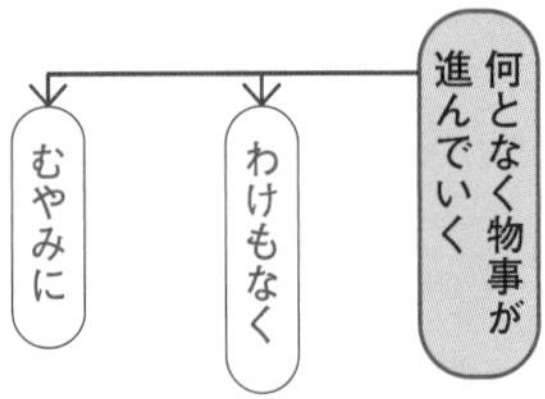

❶ わけもなく
❷ むやみに

類 **そぞろなり**［形動］
なんとなく・むやみに

例文

❶ いみじく泣くを見給(たま)ふも、**すずろに**悲し。（源氏物語）

➡ 訳 （少女が）たいそう泣くのをご覧になるにつけても、わけもなく悲しい。

❷ あやしく、ひがひがしく、**すずろに**高き心ざしありと人も咎(とが)め、（源氏物語）

➡ 訳 妙にひねくれていて、むやみに高い望みを持っていると、人も非難し、

143 きよらなり

［形動ナリ］

✤清らなり

フレーズ

顔かたちきよらなり

➡ 訳 容貌は気品があって美しい

❶ 気品があって美しい

類 **清(きよ)げなり**［形動］
さっぱりとしてきれいだ

関 **清(きよ)し**［形］
にごりがなく美しい

例文

❶ ほのかなる袖口(そでぐち)、裳(も)の裾(すそ)、汗衫(かざみ)など、物の色いと**きよらに**て、

□1 **なのめなら**ぬありさま　□2 **切なる**思ひ
□3 **みそかに**語らふ

イメージ

内面の美

「光輝く気品があり、最高に美しい」感じで、「内面の本質的な美しさ」を表します。類義語の「清げなり」は、「清らなり」より一段劣る「外面的な美しさ」を表します。

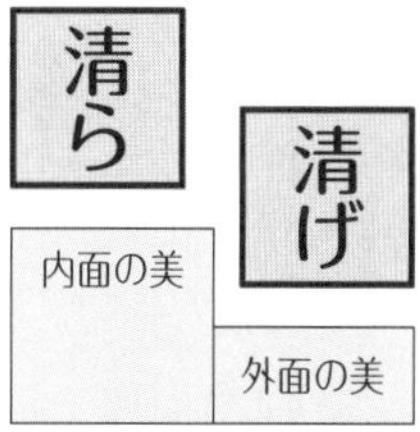

↓訳 わずかに見える袖口、裳の裾、汗衫などの、色合いがたいそう気品があって美しくて、（源氏物語）

類 **清げなる**大人二人ばかり、さては童(わらは)べぞ出(い)で入り遊ぶ。（源氏物語）

↓訳 さっぱりとしてきれいな年配の女房が二人ほど、その他には子どもたちが出入りして遊んでいる。

144 □ おぼろけなり ［形動ナリ］

❶ 並一通りだ
❷ 並一通りでない

関 **おぼろけならず**［連語］ 並一通りでない

フレーズ

おぼろけならぬこころざし

↓訳 並一通りでない愛情

イメージ

並一通り？

元の意味は「並一通りだ」ですが、「おぼろけならず」の形や、打消の語とともに用いられることが多かったため、「並一通りでない」という正反対の意味も生じました。どちらの意味になるかは、文脈から判断します。

例文

❶ 誰(たれ)ならむ。**おぼろけに**はあらじ。（源氏物語）

↓訳 誰だろう。並一通りの方ではないだろう。

❷ **おぼろけ**の願(ぐわん)によりてにやあらむ。風も吹かず、よき日出(い)で来て、漕(こ)ぎゆく。（土佐日記）

↓訳 並一通りでない祈願によってであろうか。風も吹かず、すばらしい太陽が出て来て、（船を）漕いでゆく。

1 普通でない様子　2 切実な思い
3 こっそりと語り合う

まめなり ［形動ナリ］

フレーズ

まめなる男

⬇訳 まじめな男

イメージ

実質がある

「まめ」は「実質がある」感じで、人なら「まじめだ」「誠実だ」「勤勉だ」、物なら「実用的だ」という意味になります。「まめまめし」「まめやかなり」もほぼ同じ意味です。

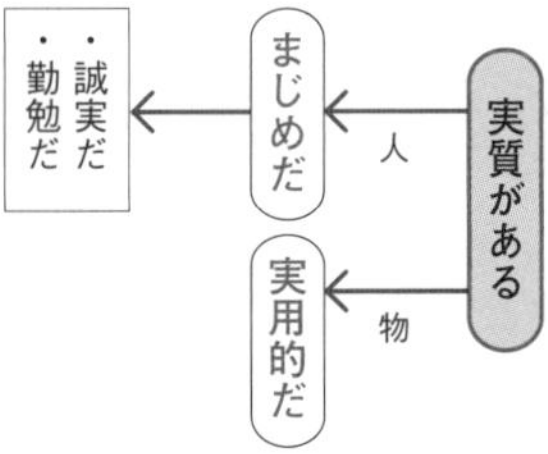

❶ **まじめだ**
❷ **実用的だ**

類 **まめまめし**［形］・**まめやかなり**［形動］
まじめだ・実用的だ

例文

❶ いみじく不幸なりける侍の、夜昼**まめなる**が、（宇治拾遺物語）
⬇訳 たいそう不幸であった侍で、いつもまじめな侍が、

❷ 車にて**まめなる**物、さまざまにもて来たり。（大和物語）
⬇訳 車で実用的な物を、いろいろともって来た。

類 「思ふ人の人にほめらるるは、いみじううれしき。」など、**まめまめしう**のたまふもをかし。（枕草子）
⬇訳 「思いを寄せている人が他の人から褒められるのは、とてもうれしい。」などと、まじめにおっしゃるのもおもしろい。
＊「まめまめしう」は「まめまめしく」のウ音便です。

ねんごろなり ［形動ナリ］

✤懇ろなり
＊「ねむごろなり」とも言います。

フレーズ

ねんごろに行ふ

⬇訳 熱心に仏道修行する

❶ **熱心だ**
❷ **親しい**

例文

❶ 狩りは**ねんごろに**もせで、酒をのみ飲みつつ、やまと歌にかかれり

□1 すずろに涙こぼる　□2 顔かたちきよらなり
□3 おぼろけならぬこころざし

イメージ

懇（ねんごろ）ろ

懇切丁寧・懇親の「懇」の字を当て、「心を込めている」感じから「熱心だ」「親しい」となります。

心を込めている → 熱心だ
心を込めている → 親しい

けり。（伊勢物語）

訳 鷹狩り（たか）はそれほど熱心にもしないで、酒ばかり飲みながら、和歌を詠むことに興じていた。

❷ **ねんごろに**語らふ人の、かうて後おとづれぬに、（更級日記）

訳 親しくおつきあいしていた人が、こういうことがあって後は便りもないので、

147 □ あだなり

［形動ナリ］

❶ **はかない**
❷ **無駄だ**
❸ **浮気だ**

対 **まめなり**［形動］→145
関 **あだあだし**［形］浮気だ

フレーズ

あだに散りにし花

訳 はかなく散ってしまった花

イメージ

実質がない

「あだ」は「実質がない」感じで、物事なら「はかない」「無駄だ」、人なら「不誠実だ」「浮気だ」の意味になります。対義語は「まめなり」です。

実質がない →（物事）はかない → 無駄だ
実質がない →（人）不誠実だ → 浮気だ

例文

❶ 露をなど**あだなる**ものと思ひけむ我が身も草に置かぬばかりを（古今和歌集）

訳 露をどうしてはかないものと思ったのだろうか、我が身もまた草の上に置かれないだけなのになあ。

❷ 思ふかひなき世なりけり年月（としつき）を**あだに**契り（ちぎ）てわれやすまひし（伊勢物語）

訳 愛する甲斐もない仲であったのだなあ、この年月を無駄に夫婦の関係を結んで私は生活してきたのだろうか。

❸ いとまめに実用（じちよう）にて、**あだなる**心なかりけり。（伊勢物語）

訳 （男は）たいそうまじめで実直であって、浮気な心はなかった。

1 わけもなく涙が出る　2 容貌は気品があって美しい
3 並一通りでない愛情

うへ

✤上 ［名］

❶天皇（帝）
❷御前

フレーズ
上も思し召す
➡訳 天皇もお思いになる

イメージ
身分が上

高い方を示す「上」（＝上の方、表面）が基本の意味ですが、重要なのは、身分が上の人である「天皇（帝）」や「（貴人の）奥様」、貴人のいる場所として「（天皇などの）御前」です。

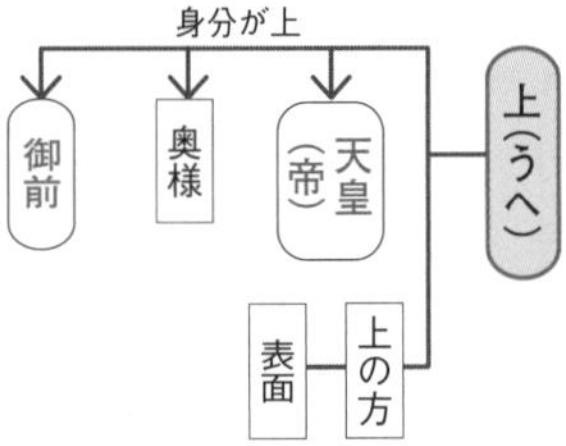

例文

❶**上**もうち驚かせ給(たま)ひて、「いかでありつる鶏(とり)ぞ。」など尋ねさせ給ふに、（枕草子）
➡訳 天皇もふと目をお覚ましになって、「どうして鶏がいるのか。」などとお尋ねなされると、

❷昼なども**上**にさぶらひて、（和泉式部日記）
➡訳 昼間なども（帥宮(そちのみや)の）御前にお仕えして、

うち

✤内・内裏 ［名］

❶宮中
❷天皇（帝）

フレーズ
内裏に参る
➡訳 宮中に参上する

例文

❶公事(くじ)ありて**うち**に参りて、夜更けて家に帰りけるに、（今昔物語集）

イメージ

内裏（うち）

「うち」は場所や心の内側を表す「内」ですが、「内裏」とも書きます。意味は、場所なら「宮中」、人なら「天皇（帝）」となります。

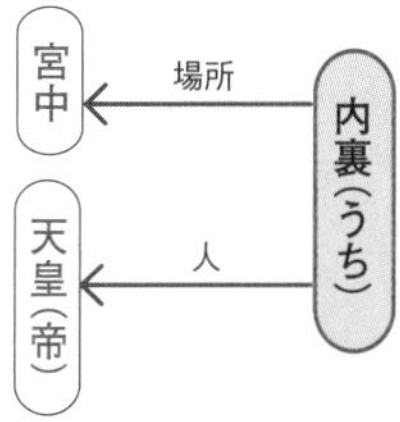

⬇ 訳 公務があって**宮中**に参上して、夜が更けて家に帰っていく時に、

❷ **内裏**にも聞こし召し嘆くこと限りなし。（源氏物語）

⬇ 訳 **天皇**もお聞きになり嘆くことこの上ない。

150 □ おほやけ ［名］

✤公

❶ 朝廷

❷ 天皇（帝）

フレーズ

おほやけの御政（まつりごと）

⬇ 訳 **朝廷**の御政治

イメージ

大宅（おほやけ）

「大宅」（＝大きな家）が語源で、そこから「皇居」の意味になり、さらに「朝廷」「天皇（帝）」となりました。

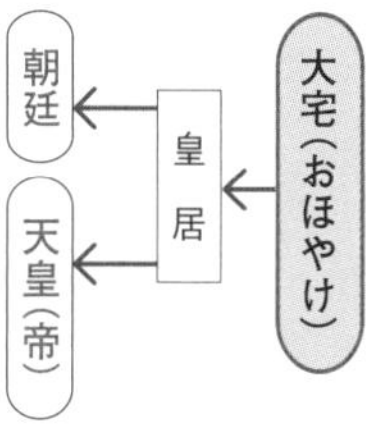

例文

❶ **おほやけ**の宮仕へしければ、常にはえまうでず。（伊勢物語）

⬇ 訳 **朝廷**へのご奉公をしていたので、（主君のもとへ）いつもは参上できなかった。

❷ いみじく静かに、**おほやけ**に御文（ふみ）奉（たてまつ）り給ふ。（竹取物語）

⬇ 訳 たいそう静かに、**天皇**にお手紙を差し上げなさる。

1 まじめな男　2 熱心に仏道修行する
3 はかなく散ってしまった花

練習問題（136～150）

傍線部の語を口語訳しなさい。

□① 後見（うしろみ）といふ名いと**びんなし**とて、阿漕（あこぎ）とつけ給（たま）ふ。（落窪物語）

□② いかなる女なりとも、明け暮れ添ひ見んには、いと**心づきなく**、にくかりなん。（徒然草）

□③ 参りける初めばかり、恥づかしうも、**心にくく**も、また添ひ苦しうもあらむずらむと、おのおの思へりけるほどに、（無名草子）

□④ わが娘は、**なのめなら**む人に見せむは惜（あたら）しげなるさまを、（源氏物語）

□⑤ 世を**なのめに**書き流したることばの憎きこと。（枕草子）

□⑥ 月はくまなからむことを思ふ心の**せちなる**からこそ、さもえあらぬを嘆きたるなれ。（玉勝間）

□⑦ 等身（とうじん）に薬師仏を造りて、手洗ひなどして、人まに**みそかに**入りつつ、（更級日記）

□⑧ 木立などのはるかに、もの旧（ふ）り、屋のさまも高う、気（け）どほけれど、**すずろに**をかしうおぼゆ。（枕草子）

□⑨ 世になく**きよらなる**玉の男御子（をのこみこ）さへ生まれ給（たま）ひぬ。（源氏物語）

訳

＊↓の下の数字は見出し語番号です。

① 後見という名はたいそう都合が悪いと言って、阿漕と（名前を）おつけなさる。↓136

② どんな女であっても、明けても暮れてもいっしょにいては、とても気に入らず、いやになるだろう。↓137

③ 出仕した最初の頃は、（私が）気がひけるほどご立派で、奥ゆかしくもあり、またつきあいにくくもあろうと、（他の女房たちが）それぞれ思っていたところ、↓138

④ 自分の娘は、普通の人と結婚させるのは惜しい様子であるのに、↓139

⑤ 世間のことをいい加減にして書きなぐった言葉が憎らしいのである。↓139

⑥ 月は曇りのないことを思う心が切実だから、そのようにできないことを嘆いているのである。↓140

⑦ 等身大に薬師如来の仏像を造って、手を洗い清めなどして、人の見ていない間にこっそりと入っては、↓141

⑧ 木立などが遠くまで続き、古めかしく、建物の造りも高くて、親しみのない感じだが、わけもなく趣があるように感じられる。↓142

⑨ 世にないほど気品があって美しい玉のような皇子までもお生まれになった。↓143

□1 上も思し召す　□2 内裏に参る
□3 おほやけの御政

□⑩ 御返り、紙の香など**おぼろけなら**むは恥づかしげなるを、（源氏物語）

□⑪ もし念仏もの憂く、読経（どきやう）**まめなら**ぬ時は、自ら休み、自ら怠る。（方丈記）

□⑫ いと**ねんごろに**言ひける人に、「今宵（こよひ）あはむ」と契りたりけるに、この男来たりけり。（伊勢物語）

□⑬ すべて世の中のありにくく、わが身と住みかとの、はかなく、**あだなる**さま、またかくのごとし。（方丈記）

□⑭ おのづからさるまじく**あだなる**さまにもなるに侍（はべ）るべし。（紫式部日記）

□⑮ さぶらふ人々の泣きまどひ、**上**も御涙の隙（ひま）なく流れおはしますを、（源氏物語）

□⑯ 今は**内裏**のみさぶらひたまふ。（源氏物語）

□⑰ 院の近習者（きんじゆしや）をば、**うち**より御いましめあり。（平家物語）

□⑱ 論なくもとの国にこそ行くらめと、**おほやけ**より使ひ下りて追ふに、（更級日記）

---

⑩ お返事は、紙の香りなどが並一通りであるようなのは恥ずかしく思われるけれど、 ↓144

⑪ もし念仏（を唱えること）に気が進まず、読経をまじめにできない時は、自分から休み、自分から怠ける。 ↓145

⑫ たいそう熱心に求婚してきた人に、「今夜結婚しよう」と約束していた日に、この男が帰ってきた。 ↓146

⑬ 総じて世の中が生きにくく、自分の身と住まいとが、頼りなく、はかない様子は、やはり（安元の大火のこと以降）これまで述べてきた通りである。 ↓147

⑭ 自然とよくない浮気な態度にもなるのでしょう。 ↓147

⑮ お仕えする女房たちが泣き悲しんで取り乱し、天皇も御涙が絶え間なく流れていらっしゃるのを、 ↓148

⑯ 今は宮中にばかりおいでになる。 ↓149

⑰ （後白河）院のおそばに仕える者に、天皇からおとがめがある。 ↓149

⑱ 言うまでもなく故郷に（逃げて）行っているのだろうと、朝廷から使者が下って追いかけていくと、 ↓150

1 天皇もお思いになる　2 宮中に参上する
3 朝廷の御政治

151 ざえ ［名］

✤才

フレーズ **才ある人**

↓訳 学問のある人

イメージ **学問の才（ざえ）**

「才能」のことですが、貴族の男性が身に付けるべき「学問」、特に「漢学の才能」を指します。「学識」「教養」と訳す場合もあり、ほかに和歌や管絃に関する「技能」の意味にもなります。

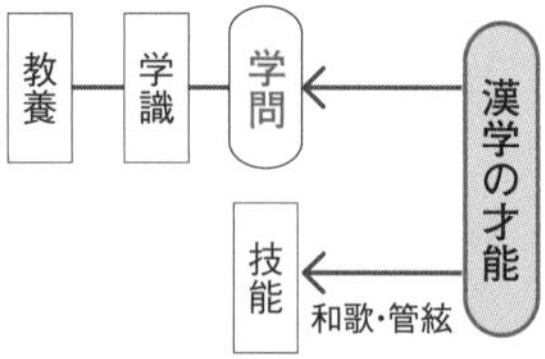

❶ 学問

例文 ❶ なほ**才**をもととしてこそ大和魂（やまとだましひ）の世に用ゐらるる方も強うはべらめ。（源氏物語）

↓訳 やはり学問を基本としてこそ実務上の能力が世間で信頼されることも強くありましょう。

プラス 例文中の「大和魂」は、身に付けるべき「才（学問＝漢学）」に対して、日本人が本来持っている実務的な才覚や思慮分別のことです。平安時代の貴族には、この二つを兼ね備えることが求められました。

152 うつつ ［名］

✤現

フレーズ **うつつの事とはおぼえず**

↓訳 現実の事とは思われない

❶ 現実
❷ 正気

例文 ❶ 駿河（するが）なる宇津（うつ）の山べの**うつつ**にも夢にも人にあはぬなりけり

イメージ

夢か現（うつつ）か

「夢」の対義語で、「意識がはっきりとした状態」を表し、「現実」「正気」の意味になります。現代語でも「夢か現か」と言います。

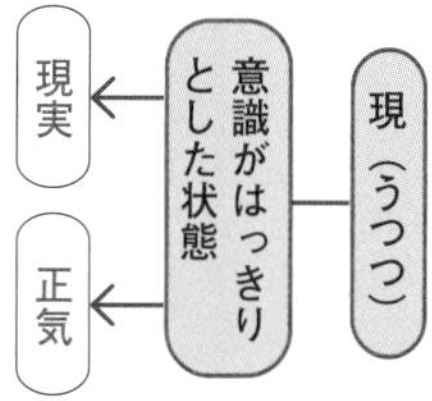

153 □ そらごと ［名］

✤空言・虚言

フレーズ

まこと、そらごとを見よ

➡訳 本当か嘘（うそ）かをよく見なさい

イメージ

嘘

「そら」は「うつろでいい加減な様子」を表し、「いい加減な言葉」から、「嘘」「いつわり」の意味になります。「そら泣き」は「嘘泣き」です。

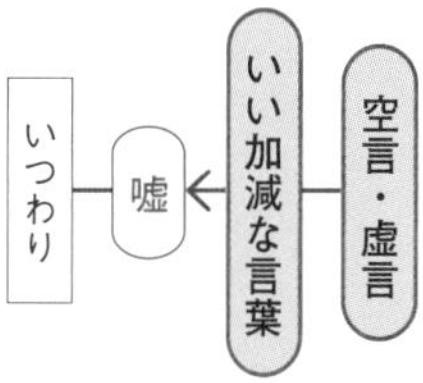

（伊勢物語）

➡訳 駿河にある宇津の山の（「うつ」という名のように）現実にも夢にもあなたに会わないことだなあ。

❷ **うつつ**の人の乗りたるとなむ、さらに見えぬ。（枕草子）

➡訳 正気の人が乗っているとは、まったく思われない。

❶ 嘘

関 **そらなり**［形動］うつろだ・いい加減だ

そら泣き［名］嘘泣き

例文

❶ わがため面目あるやうに言はれぬる**虚言**は、人いたくあらがはず。（徒然草）

➡訳 自分にとって名誉があるように言われた嘘は、（言われた）当人はそれほど反論しない。

関 「ただ今過ぎば、おのづから障りも出でまうで来なむ。」と、**そら泣き**し給ひけるは。（大鏡）

➡訳 「ただこの今が過ぎてしまったならば、自然と支障も出てまいりましょう。」と、嘘泣きをなさったのだよ。

154 せうそこ［名］

✤消息

❶ 手紙

❷ 訪問の取り次ぎ

関 **案内**（あない）［名］取り次ぎ・内情

ふみ［名］→62

フレーズ

つとめて消息あり

⬇ 訳 翌朝手紙が来る

イメージ

安否を伝える

「消」（＝死）と「息」（＝生）、つまり「安否」が本来の意味で、「安否を伝える」ことから「手紙」「伝言」「訪問の取り次ぎ」となります。

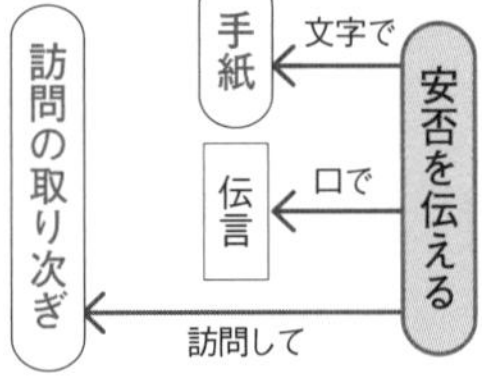

例文

❶ 日ごろ経（ふ）るまで**消息**も遣はさず、あくがれまかり歩（あり）くに、（源氏物語）

⬇ 訳 何日経っても**手紙**もやらず、あちこちさまよい歩き回っている間に、

❷ 「入りて**消息**せよ」とのたまへば、人入りて案内（あない）せさす。（源氏物語）

⬇ 訳 「中に入って**訪問の取り次ぎ**をしなさい」とおっしゃるので、人をやって取り次ぎをさせる。

155 かち［名］

✤徒歩

❶ 徒歩

関 **徒歩（かち）より**［連語］徒歩で

フレーズ

かちより行く

⬇ 訳 **徒歩**で行く

イメージ

徒歩（かち）

例文

❶ 馬買はば妹（いも）**かち**ならむ（万葉集）

⬇ 訳 馬を買ったら妻は**徒歩**だろう。

□1 才ある人　□2 うつつの事とはおぼえず

□3 まこと、そらごとを見よ

「徒歩」と漢字を当てます。格助詞「より」が付いた「かちより」の形でよく用いられます。なお、入試では漢字の読みも出題されます。

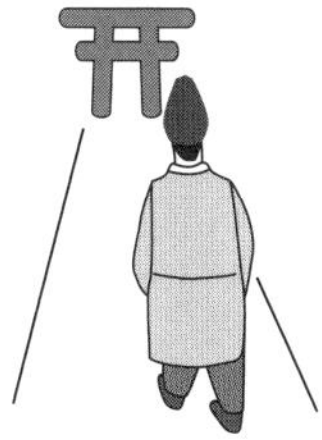

関 仁和寺(にんなじ)にある法師、年よるまで、石清水(いはしみづ)を拝(をが)まざりければ、心うく覚(おぼ)えて、ある時思ひ立ちて、ただ一人、**かちより**詣(まう)でけり。（徒然草）

⬇訳 仁和寺にいる僧が、年をとるまで、石清水八幡宮にお参りしたことがなかったので、情けなく思い、ある時思い立って、ただ一人で、徒歩で参詣した。

156 ほだし

✣絆 ［名］

❶ しがらみ

フレーズ

ほだし多かる人

⬇訳 しがらみの多い人

イメージ

束縛するもの

元は「馬の足を縛る綱」のことで、そこから「人の自由を奪い束縛するもの」として「しがらみ」「障害」と訳します。出家の「ほだし」は、多くの場合、「妻子・家族」のことです。

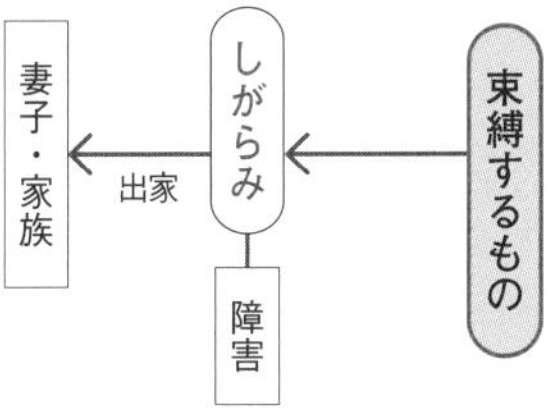

例文

❶かかる**ほだし**だに添はざらましかば、願はしきさまにもなりなまし。（源氏物語）

⬇訳 （わが子という）こんなしがらみさえ加わらなかったら、望み通り（＝出家の身）にもきっとなっただろう。

プラス **ほだし**

動詞「ほだす」は「縛り付ける」の意味ですが、現代語にも「情にほだされる」（＝人情に縛り付けられて身動きできない気持ちになる）という表現があります。

1　学問のある人　　2　現実の事とは思われない
3　本当か嘘かをよく見なさい

こしかた

✤来し方

［名］

＊「きしかた」とも言います。

フレーズ

来し方忘れがたし

⬇訳 過去が忘れがたい

イメージ

過去

「来し方」の「し」は過去の助動詞「き」の連体形で、元の「やって来た方向」の意味から「過去」となります。「きしかた」とも言います。

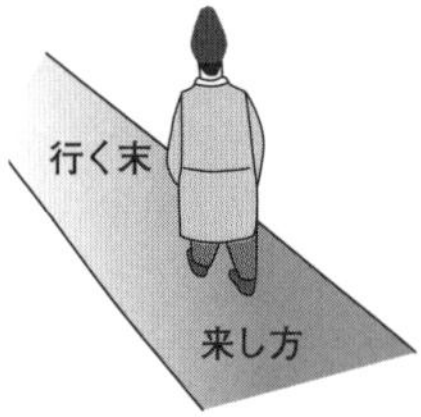

❶ 過去

対 ゆくすゑ［名］→158

例文

❶「**こしかた**恋しき物、枯れたる葵（あふひ）」と書けるこそ、いみじくなつかしう思ひ寄りたれ。（徒然草）

⬇訳「過去のなつかしい物、枯れた葵」と書いているのは、本当にとても心がひかれる気持ちになるものだ。

❶右近、艶なる心地して、**きしかた**のことなども人知れず思ひ出でけり。（源氏物語）

⬇訳 右近は、優美な気持ちがして、過去のことなどもひそかに思い出した。

ゆくすゑ

✤行く末

［名］

フレーズ

行く末うしろめたし

⬇訳 将来が気がかりだ

イメージ

将来

❶ 将来

対 来し方［名］→157

例文

❶雪かきくらし降りつもる朝（あした）、来し方（き）**行く末**のこと残らず思ひつづけて、（紫式部日記）

本来の「行こうとする先」の意味から「将来」となります。「行く先」も同じで、「来し方」とペアでよく用いられます。

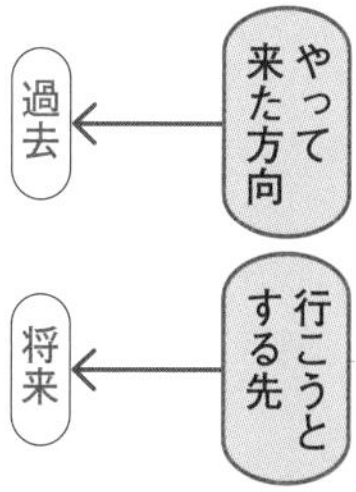

↓訳 雪が一面を暗くするように降って積もった翌朝に、過去や将来のことを残らず思い続けて、

159 □ よし ［名］

✤由

❶ 方法
❷ 由緒
❸ （～という）こと・旨

類 ゆゑ［名］ 理由・由緒

関 よしなし［形］→130

フレーズ

知るよしもなし

↓訳 知る方法もない

イメージ

拠り所

「物事の本質に関係付けるもの」が本来の意味で、「拠り所となるもの」を表します。「方法」「理由」「由緒」「縁」「（～という）こと・旨」などの意味になります。

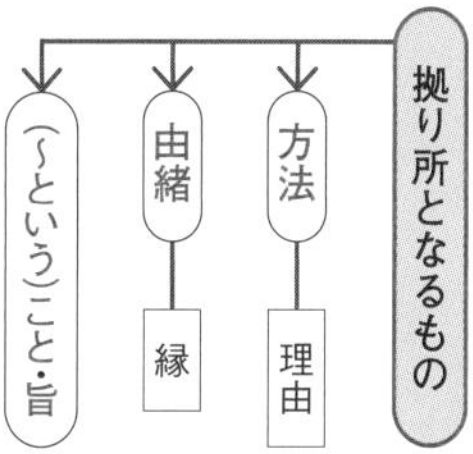

例文

❶ 人に知られで来る**よし**もがな （後撰和歌集）
↓訳 人に知られないで来る方法があればよいのになあ。

❷ 母北の方（かた）なむ、古（いにしへ）の人の**由**あるにて、 （源氏物語）
↓訳 （桐壺更衣の）母である（大納言の）奥方は、古風な人で由緒ある家柄で、

❸ 火をつけて燃やすべき**よし**、仰せたまふ。 （竹取物語）
↓訳 火をつけて燃やすようにということをご命令なさる。

❸ その**由**、いささかにものに書きつく。 （土佐日記）
↓訳 その（旅の）旨を、少しばかりものに書きつける。

1 翌朝手紙が来る　2 徒歩で行く
3 しがらみの多い人

たより ［名］

✤頼り・便り

❶ つて
❷ ついで

フレーズ

たよりをたづぬ

訳 つてを探し求める

イメージ

頼りにできるもの

「頼りにできるもの」が基本の意味です。具体的には、物なら「生活の拠り所」、人なら「つて」「縁故」、時なら「ついで」「機会」、また「手紙」など様々な意味になります。

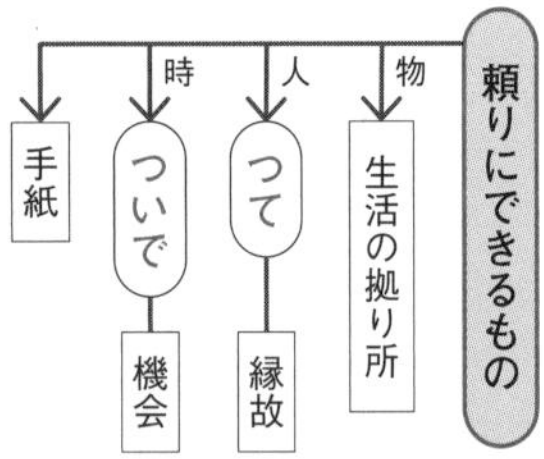

例文

❶ 都へ**たより**もとめて文(ふみ)やる。（徒然草）

訳 都へつてを求めて手紙を送る。

❷ 望みて預かれるなり。さるは、**便り**ごとに物も絶えず得させたり。（土佐日記）

訳（先方が）希望して預かったのである。とはいっても、ついでのあるたびに（お礼の）物をいつも送り届けた。

いそぎ ［名］

✤急ぎ

❶ 準備

関 まうく［動］→97
いそぐ［動］ 準備をする

フレーズ

春のいそぎ

訳 新年の準備

例文

❶ 御賀のことを、朝廷(おほやけ)よりはじめ奉(たてまつ)りて、大きなる世の**いそぎ**なり。

□1 来し方忘れがたし　□2 行く末うしろめたし
□3 知るよしもなし

イメージ

準備

「懸命に努力すること」が本来の意味です。現代語と同じ「急ぐこと」の意味もありますが、「準備」の意味が重要です。

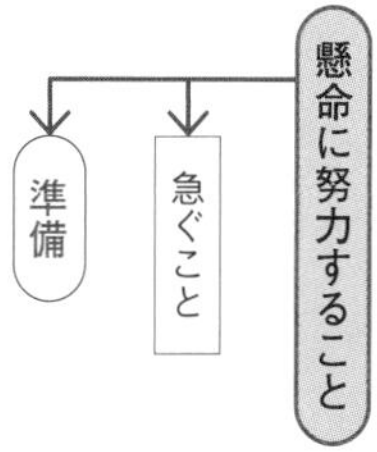

➡ 訳 （光源氏が四十歳になる）その御祝いについて、天皇をはじめとし申し上げて、世を挙げての大がかりな準備である。（源氏物語）

関 御はての事**いそがせ**たまふ。

➡ 訳 （亡き父君の）ご一周忌の法事の準備をさせなさる。（源氏物語）

162 □ こと ［名］

✤言

フレーズ

親のこと

➡ 訳 親の言葉

イメージ

言（こと）

「こと」に当てる漢字には「言」「事」「異」などがありますが、特に「言」すなわち「言葉」の意味に注意しましょう。「うわさ」「和歌」などの意味にもなります。

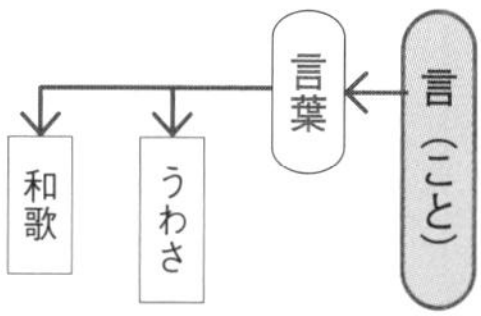

❶ 言葉

音 **事**［名］出来事・仕事
異なり［形動］異なった

関 **ものがたり**［名］世間話・物語

例文

❶ 親の**こと**なりければ、いとねむごろにいたはりけり。（伊勢物語）

➡ 訳 親の言葉であったので、たいそう熱心にもてなした。

プラス **こと**

次の文の四つの「こと」を漢字に直してみましょう。

唐土（もろこし）とこの国とは、①こと②ことなるものなれど、月の影は同じ③ことなるべければ、人の心も同じ④ことにやあらむ。

答え①＝言　②＝異　③＝事　④＝事

訳はp.163の⑭（土佐日記）を参照。

1　過去が忘れがたい　2　将来が気がかりだ
3　知る方法もない

163 いづこ
✤何処 ［代名］

フレーズ
家はいづこぞ
訳 家はどこか

イメージ
どこ

場所を尋ねる表現で、現代語でも「いずこ」で歌のタイトルや歌詞などに使われています。また、「いづち」は方向を尋ねる表現です。

場所を尋ねる
いづこ
いづく、いどこ

方向を尋ねる
いづち

❶どこ

類 いづく・いどこ［代名］どこ
関 いづち［代名］どの方向

例文

❶「大夫（たいふ）はいづこにいきたりつるぞ」とあれば、（蜻蛉日記）
訳「大夫はどこへ行っていたのだ」と尋ねるので、

類「いづくなりともまかりなむ。」と申し給（たま）ひければ、（大鏡）
訳「どこへなりと参上しましょう。」と申し上げなさったので、

関 いづちならむと思ふにも、（源氏物語）
訳（京は）どの方向であろうかと思うにつけても、

164 いかが
✤如何 ［副］

フレーズ
いかがすべき
訳 どのようにしたらよいか

イメージ
どのように

❶［疑問］どのように（〜か）
❷［反語］どうして（〜か、いや〜ない）

例文

❶これもて参りて、いかが見給（たま）ふとて奉（たてまつ）らせよ。（和泉式部日記）
訳 これを持って参上して、どのようにご覧になりますかと言って差

「いかに→83」「いかで→84」と同様に、理由・方法などを尋ねる疑問の表現です。また、反語の意味を表す場合にも注意しましょう。

「いかが」
- 疑問 → どのように(〜か)
- 反語 → どうして(〜か、いや〜ない)

いつしか ［副］

✤何時しか

フレーズ

いつしか見せむ

⇒訳 早く見せよう

イメージ

早く

時を尋ねる表現ですが、これから起こる事柄については願望表現を伴って「早く」、既に起こった事柄については「いつの間にか」の意味で用いられます。

時を尋ねる
- ＋願望　これから起こる事柄 → 早く
- 既に起こった事柄 → いつの間にか

し上げよ。

❷ おのれと枯るるだにこそあるを、名残(なごり)なく、**いかが**取り捨つべき。（徒然草）

⇒訳 自然と枯れるのでさえ惜しまれるのに、心残りもなく、どうして取って捨てることができよう(か、いやできない)。

❶ ［＋願望］早く

❷ いつの間にか

例文

❶「**いつしか**その日にならなむ」と、急ぎおしありくも、いとをかしや。（枕草子）

⇒訳 「早くその日になってほしい」と、準備に動き回るのも、たいそう趣があることだ。

❷ 鶯(うぐひす)ばかりぞ**いつしか**音(おと)したるを、（蜻蛉日記）

⇒訳 鶯だけがいつの間にか鳴いているのを、

早くお昼にならないかな〜

1　つてを探し求める　2　新年の準備
3　親の言葉

練習問題（151〜165）

傍線部の語を口語訳しなさい。

□①雅房大納言は、**才**賢く、よき人にて、（徒然草）

□②君や来し我や行きけむ思ほえず夢か**うつつ**か寝てか覚めてか（伊勢物語）

□③宮の辺には、ただあなたがたに言ひなして、**虚言**なども出で来べし。（枕草子）

□④かかる御**消息**にて見たてまつる、かへすがへすつれなき命にもはべるかな。（源氏物語）

□⑤いで御**消息**聞こえむ。（源氏物語）

□⑥車にても、**かち**よりも、馬にても、すべて懐にさし入りて持たるも、（枕草子）

□⑦なべて**ほだし**多かる人の、万にへつらひ、深き望みを見て、無下に思ひくたすは僻事なり。（徒然草）

□⑧**こしかた**をさながら夢になしつれば覚むるうつつのなきぞ悲しき（新古今和歌集）

□⑨しかしかの事、人の嘲りやあらん、**行く末**難なくしたためまうけて。（徒然草）

訳

＊↓の下の数字は見出し語番号です。

①雅房大納言は、学問にすぐれて、立派な人なので、↓151

②あなたが来たのか、私が行ったのか。思いもよらず、夢なのか現実なのか、寝ていてのことなのか目覚めていてのことなのか。↓152

③中宮様の周囲では、いちずに左大臣方の人とことさらに言い立てて、嘘なども出てくるに違いない。↓153

④このような（悲しい）お手紙の使いとしてお会い申し上げますことは、本当に無情な（自分の）命でございますよ。↓154

⑤どれ、訪問の取り次ぎをお願い申し上げましょう。↓154

⑥車でも、徒歩でも、馬に乗っても、いつも懐中にさし入れて持っていても、↓155

⑦一般にしがらみの多い人が、万事にへつらい、欲が深いのを見て、むやみに見下げるのは間違いである。↓156

⑧過去をそのまま夢のことにしてしまったので、夢から覚めて帰る現実がないのが悲しい。↓157

⑨これこれの事は、人の嘲笑を受けることがあるかもしれない、将来非難されないように前もって処理しておいて（から出家しよう）。↓158

□1　家は<u>いづこ</u>ぞ　　□2　<u>いかが</u>すべき

□3　<u>いつしか</u>見せむ

□⑩ 恋ふれども逢ふ**よし**をなみ　（万葉集）

□⑪ **たより**あらばいかで都へ告げやらむ今日(けふ)白河の関は越えぬと　（拾遺和歌集）

□⑫ 世をむさぼるに似たる事も、**たより**に触れば、などかなからん。　（徒然草）

□⑬ はかなう過ぎゆけば、御法事の**いそぎ**などせさせたまふも、思(おぼ)しかけざりし事なれば、　（源氏物語）

□⑭ 唐土(もろこし)とこの国とは、**こと**異なるものなれど、月の影は同じ事なるべければ、人の心も同じ事にやあらむ。　（土佐日記）

□⑮ **いづこ**にとまるべきにか。　（源氏物語）

□⑯ 月のいと明かきに、「これに歌詠め。**いかが**言ふべき。」と兵衛(ひやうゑ)の蔵人(くらうど)も賜(たま)はせたりければ、　（枕草子）

□⑰ **いつしか**梅咲かなむ、　（更級日記）

□⑱ 初時雨(はつしぐれ)、**いつしか**とけしきだつに、　（源氏物語）

---

⑩ 恋しいけれど会う方法もないので。 →159

⑪ つてがあるならば何とかして都へ知らせたいものだ、今日白河の関を越えたと。 →160

⑫ 世俗的な欲望を強く求めるのに似たような事も、もしもついでがあるなら、どうしてないことがあろうか。 →160

⑬ むなしく時が過ぎていくので、ご法事の準備などをおさせになることも、思いおよびなさらなかったことなので、 →161

⑭ 中国とこの国（＝日本）とは、言葉が異なっているけれど、月の光は同じ事であるはずなので、人の心も同じ事ではないだろうか。 →162

⑮ どこへ決着するのやら。 →163

⑯ 月がたいそう明るい夜に、「これを題にして歌を詠みなさい。どのように詠めるか。」と兵衛の蔵人（という女房）にお与えになったところ、 →164

⑰ 早く梅が咲いてほしい、 →165

⑱ 初時雨が降り、いつの間にか晩秋らしくもの寂しいころ、 →165

1　家はどこか　　2　どのようにしたらよいか
3　早く見せよう

166 いとど ［副］

フレーズ
いとど泣きまさる
⇒訳 ますます激しく泣く

イメージ
より増す

「いと」（＝たいそう）を重ねた「いといと」が変化してできた語で、「はなはだしさがより増す」感じです。「ますます」のほか、「いっそう」「その上さらに」と訳す場合もあります。

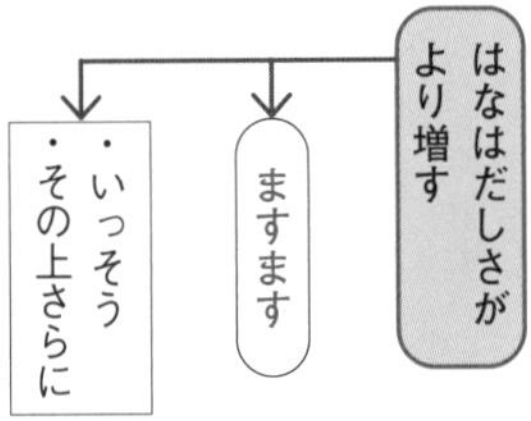

❶ ますます

関 いと［副］→87
いとどし［形］ますます激しい

例文
❶その物語、かの物語、光源氏(ひかるげんじ)のあるやうなど、ところどころ語るを聞くに、**いとど**ゆかしさまされど、（更級日記）
⇒訳 その物語、あの物語、光源氏の様子などを、ところどころ語るのを聞くと、ますます見たいという思いが募るのだが、

関 **いとどしき**御思ひのほど限りなし。（源氏物語）
⇒訳 （帝の藤壺宮への）ますます激しいご寵愛ぶりはこの上ない。

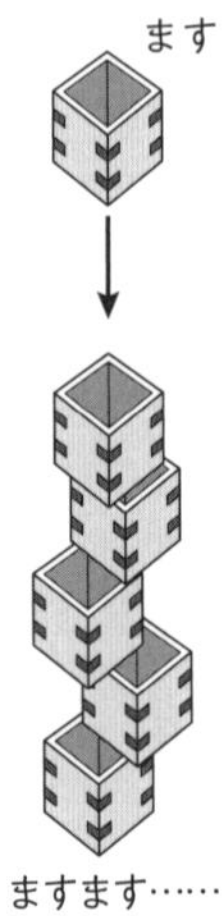

167 うたて ［副］

フレーズ
うたて覚(おぼ)ゆ
⇒訳 嫌なことに思われる

❶ 嫌なことに

関 うたてし［形］嫌だ

例文
❶桐(きり)の木の花、紫に咲きたるは、なほをかしきに、葉の広ごりざまぞ、

イメージ

嫌！

「事態が望んでいない方へ進む状況を嘆く」感じで、「嫌なことに」の意味になります。形容詞「うたてし」の語幹の形でも用いられます。

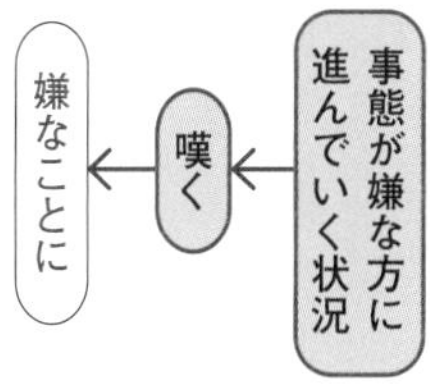

うたてこちたけれど、（枕草子）

⬇ 訳 桐の木の花が、紫色に咲いているのは、やはり趣があるが、葉の広がり方が、嫌なことにおびただしいが、

関 あな**うたて**や。ゆゆしうもはべるかな。（源氏物語）

⬇ 訳 ああ嫌だなあ。不吉なことでございますなあ。

168 □ なほ 〔副〕

✤尚・猶

❶ やはり

関 さすがに〔副〕→171

例文

❶ 風波止（や）まねば、**なほ**同じ所にあり。（土佐日記）

⬇ 訳 風や波がやまないので、（依然として）やはり同じ所にいる。

❶ 和歌こそ、**なほ**をかしきものなれ。（徒然草）

⬇ 訳 和歌というものは、（なんといっても）やはり趣があるものである。

❶ ものの情け知らぬ山がつも、花の蔭（かげ）には**なほ**休らはまほしきにや、（源氏物語）

⬇ 訳 ものの情趣を理解しない山暮らしの者でも、花の陰では（そうはいっても）やはり休みたいわけであろうか、

フレーズ

なほいらへせむ

⬇ 訳 やはり返事をしよう

イメージ

やはり

「事態が変化せず、そのまま続く」感じから「やはり」の意味になります。例文のように文脈は異っても「やはり」と訳せることが重要です。

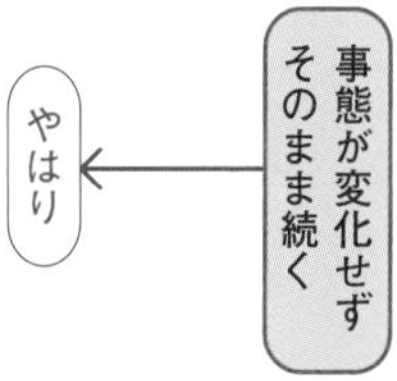

169 □

さ

［副］

フレーズ

われもさ思ふ

↓訳 私もそのように思う

イメージ

そう

「かく↓86」と同様、前に述べた事を指して「そのように」「そう」となります。「さり」は「さ」と動詞「あり」からできた動詞で、ほかにも「さ」と他の語からできた様々な語があります。

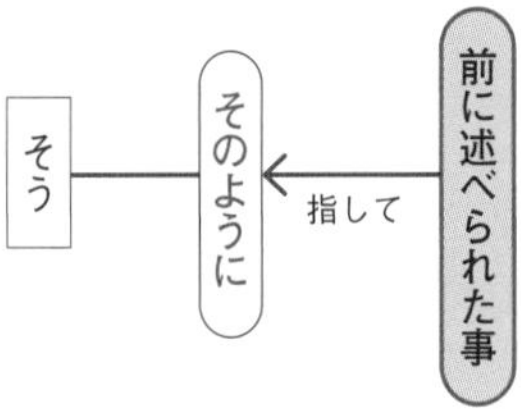

❶ そのように

類 しか［副］↓260

関 かく［副］↓86

さり［動］そのようである

例文

❶すべて、月・花をば、**さ**のみ目にて見るものかは。（徒然草）

↓訳 だいたい、月や花を、そのように目だけで見るものだろうか。

◎「さ」の主な関連語

・さながら［さ＋ながら］（副）↓170

・さて［さ＋て］（副）そのままで（接）そうして

・さすがに［さ＋す＋がに］（副）↓171

・さばかり［さ＋ばかり］（副）それほど・たいそう

・さはれ［さ＋は＋あり］（感）↓270

170 □

さながら

［副］

フレーズ

さながら今も残れり

↓訳 そのまま今も残っている

❶ そのまま

❷ すべて

例文

❶また、衣着ぬ妻子なども、**さながら**内にありけり。（宇治拾遺物語）

□1 いとど泣きまさる　□2 うたて覚ゆ

□3 なほいらへせむ

イメージ

そのまま

「さ」に助詞「ながら」が付いた語で、「そのまま」「すべて」となります。「ながら」にも「すべて」の意味があり、例えば「三つながら」は「三つすべて」となります。

「さ」＋「ながら」
→ そのまま
→ すべて

➡訳 また、衣を着ていない妻子なども、そのまま（家の）中にいた。

❷ 七珍万宝（しっちんまんぽう）**さながら**灰燼（くわいじん）となりにき。（方丈記）

➡訳 あらゆる貴重な財宝はすべて灰となってしまった。

イ すべてをりにつけつつ、一年（ひととせ）**ながら**をかし。（枕草子）

➡訳 すべてその季節に応じて、一年中すべて趣がある。

171 □ さすがに【副】

❶ **そうはいってもやはり**

類 **なほ**【副】↓168

関 **さすがなり**【形動】（そうはいっても）そうもいかない

フレーズ

さすがに心細し

➡訳 そうはいってもやはり心細い

イメージ

そうはいっても

「さ」に動詞「す」と助詞「がに」が付いた語で、前のことを受けて「それに反する事態が起きた」時に用いられます。

体力のある人だが、
さすがに → そうはいってもやはり
疲れたようだ。

現在でも同じように使う場合があります。

例文

❶ 閼伽棚（あかだな）に菊・紅葉など折り散らしたる、**さすがに**住む人のあればなるべし。（徒然草）

➡訳 閼伽棚に菊・紅葉などを無造作に折ってある、そうはいってもやはり住む人があるからであろう。

1 ますます激しく泣く　2 嫌なことに思われる
3 やはり返事をしよう

172 なかなか ［副］

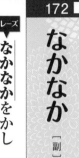

フレーズ **なかなかをかし**
⬇訳 かえって趣がある

イメージ **かえって**
「中途」を意味する「なか」を重ねてできた語で、「どっちつかずの中途半端な状態なので、かえってしない方がよい」感じから、「かえって」「なまじっか」の意味になります。

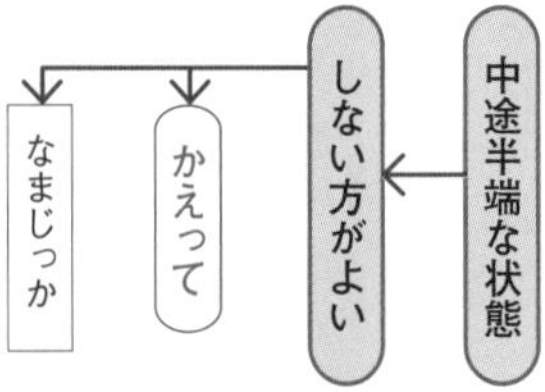

❶ かえって

関 **なかなかなり**［形動］ かえってしない方がよい

例文
❶ さしあたりたらむこそ思ひやらるれ。されど、**なかなか**さしもあらぬなどもありかし。（枕草子）
⬇訳（それが）現在のことだったら思いやられる。けれども、（場合によっては）かえってそのようでもないこともあるよ。

関 はかばかしう後ろ見思ふ人もなきまじらひは、**なかなかなる**べきことと思ひたまへながら、（源氏物語）
⬇訳 しっかりとした後見人になってくれる人もない宮仕えは、かえってしない方がよいだろうと存じておりますものの、

173 やをら ［副］

フレーズ **やをら寄る**
⬇訳 そっと近寄る

❶ そっと

類 **やはら**［副］ そっと

例文
❶ 蔀（しとみ）、風にしぶかれて、谷の底に鳥のゐるやうに、**やをら**落ちにけ

□1　われもさ思ふ　□2　さながら今も残れり
□3　さすがに心細し

イメージ

そっと

「ゆっくり、静かに動く様子」を表します。「やはら」もほぼ同じで、「やはらか」（＝柔らか）の語感からイメージします。

ゆっくり静かに動く → そっと

れば、

⬇ 訳 蔀は、風の抵抗に支えられて、谷の底に鳥がとまるように、そっと降りたので、

（宇治拾遺物語）

類 ちっとまどろみたりけるひまに、北の方**やはら**ふなばたへ起き出でて、

⬇ 訳 （乳母が）少しうとうとしているすきに、北の方はそっと船のへりへ起き出して、

（平家物語）

174 □ なべて ［副］

❶ 一般に

関 **なべてならず**［連語］

並一通りでない

フレーズ

なべてそらごとなり

⬇ 訳 一般に嘘である

イメージ

おしなべて

「一列に並べて」という感じです。現代語の「おしなべて」と同じで、「一般に」「総じて」「普通」という意味になります。

日本人は、**おしなべて**勤勉だ。

例文

❶ **なべて**、心やはらかに、情けあるゆゑに、

（徒然草）

⬇ 訳 一般に、（都の人は）心が柔和で、人情があるために、

関 **なべてならぬ**法ども行はるれど、さらさらその験（しるし）なし。

（平家物語）

⬇ 訳 並一通りでない密教の修法などが行われるが、まったくその効験がない。

1 私もそのように思う　2 そのまま今も残っている
3 そうはいってもやはり心細い

175 □

をさをさ＋打消

［副］

フレーズ

人もをさをさなし

⬇訳 人もほとんどいない

イメージ

ほとんど

「をさをさ」は陳述の副詞で、下に打消の表現を伴って「ほとんど〜ない」の意味になります。「めったに〜ない」と訳す場合もあります。

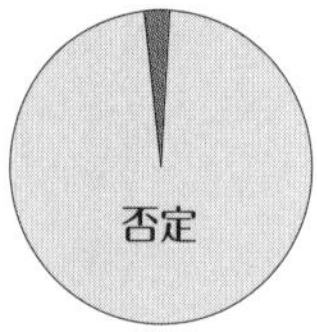

❶ほとんど〜ない

例文

❶冬枯れの気色（けしき）こそ、秋には**をさをさ**劣る**まじけれ**。（徒然草）

⬇訳 冬枯れの景色は、秋にほとんど劣ることはないだろう。

＊「まじけれ」は打消推量の助動詞「まじ」の已然形です。

❶京より下る人も**をさをさ**聞こえ**ず**。（大和物語）

⬇訳 京から下ってくる人（がいるという話）もほとんど聞かない。

＊「ず」は打消の助動詞「ず」の終止形です。

176 □

さらに＋打消

［副］

✤更に

フレーズ

さらに見えず

⬇訳 まったく見えない

イメージ

まったく

❶まったく〜ない

例文

❶装束をみな解きて隠し置きて、しか言はむと思ひける心ばせ、**さらに**人の思ひ寄るべきことにあら**ず**。（今昔物語集）

⬇訳 装束を全部脱いで隠し置いて、そのように言おうと思った心構えは、

□1 なかなかをかし　□2 やをら寄る

□3 なべてそらごとなり

現代語と同様に「改めて」「その上」の意味もありますが、打消の表現とともに用いられる「まったく～ない」の意味が重要です。現代語で「そんな気さらさらない」と使う時の「さら」と同じ語源です。

177 よも＋打消推量「じ」［副］

フレーズ

よもあらじ
⇒訳 まさかないだろう

イメージ

まさか

「よも」は陳述の副詞で、下に打消推量の助動詞「じ」を伴い、「まさか～ないだろう」となります。

＊まったく他の人が思いつけることではない。「ず」は打消の助動詞「ず」の終止形です。

100%
否定

◎100%の否定を意味する主な陳述の副詞

264 おほかた
176 さらに
263 たえて
88 つゆ
265 ゆめ・ゆめゆめ

＋打消 ⇒ まったく～ない

数字は見出し語番号

❶まさか～ないだろう

例文

❶その男、尼が細工に**よも**勝り侍（はべ）ら**じ**。（徒然草）
⇒訳 その男（の細工）は、（この）尼の細工に（比べて）まさか勝ってはいないでしょう。

❶「**よも**あら**じ**。」など言ふも詮（せん）なければ、（徒然草）
⇒訳 「（そんなことは）まさかないだろう。」などと言ってもしかたがないので、

1 かえって趣がある　2 そっと近寄る
3 一般に嘘である

178 □ さるべき ［連体］

フレーズ

さるべきついであり

↓訳 適当な機会がある

イメージ

そうであるべき

動詞「さり」に適当・当然の意味を持つ助動詞「べし」が付いた語で、「適当な」「そうなるはずの」の意味になります。「さり」と他の語からなる語には、ほかにも様々な語があります。

「さる」（「さり」の連体形）＋「べし」（「べし」の連体形）→ そうであるべき → 適当な ／ そうなるはずの

❶ 適当な
❷ そうなるはずの

類 **しかるべき**［連語］適当な

例文

❶ **さるべき**僧、誰かとまりたる。（源氏物語）
↓訳 **適当な**僧は、誰が留まっているのか。

❷ **さるべき**契りこそはおはしけめ。（源氏物語）
↓訳 **そうなるはずの**宿縁がきっとあったのだろう。

◎「さり」の主な関連語
- さらば［さり＋ば］［接］それならば
- さりとも［さり＋とも］［接］そうだとしても
- さる［さりの連体形］［連体］そのような
- さるべき［さり＋べし］［連体］↓178
- さるは［さり＋は］［接］↓269
- されば［さり＋ば］［接］それだから

179 □ ありつる ［連体］

フレーズ

ありつる歌

↓訳 先ほどの歌

❶ 先ほどの

類 **ありし**［連体］以前の・昔の

例文

❶ **ありつる**文（ふみ）、立て文をも結びたるをも、いときたなげにとりなし、

イメージ

先ほどの

動詞「あり」に完了の助動詞「つ」が付いてできた語で、現在に近い過去を意味します。過去の助動詞「き」が付いた「ありし」は遠い過去を意味し、「以前の」「昔の」となります。

「あり」+「つる」（「つ」の連体形）
現在に近い過去
先ほどの・さっきの

「あり」+「し」（「き」の連体形）
遠い過去
以前の・昔の

ふくだめて、（枕草子）

⬇訳 先ほどの手紙を、（それが）正式な立て文でも結び文でも、たいそう汚らしく取り扱って、けばだたせてしまい、

類 大人になりたまひてのちは、**ありし**やうに御簾（みす）の内にも入れたまはず。（源氏物語）

⬇訳 （光源氏が）元服なさった後は、（帝は）以前のように（藤壺の）御簾の中にもお入れにならない。

180 □ あな ［感］

フレーズ

あなおそろし

⬇訳 ああ恐ろしい

イメージ

ああ

感情の高まりから発する語で、「ああ」などと訳します。後に形容詞の語幹や終止形を伴います。

❶ ああ

例文

❶ **あな**めでたや。この獅子（しし）の立ちやう、いとめづらし。深きゆゑあらん。（徒然草）

⬇訳 ああすばらしいなあ。この獅子の立ち方は、たいそう珍しい。深い由緒があるのだろう。

1 人もほとんどいない　2 まったく見えない
3 まさかないだろう

練習問題（166〜180）

傍線部の語を口語訳しなさい。

□① **いとど**憂くつらく、うちも泣きぬべき心地（ここち）ぞする。（枕草子）

□② 鷺（さぎ）は、いとみめも見苦し。眼居（まなこゐ）なども、**うたて**よろづになつかしからねど、（枕草子）

□③ かの門の楼上に、高く大きなる音にて、「**なほ**逸物（いちもつ）かな。」と褒めけるを、（十訓抄）

□④ 雀（すずめ）などのやうに常にある鳥ならば、**さ**も覚ゆまじ。（枕草子）

□⑤ 女君は**さながら**臥（ふ）して、右近（うこん）はかたはらにうつ伏し臥したり。（源氏物語）

□⑥ 上の女房、**さながら**御送り仕うまつらせたまひける。（源氏物語）

□⑦ これや我が求むる山ならむと思ひて、**さすがに**恐ろしくおぼえて、（竹取物語）

□⑧ 高坏（たかつき）に参らせたる大殿油（おほとなぶら）なれば、髪の筋なども、**なかなか**昼よりも顕証（けそう）に見えてまばゆけれど、（枕草子）

□⑨ それも、**やをら**引き上げ入るは、さらに鳴らず。（枕草子）

訳

＊↓の下の数字は見出し語番号です。

① ますますやるせなくつらく、泣きだしてしまいそうな気持ちがする。↓166

② 鷺は、たいそう見た目も見苦しい。目つきなども、嫌なことに万事心をひかれるところはないが、↓167

③ その門の楼上で、高く大きな声で、「やはり特別にすぐれた物だなあ。」と褒めたところ、↓168

④ 雀などのように普通にある鳥ならば、そのようにも思われないだろう。↓169

⑤ 女君（＝夕顔）はそのまま横たわっていて、右近は（その）そばにうつ伏せになっている。↓170

⑥ 天皇つきの女房に、すべてお見送りのお供を申し上げさせなさった。↓170

⑦ これこそ私が探し求めていた山であろうと思って、そうはいってもやはり恐ろしく思われて、↓171

⑧ 高坏におともしした灯火なので、髪の筋なども、かえって昼間よりもはっきりと見えて恥ずかしいけれども、↓172

⑨ それ（＝簾（すだれ））も、そっと引き上げるならば、少しも音は立たない。↓173

□1 さるべきついであり　□2 ありつる歌
□3 あなおそろし

□⑩この法師のみにあらず、世間の人、**なべて**、このことあり。（徒然草）

□⑪大殿(おほとの)には、かやうの御歩(あり)きも**をさをさ**し給は**ぬ**に、御心地さへなやましければ、（源氏物語）

□⑫いで、いと興(きよう)あること言ふ老者(らうざ)たちかな。**さらに**こそ信ぜられ**ね**。（大鏡）

□⑬さりともこれにて死ぬるほどのことは、**よも**侍(はべ)ら**じ**。（発心集）

□⑭琴柱の走りて失せたるを、**さるべき**男もなければ、宿直人(とのゐびと)の見ゆるを呼びて、（十訓抄）

□⑮おのれは侍従の大納言殿の御娘の、かくなりたるなり。**さるべき**縁のいささかありて、（更級日記）

□⑯さは、**ありつる**鹿は仏の験(げん)じ給へるにこそありけれ。（古本説話集）

□⑰かぐや姫は「**あな**うれし」と喜びてゐたり。（竹取物語）

---

⑩この僧だけでなく、世間の人は、一般に、このようなことがある。 ↓174

⑪左大臣家の姫君（＝葵の上）は、このようなお出かけもほとんどなさらないうえに、御気分までもお悪いので、 ↓175

⑫いや、たいへんおもしろいことを言う老人たちだなあ。まったく信じられないことだ。 ↓176

⑬いくらなんでもこの病気で死ぬほどのことは、まさかないだろう。 ↓177

⑭（演奏中に）琴柱がはじけてなくなってしまったが、適当な人がいないので、宿直人でそこにいた人を呼んで、 ↓178

⑮私は侍従の大納言殿の姫君で、（今は）このような（姿に）なっているのです。そうなるはずの前世の因縁が少しあって、 ↓178

⑯それでは、先ほどの鹿は仏が霊験を現しなさったのであるのだなあ。 ↓179

⑰かぐや姫は「ああうれしい」と喜んで座っている。 ↓180

1 適当な機会がある　2 先ほどの歌
3 ああ恐ろしい

入試問題（136〜180）

(1)〜(6)は傍線部の口語訳として最も適切なものを選び、(7)〜(15)は傍線部を口語訳しなさい。

□(1) 昔より世にあるべき人はかくはあらじものを、**すずろに** → 142
心の浮かびたるやうなるはと…

①どんな時でも
②なんとなく
③ほんの少し

（浜松中納言物語・関西学院大）

訳 昔から世に生きられる人はこのようではないだろうが、②なんとなく心が浮ついていているようだと…

□(2) この侍、「何を題にて、つかまつるべきぞ」と申せば、 → 159
「裸なる**よし**をいひて詠め」といへば、

①次第　②手段　③口実

（古本説話集・西南学院大）

訳 この侍が、「何を題として、（和歌を）お詠み申し上げるのがよいでしょうか」と申し上げると、「裸である①次第を入れ込んで詠め」と言ったところ、

□(3) 明くる空は都へと心ざし、よろこびあへる中にも**いとど** → 166
心やましきに、都よりとて文持て来たり。

①たいそう心もとないところに
②いっそう気をもんでいるところに
③たいへん後ろめたいところに

訳 次の朝は都へと心に決めて、喜び合う中にも②いっそう気をもんでいるところに、都からだといって手紙を持ってきた。

□(4) ある時、長雨ふり、震動して山くづれて、この庵室をさ → 170
ながら打ち埋みてけり。

①たちまち　②ちょうど　③すっかり

（鳥部山物語・センター）

訳 ある時、長雨が降り、揺れて山が崩れて、この庵を③すっかり埋めてしまった。

（沙石集・同志社大）

□(5) 夕暮れのほどなれば、**やをら**葦垣の隙より、格子などの → 173
見ゆるをのぞき給へば、

①静かに　②急いで　③そのまま

（小夜衣・センター）

訳 夕暮れの頃なので、①静かに葦垣の隙間から、格子などが見えるのをのぞきなさると、

□(6) 詩には常のことにて、かかる類のみ多かれど、歌にはい → 176
と心づきなく憎くさへ思はれて、**さらになつかしからず**。

①あまり共感できない
②ますます興味がわかない
③全く心ひかれない

訳 漢詩にはよくあることで、このような類いのものばかりが多いけれど、和歌ではたいそう気に入らなくて憎いとさえ思われて、③全く心ひかれない。

（石上私淑言・センター）

(7)「いであな痴れがましや」と、**いと心づきなうおぼして、** →137

訳「なんとまあ愚かなことよ」と、たいそう気に入らないとお思いになって、（栄花物語・京都府立大）

(8)「昔、今ともなく、おのづから**心にくく聞こえむほどの人々**思ひ出でて、… →138

訳「昔、今に関係なく、自然と奥ゆかしいと評判になっているような人々を思い出して、…（無名草子・成蹊大）

(9)「百物語すればおそろしき事ありと言ふ。いざせん」と、**せちに**話すに、はや九十九におよぶ。 →140

訳「百物語をすると恐ろしいことがあるという。さあやろう」とひたすらに語って、もう九十九話になる。（御伽物語・立教大）

(10)少将、「御ためには**かくまめにこそ。あだなれとやおぼす**」などいふけしき、常に似ぬときに、 →145・147

訳少将が、「あなたのためにこのようにまじめなのです。浮気であれとでもお思いですか」などと言う様子が、いつもとは違っているので、（宇津保物語・東京大）

(11)皇子の**御消息**あり。かぎりなくうれしくて参り給へり。 →154

訳皇子からのお手紙があった。この上なくうれしくて参上なさった。（浜松中納言物語・広島大）

(12)清見が関を月に越え行くにも、思ふ事のみ多かる心の内、**来し方行く先たどられて、**あはれにかなし。 →157・158

訳清見が関を月夜に越えて行くにつけても、もの思いする事ばかりが多い心の中で、過去や将来のことが思われて、しみじみと悲しい。（とはずがたり・京都女子大）

(13)「歌など詠むにやあらむ。兵衛佐(ひやうゑのすけ)、返し思ひまうけよ」など、笑ひて、「**いつしか返りごときかむ**」と、 →165

訳「歌など詠むのであろうか。兵衛佐よ、返歌をあらかじめ準備しておきなさい」などと、笑って、「早く返歌をききたいものだ」と、（枕草子・立命館大）

(14)なほかばかりめでたきことは**よも侍らじ**。 →177

訳やはり手紙ほどすばらしいものはまさかないでしょう。（無名草子・名城大）

(15)「いとあやし。など遅くは帰りつるぞ。いづくなりつる所ぞ」と問へば、**ありつる歌を語るに、** →179

訳「たいそう不審だ。どうして遅く帰ったのだ。（女の行き先は）どこであったのだ」と（男が）尋ねるので、（童は）先ほどの歌を語ると、（堤中納言物語・青山学院大）

＊太字は第１・２章で取り上げている語です。

更級日記

今は、昔のよしなし心も**くやしかり**けりとのみ思ひ知りはて、親の物へ**率**て参りなどせでやみにしも、①もどかしく思ひ出でらるれば、今はひとへに豊かなる勢ひになりて、ふたばの人をも、思ふさまに**かしづき**おほしたて、わが身も三倉(みくら)の山につみ余るばかりにて、後の**世**までのことをも思はむと思ひはげみて、霜月の二十余日、石山に参る。雪うち降りつつ、道のほどさへ**をかしき**に、逢坂(あふさか)の関を見るにも、昔越えしも冬ぞかしと思ひ出でらるるに、そのほどしも、**いと**あらう吹いたり。

逢坂の関のせき風ふく声はむかし聞きしにかはらざりけり

関寺のいかめしう造られたるを見るにも、そのをり荒造りの御顔ばかり見られしをり思ひ出でられて、年月の過ぎにけるも**いとあはれなり**。打出(うちいで)の浜のほどなど、見しにも変はらず。暮れかかるほどに詣で着きて、斎屋(ゆや)に下りて御堂に上るに、人声もせず、山風おそろしう**おぼえ**て、**おこなひ**さしてうちまどろみたる夢に、「中堂より麝香(ざかう)賜はりぬ。**とく**かしこへつげよ」といふ人あるに、うち**おどろき**たれば、夢なりけりと思ふに、**よき**ことならむかしと思ひて、**おこなひ**明かす。またの日も、**いみじく**雪降りあれて、宮にかたらひきこゆる人の**具し**たまへると、**物語**して心ぼそさをなぐさむ。

＊石山…近江の国（現在の滋賀県）にある石山寺。
＊逢坂の関…京都府と滋賀県との境にあった逢坂山の関所。
＊関寺…逢坂山にあった寺。　＊斎屋…参籠する際に身を清めるための浴室。
＊麝香…麝香鹿から採取した香料。

訳

今となっては、昔のつまらない思いも悔やまれることだったとばかりすっかり思い知って、親が物詣(ものもうで)に連れていってくれずに終わってしまったのも、ひどいことだと思い出されるので、今はひたすら裕福な身分になって、幼い子供をも、思う存分大切に育て上げ、自分自身も倉に積みきれないほどの財力を蓄えて、死んだ後の世までのことをも願おうと心を励まして、十一月の二十日過ぎに、石山寺に参詣した。雪が降り続け、道中の景色までも趣深く、逢坂の関を見るにつけても、昔（上京する時に）越えたのも冬だったよと思い出されるのだったが、ちょうどその時、たいそう荒々しく（風が）吹いた。

逢坂の関を吹き渡る風の音は、昔ここで聞いたのと少しも変わっていないことだ。

関寺が荘厳に造られているのを見るにつけても、その時に荒造りの（仏様の）お顔だけ見られた時のことが思い出されて、年月が過ぎてしまったのもたいそうしみじみと心を動かされた。打出の浜の辺りなども、以前見たのと変わらない。日が暮れかかる頃に（石山寺に）到着して、斎屋に下がって（身を清めて）から御堂に上ると、人の声もせず、山から吹く風が恐ろしく感じられて、仏前の修行を途中でやめてうとうとしていた夢に、「中堂から麝香をいただきました。早くあちらへ知らせなさい」と言う人がいるので、はっと目が覚めたところ、夢だったのだと思うが、きっとよいことであろうよと思って、仏前の修行をして夜を明かす。翌日も、ひどく雪が降り荒れていたので、宮様の所で親しくお付き合い申し上げる人で一緒にいらっしゃった方と、世間話をして心細さを慰める。

蜻蛉日記

さて、**年ごろ**思へば、**など**にかあらむ、ついたちの日は見えずしてやむ**世**なかりき。**さ**もやと思ふ心遣ひせらる。未(ひつじ)の時ばかりに、さき追ひ**ののしる**。そそなど、人も騒ぐほどに、ふと引き過ぎぬ。急ぐにこそはと思ひかへしつれど、夜もさてやみぬ。**つとめて**、ここに縫ふ物ども取りがてら、「昨日の前渡りは、日の暮れにし」などあり。**いと**返りごとせま憂けれど、「**なほ**、年の初めに、腹立ち**な**初め(そ)**そ**」など言へば、すこしはくねりて、書きつ。**かくし**も**安から**ず**おぼえ**言ふやうは、このおしはかりし近江(あふみ)になむ**文**通ふ、**さな**りたるべしと、**世**にも言ひ騒ぐ心づきなさになりけり。さて二三日も過ごしつ。四日、また申(さる)の時に、一日(ひとひ)よりもけに**ののしり**て来るを、「おはしますおはします」と言ひつづくるを、②一日のやうにもこそあれ、**かたはらいたし**と思ひつつ、**さすがに**胸走りするを、近くなれば、ここなるをのこども、中門おし開きて、ひざまづきてをるに、むべもなく引き過ぎぬ。今日まして思ふ心おしはからなむ。

またの日は大饗(だいきやう)とて**ののしる**。**いと**近ければ、今宵(こよひ)さりともとこころみむと、人知れず思ふ。車の音ごとに胸つぶる。夜**よき**ほどにて、みな帰る音も聞こゆ。門(かど)のもとよりも**あまた**追ひちらしつつゆくを、過ぎぬと聞くたびごとに、心はうごく。

＊近江…女性の名前。
＊大饗…宮中や大臣の家で行われた盛大な宴会。

訳

さて、何年もの間、思えばどうしてであろうか（不思議なくらいだが）、元日に（夫が）姿を見せないで終わる時はなかった。今日も来てくれるかとつい気配りをしてしまう。午後二時頃に、先払いの騒がしい声がする。そらそら（おいでになった）などと、侍女たちも騒いでいるうちに、さっと通り過ぎてしまった。急いでいたのだろうと気を取り直したが、夜もそのまま過ぎてしまった。翌朝、こちらに縫い物を取りに使いをよこしたついでに、「昨日の門前の素通りは、（用事で）日が暮れてしまったので」などと言う。全く返事をしたくなかったが、「やはり、年の初めから、早々に腹を立てなさいますな」などと（侍女が）言うので、少しすねて（手紙を）書いた。このように心穏やかでなく思ったり言ったりするのは、あの推量していた近江に手紙を通わせている、きっとそんな（夫婦のような）仲になったのだろうと、世間でもうわさになる不愉快さによってだった。そのようにして二、三日を過ごした。四日、また午後四時頃に、先日よりもいっそう声高らかに先払いして来るので、「おいでです、おいでです」と（侍女が）しきりに言うけれど、先日のようになったら困る、それはつらいと思いながら、それでもやはり胸がどきどきするが、（行列が）近づいてきたので、この家にいる召し使いたちが、中門を押し開いてひざまずいていたのだが、案の定素通りしてしまった。今日、前よりいっそう（つらく恥ずかしく）思う気持ちを察してほしい。

翌日は大饗ということで騒がしい。すぐ近くなので、今夜はいくらなんでも（寄ってくれるのではないか）と様子を見ていようと、心ひそかに思う。車の音がするたびに、胸がどきどきする。夜もかなり更けた頃になって、皆帰っていく音も聞こえる。門のすぐそばを通って次々と先払いしながら行くのを、通り過ぎてしまったと聞くたびに、動揺する。

問

(1)傍線部①のように感じるのはなぜか。その説明として最も適切なものを一つ選びなさい。（明治大）

ア　子供を物詣に連れていっていないことを、申し訳なく思っているから。
イ　物詣に行こうと思いつつなかなか行動にうつせないことを、反省しているから。
ウ　親が物詣に連れていってくれなかったことを、ひどいことだと思っているから。

(2)傍線部②の解釈として最も適切なものを一つ選びなさい。（同志社女子大）

ア　先日のようになったら困る、それはつらいと思いながら
イ　正月一日と同じことになるだろう、それはおもしろいと思いながら
ウ　一日だけでも会いたいと思うが、それは情けないと思いながら

解答

(1)ウ　(2)ア

解説

(1)「もどかし」は、「非難したい気持ちになる」という意味。傍線部の前に「親の物へ率て参りなどせでやみにし」とあり、このことを非難したい（＝ひどいことだ）と思っている、という文脈。

(2)「もこそ～已然形」で「～したら困る」という意味を表す。「かたはらいたし」は、「気の毒だ・きまりが悪い」などの意味だが、ここは、自分のことなので、「きまりが悪い（＝つらい）」という意味。

↓37

作品解説

《更級日記》

平安時代中期（一〇五九年頃）成立とされる日記。一巻。作者は菅原孝標女。『源氏物語』に憧れる少女が、十三歳で父の任国の上総の国から帰京するところから始まり、京での生活、宮仕えをした時のこと、結婚生活について、熱心に仏道修行をするようになったことなどが書かれ、晩年に夫と死別したあと、どのように余生を過ごしたらよいのか思案するところで終わる。少女時代から晩年まで、約四十年間の回想録。

作者の菅原孝標女は、菅原道真の子孫で、伯母には『蜻蛉日記』を書いた藤原道綱母がいる。また、『夜の寝覚』『浜松中納言物語』の作者ともいわれている。

《蜻蛉日記》

平安時代中期成立とされる日記。全三巻。作者は藤原道綱母。九五四年に藤原兼家が作者に求婚するところから始まり、その結婚生活を中心につづった約二十一年間の回想録。夫兼家との愛情問題の苦悩や、息子である道綱への愛情など、自身の内面があますところなく記されている。女性の日記としては初めての作品であり、後の女流文学にも大きな影響を与えた。

作者の藤原道綱母は、歌人としても優れており、『拾遺和歌集』以下の勅撰和歌集に三十七首入集している。

第3章 ステップC［90語］

前半の45語（見出し語181〜225）

□□□ 第1週の15語（見出し語181〜195）
動詞15語
練習問題181〜195

□□□ 第2週の15語（見出し語196〜210）
動詞6語・形容詞9語
練習問題196〜210

□□□ 第3週の15語（見出し語211〜225）
形容詞15語
練習問題211〜225

入試問題181〜225

後半の45語（見出し語226〜270）

□□□ 第1週の15語（見出し語226〜240）
形容詞3語・形容動詞9語・名詞3語
練習問題226〜240

□□□ 第2週の15語（見出し語241〜255）
名詞12語・副詞3語
練習問題241〜255

□□□ 第3週の15語（見出し語256〜270）
副詞11語・連体詞2語・接続詞1語・感動詞1語
練習問題256〜270

入試問題226〜270
長文問題1〜270

181 みる

✤見る ［動マ上一］

フレーズ

かやうなる人を見ばや

⬇ 訳 このような人と結婚したい

イメージ

異性を見る

現代語と同じく「目で見る」が本来の意味ですが、相手が人であれば「会う」、特に異性であれば「結婚する」の意味に使います。

目で見る →（人）会う →（異性）結婚する

❶ 会う
❷ 結婚する

類 見ゆ［動］→106
あふ［動］→182

例文

❶「かかる道は、いかでかいまする。」と言ふを見れば、見し人なりけり。（伊勢物語）

⬇ 訳「このような道に、どうしておいでですか。」と言う人を見ると、（以前に）会った人であった。

❷うち語らひて心のままに教へ生(お)ほし立ててみばや。（源氏物語）

⬇ 訳 親しく交際して自分の思い通りに教え育て上げて結婚したい。

182 あふ

✤会ふ・逢ふ ［動ハ四］

フレーズ

男は女にあふ

⬇ 訳 男は女と結婚する

イメージ

男女が会う

❶ 結婚する

類 見ゆ［動］→106
音 敢(あ)ふ［動］耐える
関 あはす［動］結婚させる

例文

❶つひに本意(ほい)のごとくあひにけり。（伊勢物語）

⬇ 訳 とうとう本来の意志どおり結婚した。

現代語と同じく「出会う」という意味もありますが、男女が関係する場合は「男女が契る」「結婚する」の意味になります。

出会う →(男女)→ 男女が契る → 結婚する

183 □

かたらふ

✤語らふ ［動ハ四］

フレーズ

忍びて語らふ

⬇ 訳 人目につかずに男女の契りを結ぶ

イメージ

男女が語り合う

現代語の「語り合う」に当たりますが、語り合う人の関係や目的によって、「親しく交際する」「男女の契りを結ぶ」などの意味になります。

語り合う → 親しく交際する →(男女)→ 男女の契りを結ぶ

関 女はこの男をと思ひつつ、親の**あはす**れども聞かでなむありける。（伊勢物語）

⬇ 訳 女はこの男をと思い続け、親が（他の男と）結婚させようとしても聞かないでいた。

❶ 親しく交際する

❷ 男女の契りを結ぶ

関 **よばふ**［動］ 求婚する

例文

❶ 女どちも、契り深くて**語らふ**人の、末まで仲よき人、かたし。（枕草子）

⬇ 訳 女どうしでも、約束が固くて親しく交際している人で、最後まで仲のよい人は、めったにいない。

❷ 昔、男、みそかに**語らふ**わざもせざりければ、（伊勢物語）

⬇ 訳 昔、男が、ひそかに男女の契りを結ぶこともしなかったので、

関 年を経て**よばひ**わたりけるを、（伊勢物語）

⬇ 訳 （男は）何年も求婚し続けてきたのだが、

184

しかり

✤然り

［動ラ変］

フレーズ

しかりと思ふ

⬇訳 そうであると思う

イメージ

そうだ!

「しか→260」（＝そのように）に動詞「あり」が付いてできた語で、「そのようである」「そうである」の意味になります。「しかるに」「しかれども」の接続表現で多く用いられます。

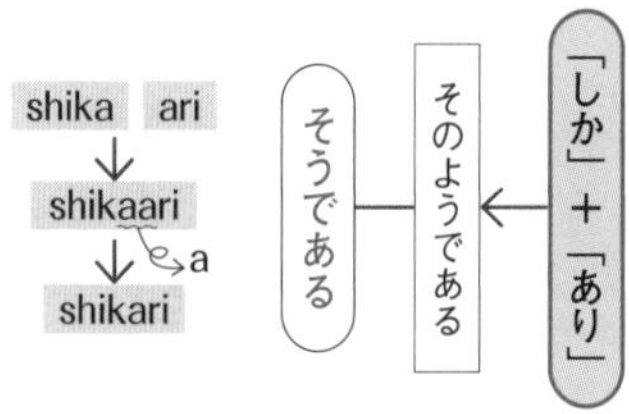

❶ そうである

関 **しかるに**［接］ そうであるのに
しかれども［接］ そうではあるが

例文

❶ 「この名**しかる**べからず。」とて、かの木を切られにけり。（徒然草）
⬇訳 「この名はそうであってはならない。」と言って、その木を切ってしまわれた。

関 古言は学ぶべくして、言ふべきものにあらず。**しかるに**、近き頃、万葉様といふことおこりて、（歌学提要）
⬇訳 古語は学ぶべきもので、表現するためのものではない。そうであるのに、最近、万葉風の詠み方が生じて、

関 楫取り(かぢとり)、「今日、風雲(かぜくも)の気色(けしき)はなはだ悪し(あし)。」と言ひて、船出だ(い)さずなりぬ。**しかれども**、ひねもすに波風立たず。（土佐日記）
⬇訳 船頭が、「今日は、風や雲の様子が大変悪い。」と言って、船を出さずに終わった。そうではあるが、一日中波も風も立たない。

185

かかり

［動ラ変］

フレーズ

かかる歌を詠みつ

⬇訳 このような歌を詠んだ

❶ このようである

類 **しかり**［動］→184
関 **かかる**［連体］ このような

例文

❶ 「こはいかに。**かかる**やうやはある。」とばかり言ひて、（十訓抄）

□1 かやうなる人を見ばや　□2 男は女にあふ
□3 忍びて語らふ

イメージ

こうだ！

「かく↓86」（＝このように）に動詞「あり」が付いてできた語で、「このようである」となります。

「かく」＋「あり」 → このようである

kaku ari → kakuari →(u) kakari

⬇訳「これはどうしたことか。このようなことがあろうか（いや、あるものか）。」とだけ言って、

関「**かかる**こと。」と、声高(こわだか)にものも言はせず。（土佐日記）

⬇訳「このようなこと。」と、（従者たちに）大声で不満も言わせない。

186 □ おきつ

✤捉つ ［動タ下二］

❶ 決めておく

❷ 指図する

フレーズ

かねておきてしこと

⬇訳 前もって指図したこと

イメージ

決める

「（前もって）決めておく」が基本の意味です。決めたことを他人に強制すると「指図する」となります。「命令する」「おきて」は現代語に残されています。

（前もって）決めておく → 決めておく →（他人に強制）→ 指図する → 命令する

例文

❶ 源氏になし奉(たてまつ)るべく思(おぼ)し**おきて**たり。（源氏物語）

⬇訳 源氏にして差し上げようと思い決めておかれた。

❷ 高名(かうみやう)の木登りといひし男(をのこ)、人を**おきて**て、高き木に登(のぼ)せて、梢を切らせしに、（徒然草）

⬇訳 有名な木登りだといった男が、人を指図して、高い木に登らせて、梢を切らせた時に、

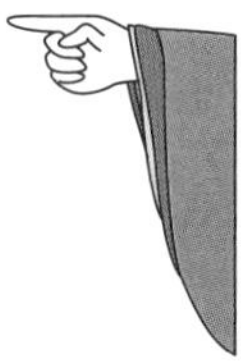

1 このような人と結婚したい　2 男は女と結婚する
3 人目につかずに男女の契りを結ぶ

187

さる【動ラ四】

✤避る

フレーズ

えさらぬこと

⬇訳 避けられないこと

イメージ

避ける・・

漢字を当てると「避る」で、文字通り「避ける」という意味です。同音の動詞「去る」や「さる」(「さり」の連体形)との区別に注意しましょう。

避ける

❶ 避ける

音 **去る**【動】離れていく・(時が)移り来る

例文

❶老いぬれば**さら**ぬ別れのありといへばいよいよ見まくほしき君かな (伊勢物語)

⬇訳 年老いると、避けることのできない別れ(=死別)があるというので、ますます会いたいと思うあなたよ。

音 春**され**ば木末隠(こぬれがく)りてうぐひすそ鳴きて去(い)ぬなる下枝(しづえ)に (万葉集)

⬇訳 春が移り来ると梢に隠れてウグイスが鳴いていくことだ、梅の下枝に。

188

かこつ【動タ四】

✤託つ

フレーズ

老いの身をかこつ

⬇訳 老いた我が身に不平を言う

イメージ

か・こ・つ・ける

❶ 不平を言う

関 **うれふ**【動】嘆き訴える

例文

❶花のもとには風を**かこち**、月の夜は雲をいとひ、 (玉勝間)

⬇訳 花のもとでは風に不平を言い、月の夜は雲を嫌い、

□1 しかりと思ふ　□2 かかる歌を詠みつ

□3 かねておきてしこと

「他のもののせいにする」感じで、現代語にも残っている「かこつける」（＝口実にする）が基本の意味です。そこから「不平を言う」「嘆く」の意味になります。

病気に**かこつけて**休む → **口実にする** → 不平を言う／嘆く

関 からい目を見さぶらひて。誰(たれ)にかは**うれへ**申しはべらむ。（枕草子）

⬇ **訳** ひどい目にあいました。どなたに**嘆き訴え**申し上げましょうか。

189 ならふ ［動ハ四］

✤慣らふ

❶ 慣れる

関 **ならひ** ［名］ 習慣・世の さだめ
なる ［動］ もの慣れる

例文

❶ もとも心深からぬ人にて、**ならは**ぬつれづれのわりなくおぼゆるに、（和泉式部日記）

⬇ **訳** もともと思慮深くない人で、**慣れ**ない退屈がどうしようもなくつらいと思われたところなので、

関 朝(あした)に死に夕べに生まるる**ならひ**、ただ水の泡にぞ似たりける。（方丈記）

⬇ **訳** 朝に死ぬ人があるかと思えば、夕方に生まれる人があるという**世のさだめ**は、ちょうど水の泡に似ている。

フレーズ

ならはぬ旅路

⬇ **訳** **慣れ**ない旅路

イメージ

慣（な）らふ

「物事を何度も行っているうちに日常のことになる」感じです。「習慣となる」という意味から、現代語の「習う」も生じました。

くり返すうちに日常のことになる → 習慣となる → 慣れる

1 そうであると思う　2 このような歌を詠んだ
3 前もって指図したこと

とぶらふ

✤訪ふ

［動八四］

①訪ねる

②見舞う

音 弔ふ［動］弔問する

類 おとなふ［動］訪れる・音を立てる

フレーズ

かの家にとぶらふ

↓訳 あの家を訪ねる

イメージ

訪（とぶら）ふ

「訪ねる」の意味が基本で、病人の場合は「見舞う」となります。遺族を訪ねる場合は、「弔う」と漢字を当てて「弔問する」の意味となり、現代語の「とむらう」につながります。

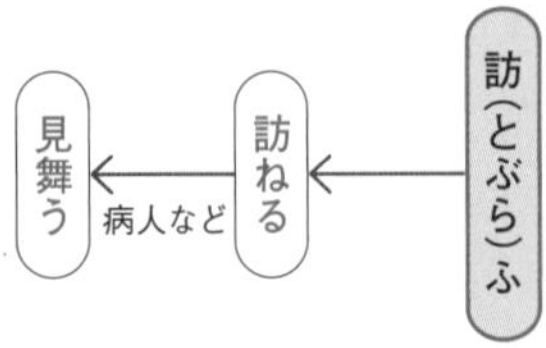

例文

①まづ能因島に舟を寄せて、三年幽居の跡を**とぶらひ**、（奥の細道）

↓訳 まず能因島に舟を寄せて、（能因法師が）三年間静かに隠れ住んだ跡を訪ね、

②国の司まうで**とぶらふ**にも、え起き上がりたまはで、（竹取物語）

↓訳 国司が見舞いにうかがうのだが、起き上がることがおできになれず、

類 古りにたるあたりとて、**おとなひ**きこゆる人もなかりけるを、（源氏物語）

↓訳 時流に遅れた所というので、訪ね申し上げる人もなかったのを、

いぬ

✤往ぬ・去ぬ

［動ナ変］

①去る

音 寝ぬ［動］寝る

フレーズ

女いにけり

↓訳 女は去ってしまった

例文

①前栽の中に隠れゐて、河内へ**往ぬる**顔にて見れば、（伊勢物語）

□1　えさらぬこと　□2　老いの身をかこつ

□3　ならはぬ旅路

イメージ

去（い）ぬ

「そこから立ち去る」感じです。人が空間的に「去る」だけでなく、時が「過ぎ去る」という意味でも用いられます。

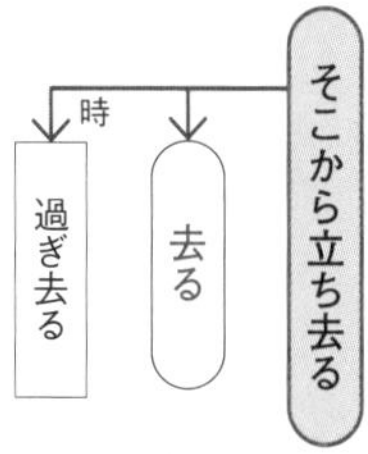

訳 植え込みの中に隠れて座って、河内へ去ったふりをして（女の様子を）見ていると、

語幹	未然	連用	終止	連体	已然	命令	活用
去(い)	な	に	ぬ	ぬる	ぬれ	ね	ナ変
寝(い)	ね	ね	ぬ	ぬる	ぬれ	ねよ	下二段

かきくらす ［動サ四］

✤ 掻き暗す

❶ 悲しみにくれる

関 **しほたる**［動］ 涙で袖が濡れる

フレーズ

かきくらして涙こぼる

訳 悲しみにくれて涙がこぼれる

イメージ

悲しみで暗くなる

「雲や雨があたり一面を暗くする」が本来の意味です。比喩的に「胸を掻きむしるほどの悲しみが心を暗くする」から「悲しみにくれる」でよく用いられます。

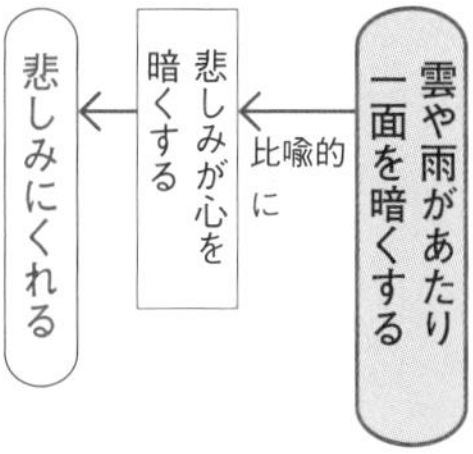

例文

❶ **かきくらす**心の闇に惑ひにき夢うつつとは今宵（こよひ）定めよ （伊勢物語）

訳 悲しみにくれる心の迷いに何もわからなくなりました。夢か現実か今夜決めてください。

関 いと悲しうて、人知れず**しほたれ**けり。 （源氏物語）

訳 たいそう悲しくて、ひそかに涙で袖を濡らしたことだ。

1 避けられないこと　2 老いた我が身に不平を言う　3 慣れない旅路

193 うす

✤ 失す

［動サ下二］

フレーズ

失せにし尼君

⬇ 訳 亡くなった尼君

イメージ

命がなくなる

現代語の「失せる」（＝なくなる）に当たります。意味は「消える」のほか、命がなくなることから「亡くなる」「死ぬ」となります。「死ぬ」ことを表す婉曲的な表現の一つです。

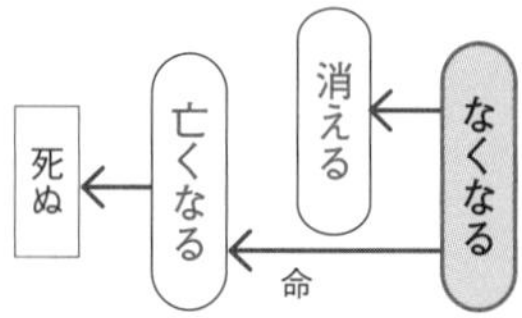

❶ 消える

❷ 亡くなる

例文

❶ よろづにつけて光**失せ**ぬる心地して、屈（くん）じいたかりけり。（源氏物語）

⬇ 訳 すべてのことにつけて光が消えてしまったような気持ちがして、とてもがっかりなさっているのだった。

❷ その人、ほどなく**失せ**にけりと聞き侍（はべ）りし。（徒然草）

⬇ 訳 その人は、まもなく亡くなったと聞きました。

194 しる

✤ 領る

［動ラ四］

フレーズ

しる所たぶ

⬇ 訳 領有する土地をお与えになる

❶ 領有する

例文

❶ しだの某（なにがし）とかや**しる**所なれば、（徒然草）

□1　かの家にとぶらふ　□2　女いにけり
□3　かきくらして涙こぼる

イメージ

領有

「知る」と関連のある語で、「物事を自分のものにする」ことから、「統治する」「領有する」という意味になります。

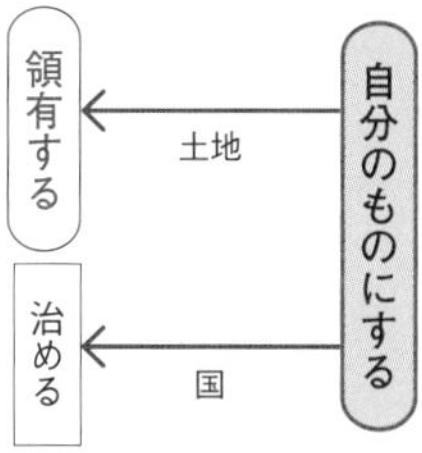

195 ねぶ

［動バ上二］

フレーズ

ねびたる女房

⬇訳 年をとった女房

イメージ

年を重ねる

「年齢を重ねる」様子を表します。「年をとる」のほか、その人の年齢により「老ける」「大人びる」「成長する」といった訳になります。

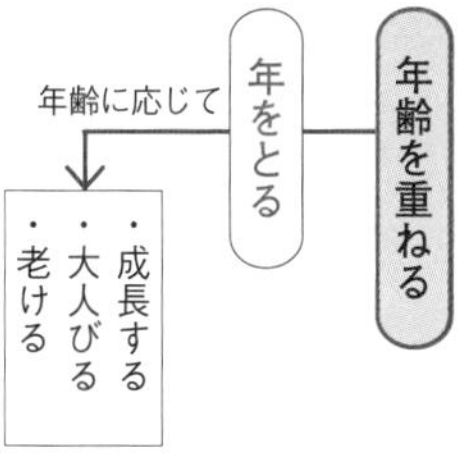

⬇訳 しだの某とかいう人が領有する所なので、

プラス 「しる」は「対象となる物事を十分理解して自分のものにする」ということが元々の意味です。対象が知識や経験の場合は「知る」、土地や国の場合は「領有する・治める」となります。

❶ 年をとる

類 **およすく**［動］成長する

例文

❶人もいやしからぬ筋に、容貌(かたち)など**ねび**たれどきよげにて、ただならず気色(けしき)よしづきて、（源氏物語）

⬇訳 卑しくない血筋の者で、容貌なども年をとっているがこぎれいで、並々でなく風格があって、

類 この皇子(みこ)の**およすけ**もておはする御容貌(かたち)心ばへ、（源氏物語）

⬇訳 この若宮（＝光源氏）が成長してゆかれるにつれてご容貌やご気性が、

1　あの家を訪ねる　　2　女は去ってしまった
3　悲しみにくれて涙がこぼれる

練習問題（181〜195）

傍線部の語を口語訳しなさい。

□① **見る**には、あやしきまでおいらかに、こと人かとなむおぼゆる。（紫式部日記）

□② さやうならむ人をこそ**見**め。似る人なくもおはしけるかな。（源氏物語）

□③ この世の人は、男は女に**あふ**ことをす、女は男に**あふ**ことをす。（竹取物語）

□④ さるべき所に宮仕へける女房（にょうぼう）を**かたらひ**て、（宇治拾遺物語）

□⑤ やむごとなき人の説をばみだりに信用する人あり。今世間一同に**しかり**。（紫文要領）

□⑥ 見るほどだに**かかり**、ましていかに荒れゆかむ。（源氏物語）

□⑦ 世のはかなく憂きを知らすべく、仏などの**おきて**給へる身なるべし。（源氏物語）

□⑧「水にしなうて渡せや、渡せ」と**おきて**て、三百余騎、一騎も流さず、向かへの岸へざつと渡す。（平家物語）

□⑨ え**さら**ぬことのみいとど重なりて、（徒然草）

訳　＊↓の下の数字は見出し語番号です。

① 会ってみると、不思議なほどおっとりとしていて、別人ではないかと思われる。↓181

② そのような人と結婚したいものだ。似ている人は誰もいらっしゃらない。↓181

③ この世の人は、男は女と結婚し、女は男と結婚するということをする。↓182

④ しかるべき所に宮仕えしていた女房と男女の契りを結んで、↓183

⑤ 身分の高い人の説をむやみに信用する人がいる。今の世の中全体がそうである。↓184

⑥ 見ている時でさえこのようである、まして（見ていない時は）どれほど荒れていくだろうか。↓185

⑦ 世の中がはかなくつらいことをわからせるように、仏などが決めておきなさった身であるのだろう。↓186

⑧「水の流れに沿って渡れや、渡れ」と指図して、三百余騎が、一騎も流されることなく、向こう岸へざあっと渡った。↓186

⑨ 避けられないことばかりがますます重なって、↓187

□1　先せにし尼君　□2　しる所たぶ

□3　ねびたる女房

□⑩ げには、少し**かこつ**かたも、われと等しからざらん人は、（徒然草）

□⑪ 都の外(ほか)の歩(あり)きは、まだ**ならひ**たまはねば、めづらしくをかしく思(おぼ)さる。（源氏物語）

□⑫ 秋の野に人まつ虫の声すなり我かと行きていざ**とぶらはむ**（古今和歌集）

□⑬「大弐(だいに)の乳母(めのと)のいたくわづらひて、尼(あま)になりにける、**とぶらはむ**」とて、五条なる家、たづねておはしたり。（源氏物語）

□⑭ 家刀自(いへとうじ)、まめに思はむといふ人につきて、人の国へ**いにけり**。（伊勢物語）

□⑮ 過ぎにし人の跡と見るはあはれなるを、ましていとど**かきくらし**、（源氏物語）

□⑯ この大将殿(だいしやうどの)は、堀河殿(ほりかはどの)すでに**失せ**させ給ひぬと聞かせ給ひて、（大鏡）

□⑰ 昔、男、初冠(うひかうぶり)して、奈良の京(みやこ)、春日(かすが)の里に、**しる**由(よし)して、狩りに往(い)にけり。（伊勢物語）

□⑱ いたう**ねび**たれど、まさしく妻の声なるを聞きて、夢かと胸のみ騒がれて、（雨月物語）

---

⑩ 本当のところは、少し不平を言う時も、自分と同じような意見を持っていない相手では、↓188

⑪ 都の外(そと)へのお出歩きは、まだ慣れていらっしゃらないので、めずらしく興味深くお思いになる。↓189

⑫ 秋の野に人を待つという松虫の音(ね)が聞こえる。私を待っているのかと、行ってさあ訪ねることにしよう。↓190

⑬「大弐の乳母が重い病気にかかって、尼になったのを、見舞おう」として、五条にある家を、訪ねていらっしゃった。↓190

⑭ 妻は、まじめに愛そうという男に従って、他国へ去ってしまった。↓191

⑮ 亡くなった人の筆跡と思うのは感慨深いものだが、（この場合は）なおさらいっそう悲しみにくれ、↓192

⑯ この大将殿は、堀河殿がすでにお亡くなりになったとお聞きになって、↓193

⑰ 昔、男が、成人して、奈良の京、春日の里に、領有している縁で、鷹狩りに行った。↓194

⑱ たいそう年をとっているが、たしかに妻の声であることを聞き取って、夢ではないかと胸が高鳴って、↓195

1 亡くなった尼君　2 領有する土地をお与えになる
3 年をとった女房

196 こうず

✤困ず

［動サ変］

フレーズ あちこち歩き（あり）**困ず**

訳 あちこち歩き回って疲れる

イメージ 困（こう）ず

漢字を当てると「困ず」となります。精神的に「困る」だけでなく、肉体的に困る、すなわち「疲れる」の意味でよく用いられます。

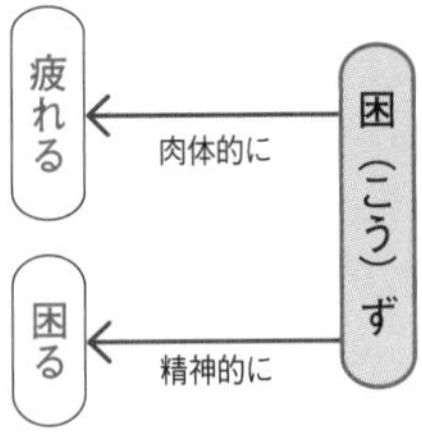

❶ 疲れる
❷ 困る

例文

❶ いたう**困じ**給（たま）ひにければ、心にもあらずうちまどろみ給ふ。（源氏物語）

訳 ひどくお疲れになったので、思わずうとうととお眠りになる。

❷「いかに、いかに」と、日々に責められ**困じ**て、さるべき折うかがひつけて、消息（せうそこ）しおこせたり。（源氏物語）

訳「どうなのか、どうなのか」と毎日責められ困って、適当な時期を見計らって、手紙を送ってきた。

197 すまふ

［動ハ四］

フレーズ **すまふ**力なし

訳 抵抗する力がない

イメージ 争う

❶ 抵抗する

例文

❶ 女も卑しければ、**すまふ**力なし。（伊勢物語）

訳 女も低い身分だったので、抵抗する力がない。

「相手に負けまいとして争う」感じです。「抵抗する」のほか、「断る」という意味で用いられる場合もあります。

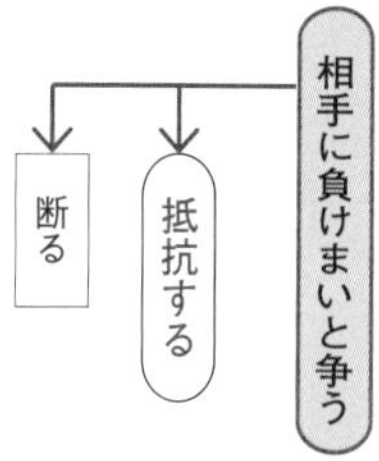

プラス 「すまふ」は「争ふ」とも書き、ここから「相撲」の語ができました。奈良・平安時代には、毎年陰暦の七月に諸国から相撲人が召し出され、天皇の前で相撲をとる年中行事がありました。

198 □ したたむ ［動マ下二］

❶ 処理する

フレーズ

よろづのことどもしたたむ
➡ 訳 様々なことを処理する

イメージ

きちんと処理

「物事をきちんと処理する」が基本の意味です。いつ「処理する」かで「用意する」「片づける」などと訳す場合もあります。なお、「書き記す」と訳す場合もあります。

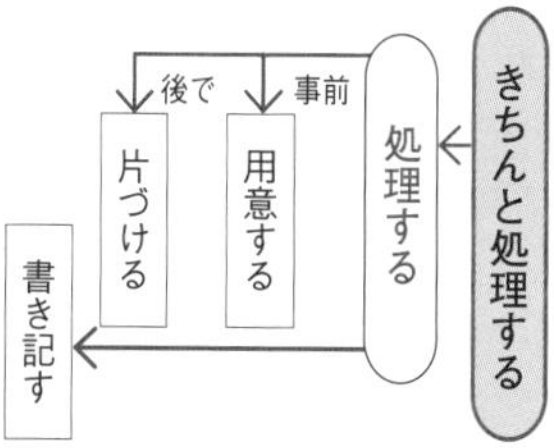

例文

❶ 大和守(やまとのかみ)、残りのことども**したため**て、（源氏物語）
➡ 訳 大和守は、残りの雑用を処理し（→片づけ）て、

❶ **したたむ**べきことどものいと多かるを、（落窪物語）
➡ 訳 処理し（→用意し）なければならないことがとても多いので、

㋑ 明日(あす)は故郷(ふるさと)にかへす文(ふみ)**したため**て、はかなきことづてなどしやるなり。（奥の細道）
➡ 訳 明日は故郷に帰す（男に持たせる）手紙を書き記して、ちょっとした伝言などをしてやっているようである。

やすらふ

✤ 休らふ　［動ハ四］

フレーズ
やすらはず思ひ立つ
⬇ 訳 ためらわず決心する

イメージ
休む＝止まる
「行動や考えが休んでしばらく同じ所にいる」感じで、行動なら「とどまる」、考えなら「ためらう」となります。特に後者が重要です。

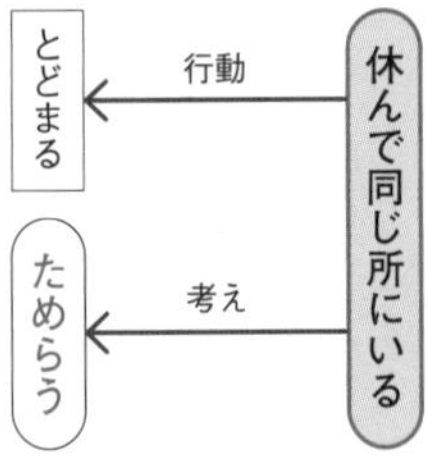

❶ ためらう

関 **やすむ**［動］休む

例文

❶ 院宣宣旨（ゐんぜんせんじ）のなりたるに、しばしも**やすらふ**べからず。（平家物語）
⬇ 訳 院の命令が下されたのだから、少しもためらってはならない。

関 いと暑かりしかば、この水のつらに**休み**つつ見れば、（更級日記）
⬇ 訳 たいへん暑かったので、この川のほとりで休みながら見ていると、

まどふ

✤ 惑ふ　［動ハ四］

フレーズ
いかにせむと心地（ここち）惑ふ
⬇ 訳 どうしようと気持ちが乱れる

イメージ
戸惑う

❶（心が）乱れる
❷［動詞の連用形＋］ひどく（〜する）

類 **まよふ**［動］迷う・乱す
関 **まどはす**［動］（心を）乱す

例文

❶ 竹取心**惑ひ**て泣き伏せる所に寄りて、かぐや姫言ふ、（竹取物語）
⬇ 訳 竹取の翁が心が乱れて泣き伏している所に近寄って、かぐや姫が言うには、

□1　あちこち歩き困ず　□2　すまふ力なし
□3　よろづのことどもしたたむ

「戸惑う」と現代語でも使います。「どうすればよいかわからない」感じから「(心が)乱れる」の意味になります。他の動詞の連用形に付くと「ひどく(〜する)」となります。

- どうすればよいかわからない → (心が)乱れる
- 動詞の連用形＋ → ひどく(〜する)

❷ 目・眉(まゆ)・額(ひたひ)なども腫(は)れ**まどひ**て、(徒然草)

⇒ 訳 目・眉・額などもひどく腫れて、

関 世の人の心**惑はす**こと、色欲(しきよく)にはしかず。(徒然草)

⇒ 訳 世の人の心を乱すものは、色欲に及ぶものはない。

201 □ はつ ［動タ下二］

✤果つ

❶ 終わる

❷ ［動詞の連用形＋］すっかり(〜する)

フレーズ 遊びも**はつ**

⇒ 訳 管絃の遊びも終わる

イメージ **果てる**

現代語の「果てる」と同じで、「終わる」の意味です。他の動詞の連用形に付くと「すっかり(〜する)」「(〜し)終わる」となります。

- 果てる → 終わる
- 動詞の連用形＋ → すっかり(〜する)、(〜し)終わる

例文

❶ ある人、県(あがた)の四年五年(よとせいつとせ)**果て**て、例の事どもみなし終へて、(土佐日記)

⇒ 訳 ある人が、国司としての四、五年(の任期)が終わって、決まった仕事などをみなやり終えて、

❷ 日入り**果て**て、風の音(おと)、虫の音(ね)など、はた言ふべきにあらず。(枕草子)

⇒ 訳 日がすっかり沈んで、風の音や、虫の声など(が聞こえてくるのも)、また言いようもないほどである。

1　あちこち歩き回って疲れる　2　抵抗する力がない
3　様々なことを処理する

202 □ あいなし

［形ク］

❶ つまらない

類 あぢきなし［形］↓203

フレーズ

あいなきことに心動く

⬇訳 つまらないことに心が動く

イメージ

愛無し

複雑で微妙な違和感・不快感を表す語です。語源には様々な説がありますが、ここでは「愛無し」と考えて、「愛が無い」ので「つまらない」「よくない」と覚えましょう。

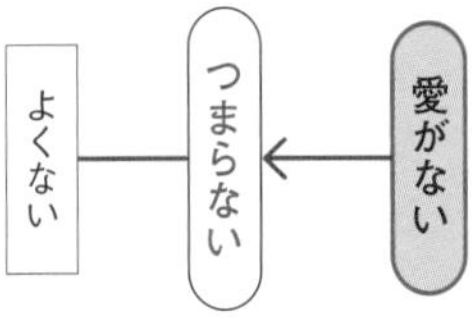

例文

❶ 世に語り伝ふること、まことは**あいなき**にや、多くは皆虚言（そらごと）なり。（徒然草）

⬇訳 世間で語り伝えることは、本当のことは**つまらない**のであろうか、多くはみな嘘である。

203 □ あぢきなし

［形ク］

❶ つまらない

類 あいなし［形］↓202

フレーズ

世の中あぢきなくおぼゆ

⬇訳 世の中がつまらなく思われる

例文

❶ 家を作るとて、財（たから）を費やし、心を悩ますことは、すぐれて**あぢき**

イメージ **つまらない**

「道理に合わず、どうしようもない」という諦めや不本意な気持ちを表します。意味は「どうしようもない」「つまらない」となります。

道理に合わず、どうしようもない → どうしようもない → つまらない

なくぞ侍（はべ）る。（方丈記）

⇒訳 家を作ろうとして、財宝を費やし、心を悩ませることは、とりわけつまらないことです。

---

204 □ あやなし ［形ク］

✤文無し

❶ 道理に合わない

類 わりなし［形］→121

関 あや［名］ 道理・筋道

フレーズ **あやなきこと、な言ひそ**

⇒訳 道理に合わないことを言うな

イメージ **道理がない**

漢字では「文（あや）無し」と書きます。「文」（＝道理・筋道）が無いことから、「道理に合わない」「つまらない」の意味になります。

「文」＋「無し」＝道理・筋道 → 道理に合わない → つまらない

例文

❶春の夜の闇（やみ）は**あやなし**梅の花色こそ見えね香（か）やはかくるる（古今和歌集）

⇒訳 春の夜の闇は道理に合わないことをする。梅の花の色は見えないのに、その香りは隠れるだろうか（いや隠れはしない）。

1 ためらわず決心する　2 どうしようと気持ちが乱れる
3 管絃の遊びも終わる

205 □ かたじけなし［形ク］

❶ 畏れ多い
❷ ありがたい

フレーズ

かたじけなき仰せ

⬇訳 畏れ多いお言葉

イメージ

恐縮

「みっともない」という本来の意味に、恐縮する気持ちが加わり、目上の人に対して「畏れ多い」、また「ありがたい」という感謝の気持ちを表す意味が生じました。

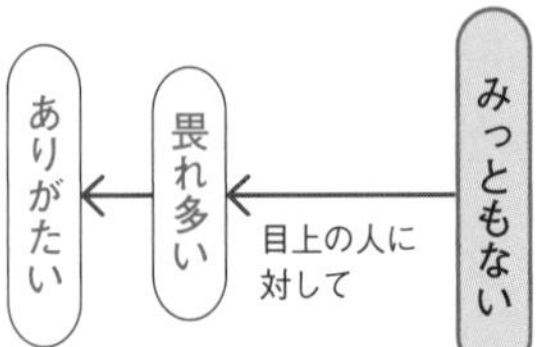

例文

❶ いとはしたなきこと多かれど、**かたじけなき**御心(みこころ)ばへのたぐひなきを頼みにて、交じらひ給(たま)ふ。（源氏物語）

⬇訳 たいそうきまりが悪いことも多いが、畏れ多い（帝の）ご寵愛(ちょうあい)が比類ないことを頼みにして、他の方々とお付き合いしていらっしゃる。

❷ 露ばかりなれど、いとあはれに**かたじけなく**覚えて、うち泣きぬ。（源氏物語）

⬇訳 ほんのわずかなお手紙であるが、たいそうしみじみとありがたく思われて、そっと泣いた。

206 □ こちたし［形ク］

✤言痛し・事痛し

❶ 大げさだ

類 ことごとし［形］→ 207

関 ものものし［形］重々しい・大げさだ

フレーズ

庭のこちたきさま

⬇訳 庭の大げさな様子

例文

❶ **こちたく**追ひののしる御前駆(せんぐ)の声に、（源氏物語）

□1 あいなきことに心動く　□2 世の中あぢきなくおぼゆ
□3 あやなきこと、な言ひそ

イメージ

ことが多過ぎる

「目立ってわずらわしい」感じを表し、「言葉や事柄が痛いほどはなはだしい」ことから、「数が非常に多い」「大げさだ」となります。

言葉や事柄がはなはだしい
→ 数が非常に多い
→ 大げさだ

207 ことごとし ［形シク］

✤事事し　＊「ことことし」とも言います。

フレーズ

ことごとしく歌を詠む

⇒訳 大げさに歌を詠む

イメージ

大げさ

「事」を重ねてできた名詞「事事」（＝様々な事）からできた形容詞で、「大げさな様子」を表します。「ことことし」とも言います。

⇒訳 大げさに大声で先払いする御先払い役の声に、

関 いと**ものものしく**、清げに、装(よそほ)しげに、下襲(したがさね)の裾(しり)長く引き、（枕草子）

⇒訳 たいそう重々しく、美しい感じで、装いをこらして、下襲の裾を長く引いて、

❶大げさだ

類 **こちたし**［形］→206

例文

❶唐土(もろこし)に**ことごとしき**名つきたる鳥の、選(え)りてこれにのみ居るらむ、いみじう心異なり。（枕草子）

⇒訳 中国では大げさな名のついた鳥が、選んでこの木にばかりとまるというのが、まことに格別である。

プラス

こちたし・ことごとし

「こちたし」「ことごとし」は美的でないもの、悪いものなどマイナスの意味で用いられるのに対して、「ものものし」はプラスの意味で多く用いられます。

1　つまらないことに心が動く　2　世の中がつまらなく思われる
3　道理に合わないことを言うな

208 さがなし 〔形ク〕

フレーズ
さがなき心
↓訳 意地が悪い心

イメージ
「さが」=「性」

「さが」を漢字で書くと「性」（＝生まれつきの性質）で、「性質がよくない」が本来の意味です。「意地が悪い」のほか、「口が悪い」「いたずらな」と訳す場合もあります。

性質がよくない
- 意地が悪い
- 口が悪い
- いたずらな

❶ 意地が悪い

関 **性**(さが)〔名〕性質

例文

❶男にもこのをばの御心(みこころ)の**さがなく**悪(あ)しきことを言ひ聞かせければ、（大和物語）
↓訳 男にもこの叔母(おば)のお心が意地が悪くひどいことを言い聞かせたので、

㋑**さがなき**童(わらは)べどものつかまつりける、奇怪(きくわい)に候(さうら)ふことなり。（徒然草）
↓訳 いたずらな子どもたちがしでかしたことで、けしからんことでございます。

209 かひなし 〔形ク〕

✤甲斐無し

フレーズ
泣き叫べどもかひなし
↓訳 泣き叫んでも無駄である

❶ 無駄である

関 **甲斐**(かひ)〔名〕→効果
いふかひなし〔形〕→134
むなし〔形〕
空っぽだ・無駄だ

例文

❶足ずりをして泣けども**かひなし**。（伊勢物語）

□1　かたじけなき仰せ　□2　庭のこちたきさま
□3　ことごとしく歌を詠む

イメージ

甲斐（かひ）が無い

「甲斐」（＝効果）に「無し」が付いた語で、「効果が無い」から、「無駄である」の意味になります。現代語でも「努力の甲斐なく」と使います。

「甲斐」＋「無し」 → 効果が無い → 無駄である

訳 地団駄を踏んで泣くが、無駄である。

関 一生は雑事（ざふじ）の小節（せうせつ）にさへられて、**むなしく**暮れなん。（徒然草）

訳 一生は雑事のわずかばかりの義理に妨げられて、無駄に終わってしまうだろう。

まさなし ［形ク］

✤正無し

❶ よくない

フレーズ

まさなきことを言ふ

訳 よくないことを言う

イメージ

正（まさ）無し

漢字を当てると「正無し」で、「予想や期待に反している」様子を表します。「よくない」という意味になります。

「正」＋「無し」 → 予想や期待に反した → よくない

例文

❶ 声高（こわだか）になのたまひそ。屋（や）の上にをる人どもの聞くに、いと**まさなし**。（竹取物語）

訳 大声でおっしゃってはいけない。屋根の上にいる人たちが聞くと、たいそうよくない。

1 畏れ多いお言葉　2 庭の大げさな様子
3 大げさに歌を詠む

練習問題（196〜210）

傍線部の語を口語訳しなさい。

□① 夜深（よぶか）く出（い）でしかば、人々**こうじ**て、やひろうぢといふ所にとどまりて、（更級日記）

□② ここに、いとあやしき事のはべるに、見たまへ**こうじ**てなんえ動きはべらでなむ。（源氏物語）

□③ この君、舞をせさせ奉（たてまつ）らむとて、習はせ給（たま）ふほども、あやにくがり**すまひ**給へど、（大鏡）

□④ よろづの事ども**したため**させ給ふ。（源氏物語）

□⑤ うちつけにや思さむと、心恥づかしくて、**やすらひ**給ふ。（源氏物語）

□⑥ 利に**惑ふ**は、すぐれて愚かなる人なり。（徒然草）

□⑦ この女君いみじくわななき**惑ひ**て、いかさまにせむと思へり。（源氏物語）

□⑧ 春暮れてのち夏になり、夏**果て**て秋の来るにはあらず。（徒然草）

□⑨ 明け**果て**ぬなり。帰りなむ。（枕草子）

□⑩ げに、葉の色よりはじめて**あいなく**見ゆるを、（枕草子）

訳　＊↓の下の数字は見出し語番号です。

① 深夜に出発したので、人々は疲れて、やひろうじという所で休んで、 ↓196

② こちらで、たいそう不思議なことがございましたので、拝見して困っておりまして、動くこともできないでいます。 ↓196

③ この君は、舞をおさせ申そうということで、お習いになる間も、だだをこねて抵抗しなさるが、 ↓197

④ 様々な事を処理させなさる。 ↓198

⑤ 突然だとお思いになるだろうかと、恥ずかしくて、ためらいなさる。 ↓199

⑥ 利欲に心が乱れるのは、非常に愚かな人である。 ↓200

⑦ この女君（＝夕顔）はたいそうひどく震えて、どうしようと思っている。 ↓200

⑧ 春が暮れたあとに夏になり、夏が終わって秋が来るのではない。 ↓201

⑨ すっかり夜が明けたようだ。さあ帰ろう。 ↓201

⑩ （梨の木は）なるほど、葉の色をはじめとしてつまらなく見えるが、 ↓202

□1　さがなき心　□2　泣き叫べどもかひなし
□3　まさなきことを言ふ

□⑪ 愚かなる人の目を喜ばしむる楽しみ、また**あぢきなし**。（徒然草）

□⑫ 山おろしにたへぬ木の葉の露よりも**あやなく**もろき我が涙かな（源氏物語）

□⑬ 「ゆゆしき身にはべれば、かくておはしますもいまいましう**かたじけなく**なん」とのたまふ。（源氏物語）

□⑭ 八重桜は異様（ことやう）のものなり。いと**こちたく**ねぢけたり。（徒然草）

□⑮ 何事にかあらん、**ことごとしく**ののしりて、足を空（そら）に惑（まど）ふが、（徒然草）

□⑯ **さがなき**継母（ままはは）に憎まれむよりは、これはいとやすし。（源氏物語）

□⑰ 泣き顔作り、けしきことになせど、いと**かひなし**。（枕草子）

□⑱ 何をかたてまつらむ。まめまめしき物は、**まさなかり**なむ。（更級日記）

---

⑪ 愚かな人の目を喜ばせる楽しみも、また<u>つまらない</u>。→203

⑫ 山から吹き下りる風に耐え切れず落ちる木の葉の露よりも<u>道理に合わず</u>もろくこぼれる私の涙であるなあ。→204

⑬ 「不吉な身の上でございますので、このようにここにいらっしゃいますのも縁起が悪く<u>畏れ多い</u>ことでございまして」とおっしゃる。→205

⑭ 八重桜は異様なものだ。たいそう<u>大げさ</u>で曲がりくねっている。→206

⑮ 何事なのであろうか、<u>大げさに</u>大声で騒いで、足も地につかないほどあわてているが、→207

⑯ <u>意地が悪い</u>継母に憎まれるようなことよりは、これはたいそう気楽である。→208

⑰ 泣き顔を作り、様子も普通ではないようにするのだが、まったく<u>無駄である</u>。→209

⑱ 何を差し上げましょうか。実用的な物は、きっと<u>よくない</u>でしょう。→210

1 <u>意地が悪い</u>心　2 泣き叫んでも<u>無駄である</u>
3 <u>よくない</u>ことを言う

211

いぎたなし

✤寝汚し ［形ク］

❶ **寝坊だ**

関 **寝**(い)［名］眠ること
寝を寝(ぬ)［連語］眠る
きたなし［形］汚い・見苦しい

フレーズ

いぎたなき人を起こす

⬇訳 寝坊の人を起こす

イメージ

「寝」汚し

「ぐっすり眠っている」という意味ですが、「汚し」（＝汚い・見苦しい）からわかるように多くの場合、非難の気持ちを含めて「寝坊だ」となります。

「寝」汚し → ぐっすり眠っている → 寝坊だ

例文

❶そら寝をしたるを、わがもとにある者、起こしにより来て、**いぎたなし**と思ひ顔にひきゆるがしたる、いと憎し。（枕草子）

⬇訳 寝たふりをしているのに、自分の所にいる者が、起こしに寄って来て、寝坊だと思っているような顔つきで引き揺さぶるのは、たいそう憎らしい。

関 いざ、かぐや姫。**きたなき**所に、いかでか久しくおはせむ。（竹取物語）

⬇訳 さあ、かぐや姫よ。汚い所（＝下界）にどうして長くいらっしゃるのですか。

212

かしかまし

［形シク］

❶ **やかましい**

類 **かまし**［形］・**かしまし**［形］・**かまびすし**［形］
やかましい

フレーズ

かしかましく騒ぐ

⬇訳 やかましく騒ぐ

例文

❶あやしき家の見所もなき梅(むめ)の木などには、**かしかましき**までぞ鳴く。（枕草子）

イメージ **やかましい**

声や音が「やかましい」感じです。「かまし」「かしまし」「かまびすし」もほぼ同じ意味で、どの語にもかましの音が入っています。

⇒ 訳 粗末な家のなんの見所もない梅の木などでは、（うぐいすは）やかましいほどに鳴く。

類 耳**かましき**までの御祈りども、験（しるし）見えず。（栄花物語）

⇒ 訳 耳にやかましいほどの御祈祷（きとう）も、効験が現れない。

213 □ めざまし ［形シク］

✤ 目覚まし

❶ 気にくわない

フレーズ **めざましき者**

⇒ 訳 気にくわない者

イメージ **しゃくにさわる**

「目が覚めるほどだ」が基本の意味で、良い意味でも使いますが、「しゃくにさわる」「気にくわない」という悪い意味が重要です。

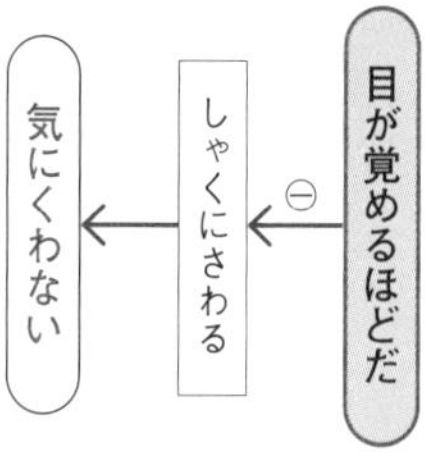

例文

❶ はじめより我はと思ひあがり給（たま）へる御方々、**めざましき**ものに、おとしめそねみ給ふ。（源氏物語）

⇒ 訳 初めから自分こそはと自負しておられた女御方は、（桐壺更衣を）気にくわない者と、さげすみお憎みになる。

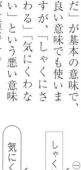

214 かたし
✤難し ［形ク］

フレーズ
名をあげむことかたし
⬇ 訳 名を挙げることは難しい

イメージ
難（かた）し
漢字を当てると「難し」で、物事を行うのが「難しい」、また「有り難し→22」と同様「めったにない」の意味になります。元は、「堅固な」の意味の「堅し」と同じ語でした。

難（かた）し → 難しい → めったにない

❶ 難しい
❷ めったにない

音 **堅（かた）し**［形］ 堅固である
関 **ありがたし**［形］→22

例文
❶ なんぞ、ただ今の一念において、ただちにすることのはなはだ**かたき**。（徒然草）
⬇ 訳 なんと、今現在の一瞬において、ただちに実行することのはなはだ難しいことか。

❷ いささかの隙（ひま）なく用意したりと思ふが、つひに見えぬこそ**かたけれ**。（枕草子）
⬇ 訳 少しの絶え間もなく配慮していると思われる人が、最後まで（欠点が）見えないということはめったにない。

215 ゆくりなし
［形ク］

フレーズ
ゆくりなく風吹く
⬇ 訳 突然に風が吹く

❶ 突然だ

類 **うちつけなり**［形動］→233
関 **ゆくりもなく**［連語］ 突然に

例文
❶ **ゆくりなく**風吹きて、漕（こ）げども漕げども、後（しり）へ退（しぞ）きに退きて、

イメージ

ゆっくりでない

語源とは関係なく、「ゆっくり」ではないので、「突然だ」「思いがけない」と覚えましょう。「ゆくりもなく」という形でも用いられます。

⬇ 訳 突然に風が吹いて、こいでもこいでも、（船は）後ろにどんどん下がって、

関 **ゆくりもなく**かき抱きて馬に乗せて、陸奥国（みちのくに）へ、夜とも言はず昼とも言はず逃げて往（い）にけり。（大和物語）

⬇ 訳（男は女を）突然に抱き上げて馬に乗せ、陸奥（むつ）の国へ、夜も昼もかまわず逃げていった。

216 □ ところせし ［形ク］

✤ 所狭し

フレーズ

家々ところせく並ぶ

⬇ 訳 家々が窮屈に並ぶ

イメージ

場所が狭い

漢字の通り「場所が狭い」が本来の意味で、そこから空間的・心理的に「窮屈だ」となります。「大げさだ」と訳すこともあります。

場所が狭い → 窮屈だ
場所が狭い → 大げさだ

❶ 窮屈だ

例文

❶ 世にぬけ出（い）でぬる人の御あたりは、**ところせき**こと多くなむ。（源氏物語）

⬇ 訳 世間に群をぬいて高いご身分の方のお身のまわりには、窮屈なことが多いものです。

イ ただ近きところなれば、車は**ところせし**。（堤中納言物語）

⬇ 訳 すぐ近い所なので、車は大げさだ。

1 寝坊の人を起こす　2 やかましく騒ぐ
3 気にくわない者

217 しどけなし ［形ク］

フレーズ **しどけなきさま**
⬇ 訳 くつろいでいる様子

イメージ **整っていない**

「きちんと整っていない」感じから「だらしない」という意味になる一方で、プラスの意味で使われる「くつろいでいる」が重要です。

整っていない
- ⊕ → くつろいでいる
- ⊖ → だらしない

❶ **くつろいでいる**
❷ **だらしない**

対 うるはし［形］→28

例文

❶白き御衣どものなよよかなるに、直衣ばかりを**しどけなく**着なしたまひて、（源氏物語）
⬇ 訳 白い下着のやわらかいものの上に、直衣だけをくつろいでいる感じに羽織りなさって、

❷鬢のすこしふくだみたれば、烏帽子のおし入れたる気色も、**しどけなく**見ゆ。（枕草子）
⬇ 訳 耳ぎわの髪が少しけばだっているので、烏帽子の（髪を）おしこめた様子も、だらしなく見える。

218 うしろやすし ［形ク］

✤後ろ安し

フレーズ **行く末うしろやすし**
⬇ 訳 将来が安心だ

イメージ **「後ろ」が「安心」**

❶ **安心だ**

対 うしろめたし［形］→125
類 こころやすし［形］ 安心だ

例文

❶人となして、**後ろ安から**む妻などにあづけてこそ、死にも心安からむとは思ひしか、（蜻蛉日記）

□1　名をあげむことかたし　□2　ゆくりなく風吹く
□3　家々ところせく並ぶ

「見えない後ろ（＝背後や将来）が安心」「後ろから見て安心」という感じです。対義語は「うしろめたし」です。

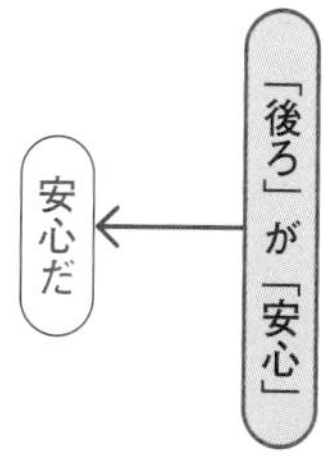

↓訳（我が子を）一人前にして、安心できるような妻などに任せてこそ、死ぬことも安心だろうとは思うが、

類 今ぞ**心やすく**黄泉路（よみぢ）もまかるべき。（大鏡）
↓訳 今こそ安心して死後の世界への道にも参ることができるというものだ。

219 □ いまめかし

✤今めかし ［形シク］

❶ 現代風だ

対 **古めかし**［形］ 古風だ

フレーズ **いまめかしきことを好む**
↓訳 現代風なことを好む

イメージ **今っぽい**

「今」の漢字通り「現代風だ」が本来の意味で、それをプラスにとると「華やかだ」「新鮮だ」となり、現代風が過ぎると「派手だ」「浮ついた」というマイナスの感じになります。

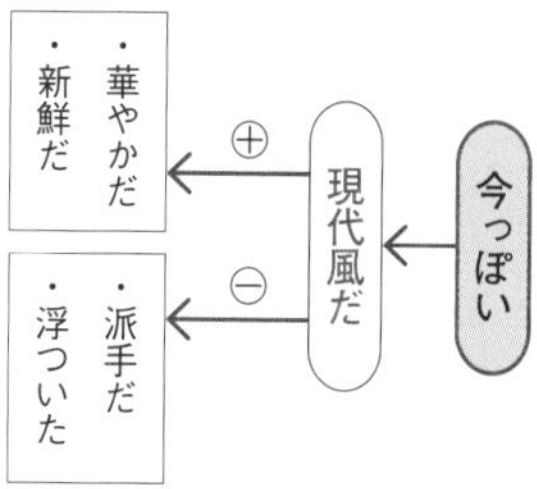

例文

❶ **今めかしく**、きららかならねど、木立もの古（ふ）りて、（徒然草）
↓訳 現代風で、きらびやかではないが、木だちが何となく古びて、

❶ 心にくく奥まりたるけはひは立ちおくれ、**いまめかしき**ことを好みたるわたりにて、（源氏物語）
↓訳 心ひかれる奥ゆかしい雰囲気は乏しく、現代風な（→派手な）ことを好んでいる方々なので、

対 日ごろは**ふるめかしく**、かたくなりと悪（にく）み捨てたるほどの人も、（笈の小文）
↓訳 ふだんは古風で、情けを解さないと憎み捨てたような人でも、

1 名を挙げることは難しい　2 突然に風が吹く
3 家々が窮屈に並ぶ

220 □

おどろおどろし

［形シク］

❶ 気味が悪い
❷ 大げさだ

関 おどろく［動］→7

フレーズ

おどろおどろしく泣く

➡ 訳 大げさに泣く

イメージ

驚くほどだ

「おどろく」の「おどろ」を重ねてできた語で、「驚くほど異常な」様子を表すことから「気味が悪い」、またその程度が激しいことから「大げさだ」の意味になります。

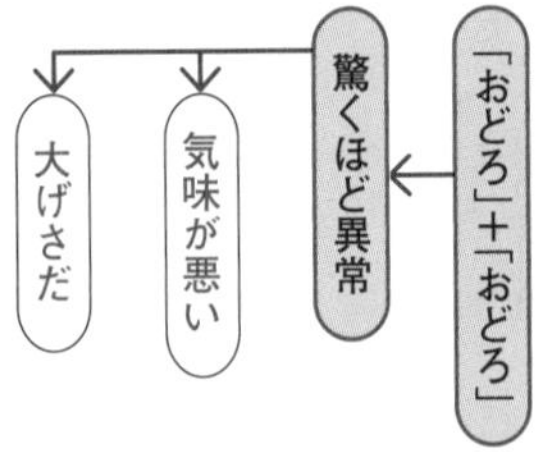

例文

❶ 五月下つ闇に、五月雨も過ぎて、いと**おどろおどろしく**かき垂れ雨の降る夜、（大鏡）

➡ 訳 五月下旬の闇夜に、五月雨よりも強く、たいそう気味が悪く激しく雨が降る夜、

❷ 候ふ人々にも、ほどほどにつけて物賜ひなど、**おどろおどろしく**、今なむ限りとしなし給はねど、（源氏物語）

➡ 訳 お仕えしている女房たちにも、身分に応じて形見の品をお与えになるなどして、大げさに、これが最後だというふうにはなさらないが、

221 □

あへなし

［形ク］

✤ 敢へ無し

❶ がっかりする

関 敢ふ［動］耐える

フレーズ

あへなくて帰りぬ

➡ 訳 がっかりして帰った

例文

❶ 乳母、よろづに、いかで人並み並みになさむと思ひ焦られしを、

イメージ

がっかり

動詞「敢ふ」(=耐える)に「無し」が付いた語で、「耐えられずにどうしようもない」という諦めの感じから「がっかりする」となります。

「敢ふ」＋「無し」 → どうしようもない → がっかりする

いかに**あへなき**心地(ここち)しけむ。(源氏物語)

⬇訳 乳母は、いろいろと、(私を)なんとかして人並みにしようと一生懸命であったのに、(私が身を投げたと知り)どんなにがっかりした気持ちがしただろう。

222 すごし ［形ク］

✤凄し

❶ もの寂しい

類 すさまじ［形］→111

例文

❶ 日の入りぎはの、いと**すごく**霧(き)りわたりたるに、(更級日記)

⬇訳 日が今にも沈もうとしている時で、たいそうもの寂しくあたり一面に霧が立ち込めている時に、

フレーズ

雁(かり)の音すごく聞こゆ

⬇訳 雁の声がもの寂しく聞こえる

イメージ

ぞっとする

目や耳から入ってくる「ぞっとする」感覚を表します。良い意味でも使われますが、「気味が悪い」「もの寂しい」の意味が重要です。

ぞっとする → 気味が悪い／もの寂しい

1 くつろいでいる様子　2 将来が安心だ
3 現代風なことを好む

223 □ けやけし ［形ク］

❶ 異様だ

類 けしからず［連語］ 異様だ

フレーズ

けやけき姿した人

⬇ 訳 異様な姿をした人

イメージ

異様

「他と異なり、目立っている」が本来の意味です。「はっきりしている」などと訳すこともありますが、「異様だ」というマイナスの意味が重要です。

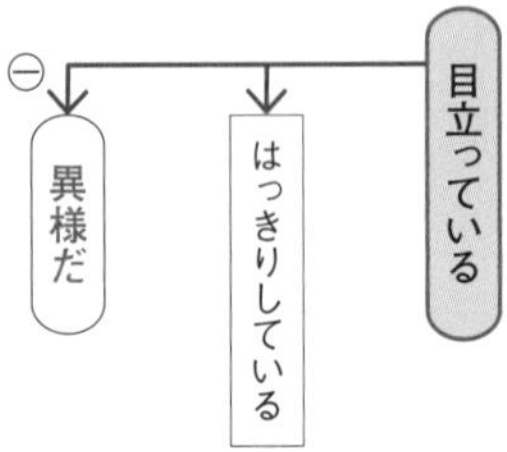

例文

❶ おとど「いと**けやけう**も仕(つか)うまつるかな」とうち乱れたまひて、（源氏物語）

⬇ 訳 大臣は「ずいぶん異様な歌をうたい申し上げるものだな」と興に乗りなさって、

＊「けやけう」は「けやけく」のウ音便です。

類 木霊(こたま)などいふ、**けしからぬ**形も、あらはるるものなり。（徒然草）

⬇ 訳 （主人のいない家には）木の精霊などという、異様な形をしたものも、現れるものである。

224 □ いぶせし ［形ク］

❶ うっとうしい

❷ 気がかりだ

類 おぼつかなし［形］→42
いぶかし［形］→126

フレーズ

蚊遣(かや)り火の煙いぶせし

⬇ 訳 蚊遣り火の煙がうっとうしい

例文

❶ 生(お)ひさきなく、まめやかに、えせざいはひなど見てゐたらむ人は、**いぶせく**あなづらはしく思ひやられて、（枕草子）

□1 おどろおどろしく泣く　□2 あへなくて帰りぬ
□3 雁の音すごく聞こゆ

イメージ **不快**

「いぶかし」と語源は同じで、「心が晴れない」という不快感を表すことから、意味は「うっとうしい」、また「気がかりだ」となります。

心が晴れない → うっとうしい / 気がかりだ

↓ 訳 将来の見込みもなく、ただ真面目に、本物ではない幸福などを幸福と見てじっとしている人は、うっとうしく軽く扱ってもよい人のように思われて、

❷ 一日二日(ひとひふつか)たまさかに隔つる折だに、あやしう**いぶせき**心地するものを。（源氏物語）

↓ 訳 一日二日たまに離れている時でさえ、不思議と気がかりな気持ちになってしまうのに。

225 □ しげし ［形ク］

✤繁し

フレーズ **朝露しげき庭**

↓ 訳 朝露の多い庭

イメージ **葉が多い**

現代語の「繁る」と同様、「(草木が)生い繁る」が本来の意味ですが、物事などが「多い」「絶え間ない」の意味でよく用いられます。

生い繁る → 多い ― 絶え間ない

❶ 多い

例文

❶ 御前(おまへ)の草のいと**しげき**を、「などか、かき払はせてこそ。」と言ひつれば、（枕草子）

↓ 訳 御所の(庭の)草がたいそう多いので、「どうしてですか、お刈り取らせになったほうが(いいでしょう)。」と言ったら、

プラス **しげし**

現代語でも、数多く何度も通うことを「足繁く通う」と言います。また、「頻繁に」(=何度も)と書くように、古語「繁し」の「多い」という意味は、現代語にも残っています。

1 大げさに泣く　2 がっかりして帰った
3 雁の声がもの寂しく聞こえる

練習問題（211〜225）

傍線部の語を口語訳しなさい。

□① 夜鳴かぬも**いぎたなき**ここちすれども、今はいかがせむ。（枕草子）

□② ある時、木の枝に掛けたりけるが、風に吹かれて鳴りけるを、**かしかまし**とて捨てつ。（徒然草）

□③ かく異なることなき人を率（ゐ）ておはして時めかし給（たま）ふこそ、いと**めざましく**つらけれ。（源氏物語）

□④ 鞠（まり）も、**かたき**ところを蹴出（けい）だしてのち、やすく思へば、必ず落（お）つと侍（はべ）るやらん。（徒然草）

□⑤ はかなき親に、かしこき子のまさるためしは、いと**かたき**ことになむはべれば、（源氏物語）

□⑥ さても誰が言ひし事を、かく**ゆくりなく**うち出で給ふぞ。（源氏物語）

□⑦ かかる歩（あり）きもならひ給はず、**ところせき**御身にて、めづらしうおぼされけり。（源氏物語）

□⑧ **しどけなく**うち乱れ給へる様（さま）ながら、紐（ひも）ばかりをさしなほし給ふ。（源氏物語）

□⑨ いみじく**しどけなく**、かたくなしく、直衣（なほし）・狩衣（かりぎぬ）など

訳　＊↓の下の数字は見出し語番号です。

① （うぐいすが）夜鳴かないのも寝坊な感じがするが、今さらどうしようもない。↓211

② ある時、木の枝に掛けていたもの（＝ひょうたん）が、風に吹かれて鳴ったのを、やかましいと言って捨ててしまった。↓212

③ このような格別なところもない人を連れておいでになってご寵愛なさるのが、たいそう気にくわずつらく思います。↓213

④ 蹴鞠（けまり）でも、難しいところを蹴り出した後、簡単だと思うと、必ず落ちるとかいうことでございます。↓214

⑤ 頼りない親に、賢い子がまさる例は、本当にめったにないことですので、↓214

⑥ それにしても誰が言っていたことを、このように突然におっしゃるのか。↓215

⑦ このような山歩きにも慣れていらっしゃらず、窮屈なご身分なので、（山の景色を）新鮮にお思いになられた。↓216

⑧ くつろいで（衣服を）乱した姿のままで、紐だけをきちんとお締め直しになる。↓217

⑨ たいそうだらしなく、ぶざまに、直衣や狩衣などがゆがんでいたとしても、誰が見知って笑ったり悪口を言った

□1　けやけき姿した人　□2　蚊遣り火の煙いぶせし

□3　朝露しげき庭

ゆがめたりとも、誰(たれ)か見知りて笑ひそしりもせぬ。（枕草子）

□⑩ 心ばせなどの古びたる方こそあれ、いと**うしろやすき**後見(うしろみ)ならむ。（源氏物語）

□⑪ まみのほど、髪のうつくしげにそがれたる末も、なかなか長きよりもこよなう**いまめかしき**ものかなと、（源氏物語）

□⑫ おりのぼる衣(きぬ)の音なひなど、**おどろおどろしから**ねど、（枕草子）

□⑬ 御使も、いと**あへなく**て帰り参りぬ。（源氏物語）

□⑭ 何心なき空の気色(けしき)も、ただ見る人から、艶(えん)にも**すごく**も見ゆるなりけり。（源氏物語）

□⑮ 末代(まつだい)には、**けやけき**寿(いのち)もちて侍(はべ)る翁(おきな)なりかし。（大鏡）

□⑯ 五月雨(さみだれ)さへかきくらし、まことに**いぶせかり**けるに、（平家物語）

□⑰ いま一たびかの亡き骸(がら)を見ざらむがいと**いぶせかる**べきを。（源氏物語）

□⑱ 公(おほやけ)私(わたくし)の営み**しげき**身こそふさはしからね、（源氏物語）

りするだろうか。 ↓217

⑩ 気立てなどは古風なところがあるが、まったく安心な後見人となるだろう。 ↓218

⑪ 目元のあたりの、髪がきれいに切りそろえられた端も、かえって長いのよりも格別に現代風なものであるなあと、 ↓219

⑫ 退出したり参上したりする衣ずれの音などが、大げさではないけれど、 ↓220

⑬ 御使いの者も、たいそうがっかりして帰参した。 ↓221

⑭ 何気ない空の様子も、ただ見る人の心のありようによって、優美にももの寂しくも見えるのであった。 ↓222

⑮ 末代では、異様な（ほど長い）寿命をもっております翁ですよ。 ↓223

⑯ 五月雨まで降ってあたりを暗くし、ほんとうにうっとうしいと思った時に、 ↓224

⑰ もう一度あの人の遺体を見ないとしたらたいそう気がかりに違いないので。 ↓224

⑱ 公私ともに仕事の多い身には似つかわしくないですが、 ↓225

1 異様な姿をした人　2 蚊遣り火の煙がうっとうしい
3 朝露の多い庭

入試問題（181～225）

(1)～(6)は傍線部の口語訳として最も適切なものを選び、(7)～(13)は傍線部を口語訳しなさい。

□(1) とかく身のほどを知らざる故に、君を恨み世を**かこつ**者みなかくのごとし。 →188

①頼みにする　②嘆く　③批判する

訳 とにかく身のほどをしらないために、主君を恨んで世の中を②嘆く者はみなこのようである。（浮世物語・京都女子大）

□(2) ものや言ひ寄らましと思せど、うちつけにや思さむと心恥づかしくて、**やすらひたまふ**。 →199

①休息していらっしゃる
②ぼんやりしていらっしゃる
③ためらっていらっしゃる

訳 何か言って近寄ろうかとお思いになるが、ぶしつけだとお思いになるだろうかと気おくれして、③ためらっていらっしゃる。（源氏物語・國學院大）

□(3) なほいみじき人と聞こゆれど、こよなくやつれて詣づとこそは知りたるに、右衛門佐宣孝は、「**あぢきなき事**なり。ただ清き衣を着て詣でむに、なでふ事かあらむ。… →203

①つまらない事
②驚いた事
③おそれ多い事

訳 やはり高貴な人と申し上げても、特別に地味な身なりで参詣するというのは知っているが、右衛門佐宣孝は、「①つまらない事だ。ただ清らかな着物を着て参詣するのに、どういうことがあろうか。…（枕草子・実践女子大）

□(4) 七日になりぬ。同じ港にあり。今日は白馬（あをむま）を思へど、**かひなし**。 →209

①寂しいことだ
②無駄なことだ
③興ざめなことだ

訳 七日になった。同じ港に停泊している。今日は白馬の節（せち）会（ゑ）だと思っても、②無駄なことだ。（土佐日記・武庫川女子大）

□(5) 近き手あたり御もてなしのなよびかさなど、まして思ひしづむべうなければ、いと**いとほしうゆくりなき事**とは思ひながら、残りなうなりぬ。 →215

①愛らしく可憐な事
②気の毒で突然の事
③勝手で、理不尽な事

訳 近くの（宮の）手触りや御ふるまいのなよやか様子などは、（以前にも）まして思いをおさえることができないので、とても②気の毒で突然の事とは思いながら、思いをとげてしまった。（増鏡・早稲田大）

□(6)むつきの中より見そなはし給ふ人なれば、**いかばかりかあへなしと思ひ給はむ**。 ↓221

①どんなにかあっけないとお思いでしょう
②どんなにつまらないとお思いになるでしょう
③どれくらい無念にお思いなのでしょうか

訳 幼い頃からお世話をなさった人なので、①どんなにかあっけないとお思いでしょう。（鳥部山物語・センター）

□(7)「**かかりとも知らざらん僧**は、御帳(みちやう)の帷(かたびら)を放ちたるとや疑はんずらん」と思ふも苦しければ、 ↓185

訳「このようであるとも知らない僧は、（私が）御帳の布を外して盗んだと疑うだろうか」と思うのもつらいので、（古本説話集・東京大）

□(8)とどまりなむと思ふ夜も、**なほいねといひければ**、 ↓191

訳 男が（もとの妻の家に）泊まろうと思う夜も、（もとの妻は）やはりお去りくださいと言ったので、（大和物語・千葉大）

□(9)日ごろのほどに、帝いたくなやませたまひて、騒ぐと聞くほどに、「**失せさせたまひぬ**」と人々いふ。 ↓193

訳 数日の間に、帝はたいそう御容態が悪化なさって、大騒ぎだと聞くうちに、「お亡くなりになった」と人々がいう。（成尋阿闍梨母集・駒澤大）

□(10)「さればこそ、使ひにははからひつれ」とて、感のあまりに、**しる所**などたびたりけるとなん。 ↓194

訳「だからこそ、使者には（お前をと）決めたのだ」と言って、感動のあまりに、領有する土地などをお与えになったということである。（今物語・立教大）

□(11)何事も**あいなくなりゆく**世の末に、この道ばかりこそ、山彦(やまびこ)の跡絶えず、柿の本(かきのもと)の塵(ちり)つきず、とかやうけたまはりはべれ。 ↓202

訳 何事もつまらなくなってゆくこの末世に、この（和歌の）道だけは、絶えることはなく、尽きることもない、とかお聞きしております。（無名草子・東京女子大）

□(12)今日ぞ、守山(もるやま)に着きぬ。名は**ことごとしけれど**、さして見所なし。 ↓207

訳 今日は、やっとのことで守山に着いた。名前は大げさだが、これといって見所はない。（小島のくちずさみ・埼玉大）

□(13)往来(ゆきき)の人集まりて、舟を休めずさしかへるほど、いと**所狭(ところせ)う**かしがましく、 ↓216

訳 往来の人が集まって、舟を休めることなく行き来する様子は、たいそう人でいっぱいでやかましくて、（うたたね・岐阜大）

まだし 〔形シク〕

❶ **まだ早い**

関 **まだ**〔副〕いまだに
まだき〔副〕早くも・もう

フレーズ **花盛りにはまだしきほどに**
⬇ 訳 花盛りにはまだ早いころに

イメージ **まだ**
副詞「まだ」に関連のある語で、「まだその時期に達していない」感じから「まだ早い」、技術などが「未熟だ」となります。副詞「まだき」は「まだきに、まだきも」でも用いられます。

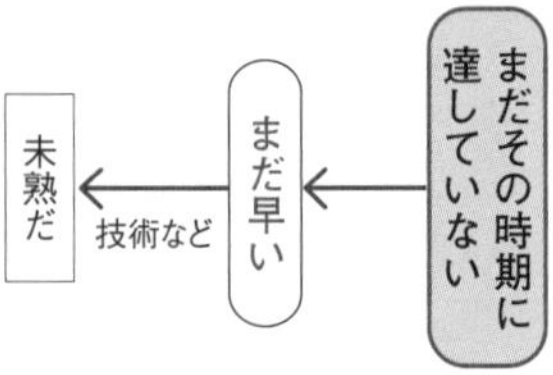

例文
❶ 紅葉(もみぢ)も**まだし**、花もみなうせにたり、枯れたる薄(すすき)ばかりぞ見えつる。（蜻蛉日記）
⬇ 訳 紅葉もまだ早いし、花もみな散ってしまって、枯れた薄だけが見えていた。

関「その親の御(み)思ひのいとほしさにこそ、かくも尋ぬれ。」と、**まだきに**いと口かため給(たま)ふを、（源氏物語）
⬇ 訳「その親のお気持ちが気の毒だからこそ、こうして探しているのだ。」と、早くもきつく口止めなさるので、

なめし 〔形ク〕

❶ **無礼だ**

関 **なめげなり**〔形動〕無礼だ

フレーズ **言葉なめき人**
⬇ 訳 言葉の無礼な人

例文
❶ 文言葉(ふみことば)**なめき**人こそ、いと憎けれ。（枕草子）

イメージ
なめた態度

現代語でも「なめた態度」などと言うように、「相手の態度が不作法で失礼な」感じを表します。

態度が失礼 → 無礼だ

↓訳 手紙の言葉づかいの無礼な人は、たいそう感じが悪い。

関 **なめげなる**者に思し召し（おぼしめし）とどめられぬるなむ、心にとまり侍り（はべり）ぬる。（竹取物語）

↓訳 （私が）無礼な者と（帝の）お心にとどめられてしまいますことが、心残りでございます。

228 らうがはし ［形シク］

✤乱がはし

1 乱雑だ

類 **乱り（みだり）がはし** ［形］ 乱雑だ

フレーズ
らうがはしく扱ふ
↓訳 乱雑に扱う

イメージ
乱

「乱（らう）がはし」から、「乱れて秩序がない」様子を表します。「乱雑だ」のほかに「騒がしい」の意味にもなります。「乱」を「乱（みだ）りがはし」と訓読みしたのが「乱りがはし」です。

乱れて秩序がない → 乱雑だ / 騒がしい

例文

1 **らうがはしき**大路（おほち）に、立ちおはしまして。（源氏物語）

↓訳 （光源氏が）乱雑な大路に、立っていらっしゃって。

類 虫の声々**みだりがはしく**、（源氏物語）

↓訳 虫の声が乱雑に（→騒がしく）、

むげなり

✤無下なり

［形動ナリ］

フレーズ **むげなる人かな**

⬇訳 ひどい人だなあ

イメージ **最低**

漢字を当てると「無下」(＝それより下が無い)で、「最低だ」「ひどい」の意味になります。連用形からできた副詞「むげに」は、「ひどく」のほか、「むやみに」とも訳します。

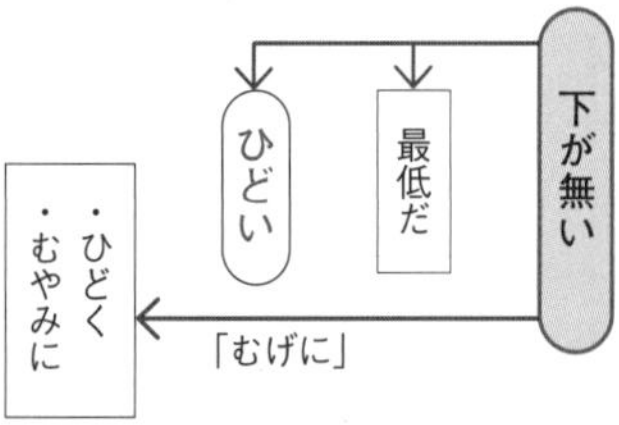

❶ ひどい

関 **むげに**［副］ ひどく・むやみに

例文

❶いかに、殿ばら、殊勝のことは御覧じ咎(とが)めずや。**むげなり**。（徒然草）

⬇訳 なんと、皆様方、（この獅子の）格別なことをご覧になって不審にお思いになりませんか。それではひどいことです。

関 今様(いまやう)は、**むげに**いやしくこそなりゆくめれ。（徒然草）

⬇訳 今風のものは、むやみに下品になっていくようだ。

かたほなり

✤片秀なり・偏なり

［形動ナリ］

フレーズ **いまだかたほなる芸**

⬇訳 まだ不完全な芸

❶ 不完全だ

対 **まほなり**［形動］→231

例文

❶いまだ堅固(けんご)**かたほなる**より、上手の中に交(ま)じりて、（徒然草）

□1 花盛りにはまだしきほどに　□2 言葉なめき人
□3 らうがはしく扱ふ

イメージ

不完全

「片秀」「偏」と漢字を当てて不十分で不完全な」様子を表します。「不完全だ」のほかか「未熟だ」とも訳します。対義語「まほなり」とペアで覚えましょう。

片秀（かたほ）→ 不十分で不完全
→ 不完全だ
→ 未熟だ

⬇訳 まだまったく不完全なころから、上手な人の中に交じって、

231 □ まほなり ［形動ナリ］

✤真秀なり

❶ 完全だ

対 かたほなり［形動］→230

フレーズ

まほなる御かたち

⬇訳 完全なご容貌

イメージ

完全

「真秀」と漢字を当て、「整っていて完全な」様子を表します。「完全だ」のほか「直接的だ」と訳すこともあります。

真秀（まほ）→ 整っていて完全
→ 完全だ
→ 直接的だ

例文

❶ **まほなら**ねど、ほのかにも見たてまつり、（源氏物語）

⬇訳 完全ではなくても、わずかでも見申し上げ、

❶ **かたほなる**をだに、乳母（めのと）やうの思ふべき人は、あさましう**まほに**見なすものを、（源氏物語）

⬇訳 不完全な子でさえ、乳母のようなかわいがるのが当然な人は、あきれるほど完全に見なすものであるが、

1　花盛りにはまだ早いころに　2　言葉の無礼な人
3　乱雑に扱う

あらはなり ［形動ナリ］

✤露なり・顕なり

フレーズ よろづ**あらはなり**
↓訳 万事がまる見えである

イメージ 露（あらは）

「露」「顕」と漢字を当て、「隠れていた物が外に顕れ、露わになる」ことから、「まる見えである」「明らかだ」の意味になります。現代語でも「肌も露わに」などと言います。

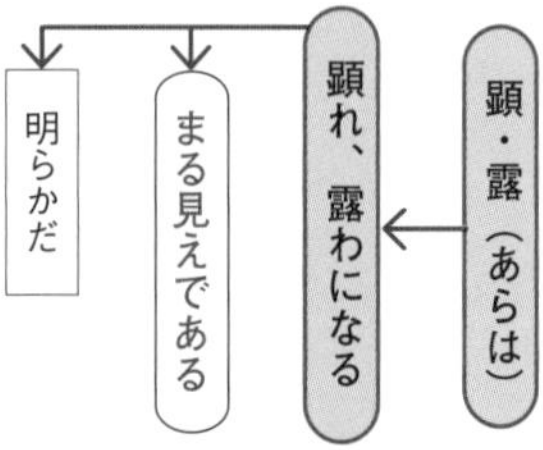

❶ **まる見えである**

例文
❶年ごろ遊びなれつる所を、**あらはに**こほち散らして、（更級日記）
↓訳 長年遊び慣れた家を、まる見えになるほど、（家具や調度類を）乱雑に取りはずして、

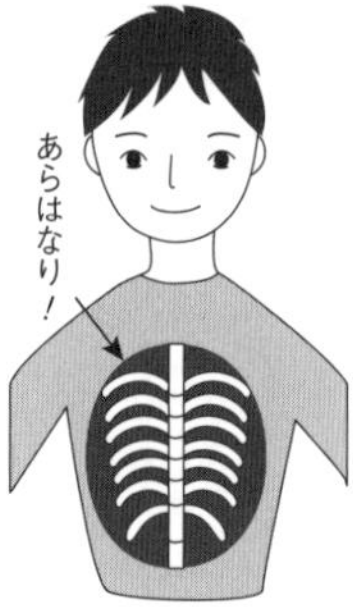

うちつけなり ［形動ナリ］

✤打ち付けなり

フレーズ **うちつけに**涙こぼる
↓訳 突然に涙がこぼれる

❶ **突然だ**

類 ゆくりなし［形］→215

例文
❶されば、**うちつけに**海は鏡の面(おもて)のごとなりぬれば、（土佐日記）

□1 むげなる人かな　□2 いまだかたほなる芸
□3 まほなる御かたち

イメージ
突然
「物を急に打ち付けるように、物事が急に起こる」様子から、「突然だ」となります。批難の感じが加わると「軽率だ」、相手に「ぶしつけだ」ともなります。

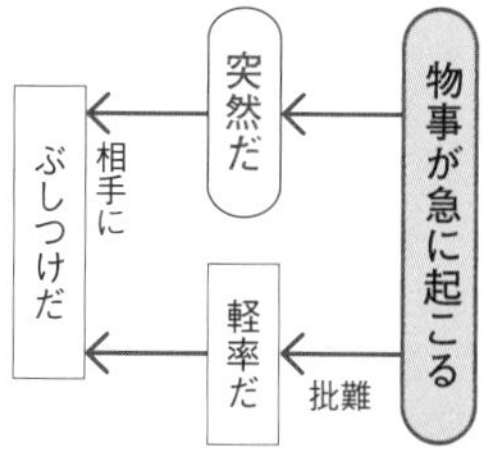

⬇訳 すると、突然に海は鏡の表面のように（静かに）なったので、

イ この君は、さすがに、尋ね思(おぼ)す心ばへのありながら、**うちつけに**も言ひかけたまはず、（源氏物語）
⬇訳 この方は、そうはいってもやはり、言い寄りたいお気持ちがありながら、突然に（→ぶしつけに）言葉をかけることはなさらないで、

234 □ をこなり ［形動ナリ］

フレーズ
をこに思ひて笑ふ
⬇訳 愚かだと思って笑う

イメージ
愚か
「愚かで、ばかげている」感じから「愚かだ」となります。形容詞「をこがまし」もほぼ同じ意味です。

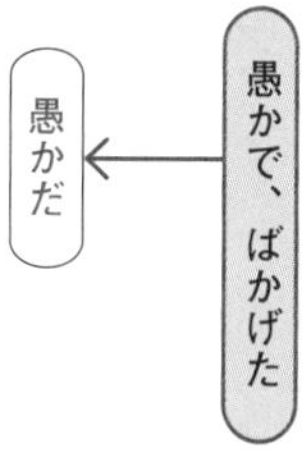

❶ 愚かだ

関 **をこがまし** ［形］
愚かな

例文
❶ 君達(きむだち)は元輔(もとすけ)がこの馬より落ちて、冠(かむり)落としたるをば**をこなり**とや思ひたまふ。（今昔物語集）
⬇訳 あなたたちは元輔がこの馬から落ちて、冠を落としたのを愚かだとお思いになるか。

関 世俗の虚言(そらごと)をねんごろに信じたるも**をこがましく**、（徒然草）
⬇訳 俗世間のうそを熱心に信じているのも愚かで、

1 ひどい人だなあ　2 まだ不完全な芸
3 完全なご容貌

235 なほざりなり ［形動ナリ］

フレーズ

なほざりにな思ひそ

⬇訳 いい加減に思ってはならない

イメージ

無関心

「特に心に留めない」が本来の意味です。物事に無関心なことから「いい加減だ」、また「あっさりしている」の意味になります。

物事に無関心
→ いい加減だ
→ あっさりしている

❶ いい加減だ

類 おろかなり［形動］→58

例文

❶のちの矢を頼みて、初めの矢に**なほざり**の心あり。（徒然草）

⬇訳 （矢を二本持つ者は）あとの矢を頼みに思って、初めの矢（を射るの）にいい加減な心がある。

㋑よき人は、ひとへに好けるさまにも見えず、興ずるさまも**なほざりなり**。（徒然草）

⬇訳 教養があり情趣を解する人は、むやみに風流にふけっている様子にも見えず、楽しむ様子もあっさりしている。

236 えんなり ［形動ナリ］

✤艶なり

フレーズ

艶なる歌なりけり

⬇訳 優美な歌であるなあ

イメージ

艶やかな美しさ

❶ 優美だ

類 なまめかし［形］→133
いうなり［形動］→237

例文

❶遣水（やりみづ）のほとりの草むら、おのがじし色づきわたりつつ、おほかたの空も**艶なる**にもてはやされて、不断の御読経（みどきやう）の声々、あはれまさ

□1 よろづあらはなり　□2 うちつけに涙こぼる
□3 をこに思ひて笑ふ

「艶」は豊かな色（＝恋愛・情趣）を意味するので、「若い女性の華やかで、艶やかな美しさ」「景色・花の色の明るさや美しさ」などを表すのに用いられます。

恋愛・情趣が豊か ← 艶やかな美しさ ← 優美だ

りけり。（紫式部日記）
⬇ 訳 遣水のほとりの草むらは、それぞれに一面色づいて、あたり一帯の空も**優美である**のに引き立てられて、絶え間ない読経の声も加わって、いっそう趣がある様子が増している。

❶ 女は、なほいと**艶に**恨みかくるを、（源氏物語）
⬇ 訳 女は、やはりたいそう**優美に**恨みごとを言うので、

237 □ いうなり ［形動ナリ］

✤優なり

フレーズ
優なる人ありけり
⬇ 訳 **優雅な**人がいた

イメージ
穏やかな美しさ

「優」と漢字を当て、文字通り「優れている」が基本の意味です。「優れて上品で、優しく穏やかな美しさ」を表すのに用いられます。

優れている ← 穏やかな美しさ ← 優雅だ

❶ 優雅だ

類 あてなり［形動］→52
えんなり［形動］→236

例文

❶ 人に交はるにつけても、ことに触れつつ情け深く、**優なる**名をとめ給（たま）へるなり。（発心集）
⬇ 訳 人と交際するにつけても、何ごとに関しても情けが深く、**優雅な**評判を残しなさっているのだ。

❶ 内侍所（ないしどころ）の御鈴（みすず）の音は、めでたく**いうなる**ものなり。（徒然草）
⬇ 訳 内侍所で（女官が鳴らす）鈴の音は、すばらしく**優雅な**ものである。

1　万事がまる見えである　2　突然に涙がこぼれる
3　愚かだと思って笑う

238 なさけ

✤ 情け　［名］

フレーズ **情けある人**

⬇ 訳 風流心のある人

イメージ **相手を思いやる心**

「相手を思いやり、理解する心」のことで、人以外にも用いられます。「思いやり」「情趣」のほか、特に「風流心」と「(男女の) 情愛」の意味が重要です。

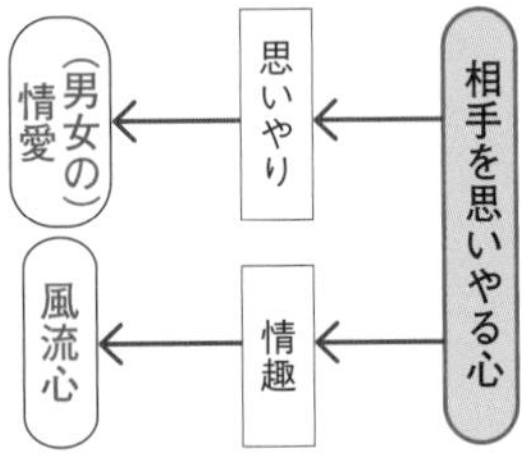

❶ 風流心
❷ (男女の) 情愛

類 こころ［名］→247

例文

❶ ただ今の御渡りこそ、**情け**もすぐれて深う、あはれもことに思ひ知られて、感涙おさへがたう候へ。(平家物語)

⬇ 訳 ただ今のご訪問こそ、風流心も際立って深く、しみじみとした情趣もとりわけ感じられて、感動の涙が抑えがたくございます。

❷ よろづのことも、初め終はりこそをかしけれ。男女の**情け**も、ひとへに逢ひ見るをば言ふものかは。(徒然草)

⬇ 訳 どんなことも、最初と最後に趣があるものだ。男女の情愛も、ひたすら会って契りを結ぶのを (恋と) いうのだろうか (いやそうではない)。

239 とが

✤ 咎・科　［名］

フレーズ **とがをかぶる**

⬇ 訳 罪をかぶる

❶ 欠点
❷ 罪

関 **とがむ**［動］不審に思う

例文

❶ よろづの**とが**あらじと思はば、何事にもまことありて、人を分かず、

イメージ

と・が・める

現代語で「不注意をとがめる」などと言う時の「とが」と同じです。他人から非難されるような「欠点」、「罪」を意味します。

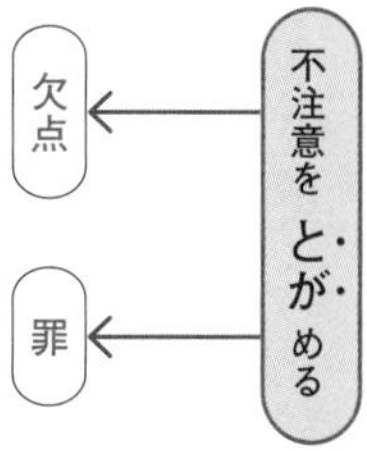

うやうやしく、言葉少(すくな)からんにはしかじ。(徒然草)

⬇訳 すべての欠点をなくしたいと思うなら、何事にも誠意があって、人を分け隔てせず、礼儀正しく、口数が少ないのが一番だ。

❷もしなほそのとがあるべくは、彼身(かのみ)を召し進ずべきか。(平家物語)

⬇訳 もしそれでもそのことが罪であるならば、その男の身を召して差し出すべきだろうか。

240 くもゐ [名]

✤雲居

❶遠く離れた所

❷宮中

類 九重(ここのへ)[名] 宮中
雲の上[名] 宮中

フレーズ

雲居なる人

⬇訳 宮中にいる人

イメージ

遠い所

「雲のある場所」が本来の意味です。比喩的に「遠く離れた場所」、さらにその具体的な場所として「宮中」「皇居」などを意味します。

例文

❶長き夜をひとり明かし、遠き雲居を思ひやり、(徒然草)

⬇訳 長い夜をひとりで夜明けまで起きて過ごし、はるか遠く離れた所を思いやって、

❷かからむ世には雲居に跡をとどめても何かはし候ふべき。(平家物語)

⬇訳 このような世の中では宮中にとどまっていても、何をすることができようか(いやできない)。

1 いい加減に思ってはならない　2 優美な歌であるなあ
3 優雅な人がいた

練習問題（226〜240）

傍線部の語を口語訳しなさい。

□① 山の錦（にしき）は**まだしう**はべりけり。（源氏物語）

□② な疎（うと）み給（たま）ひそ。あやしくよそへ聞こえつべき心地（ここち）なむする。**なめし**と思さで、らうたくし給へ。（源氏物語）

□③ 無礼（むらい）をもえはばからず、かく**らうがはしき**方に案内（あない）申しつるなり。（大鏡）

□④ 歌の詮（せん）とすべきふしを、さはと言ひ表したれば、**むげに**こと浅くなりぬる。（無名抄）

□⑤ いと思はずにほけづき、**かたほに**て、（無名草子）

□⑥ 女君（をんなぎみ）の御容貌の、**まほに**うつくしげにて、（源氏物語）

□⑦ 入らせたまへ。端（はし）**あらはなり**。（堤中納言物語）

□⑧ いとしるかりし随身（ずいじん）の声も、**うちつけに**まじりて聞こゆ。（源氏物語）

□⑨ **をこに**も見え、人にも言ひ消（け）たれ、禍（わざは）ひをも招（まね）くは、ただ、この慢心（まんしん）なり。（徒然草）

訳 ＊↓の下の数字は見出し語番号です。

① 山の錦（のような美しさ）にはまだ早うございました。↓226

② よそよそしくなさらないでください。不思議と（あなたをこの君の母親に）お見立て申してもよいような気持ちがします。無礼だとお思いにならないで、かわいがってあげてください。↓227

③ 無作法も遠慮することができず、このような乱雑な所に案内申し上げたのです。↓228

④ 歌の中心とすべき点を、はっきりと言い表しているので、ひどく底の浅いものとなってしまったよ。↓229

⑤ まったく思いがけずにぼんやりしていて、不完全であって、↓230

⑥ 女君の御容貌は、完全で（↓よく整っていて）かわいらしくて、↓231

⑦ 中にお入りなさい。（縁の）端はまる見えです。↓232

⑧ たいそうはっきりとした随身の声も、突然に交じって聞こえる。↓233

⑨ 愚かにも見られ、他人にも非難され、災難をも招くのは、ただ、この慢心である。↓234

□1 情けある人　□2 とがをかぶる
□3 雲居なる人

□⑩ この奉(たてまつ)り給へるものは、**なほざりに**て出(い)で来たるものにても侍(はべ)らず。（発心集）

□⑪ 品あてに、**艶なら**む女を願はば、やすく得つべし。（源氏物語）

□⑫ 桜の花は**優なる**に、枝ざしのこはごはしく、（大鏡）

□⑬ 田舎人なれども、心に**情け**ある者なりけり。（今昔物語集）

□⑭ 色にふけり**情け**にめで、行ひをいさぎよくして百年(ももとせ)の身を誤り、（徒然草）

□⑮ 光源氏、名のみことごとしう、言ひ消(け)たれたまふ**とが**多かなるに、（源氏物語）

□⑯ 世治まらずして、凍餒(とうたい)の苦しみあらば、**とが**の者絶(た)ゆべからず。（徒然草）

□⑰ **雲居**はるかにめでたく見ゆるにつけても、（源氏物語）

□⑱ 春ごとの花に心はそめおきつ**雲居**の桜われを忘るな（玉葉和歌集）

---

⑩ この差し上げなさった物は、いい加減に手に入れたものではありません。 → 235

⑪ 身分が高貴で、優美な女性を望むなら、簡単に手に入るだろう。 → 236

⑫ 桜の花は優雅であるのに、枝ぶりがごつごつしていて、 → 237

⑬ 田舎者ではあったが、心に風流心のある者であった。 → 238

⑭ （若い時は）恋愛におぼれて男女の情愛にのめりこみ、行動を思い切りよくして百年もの一生の進路を誤り、 → 238

⑮ 光源氏は、名前だけは大げさで、（人から）けなされなさる欠点が多いようだが、 → 239

⑯ 世の中が治まらずに、寒さや飢えの苦しみがあるならば、罪の者（＝犯罪者）はなくなるはずがない。 → 239

⑰ 遠く離れた所に（自分の姫君など）及ばないほどご立派に見えるにつけても、 → 240

⑱ 春ごとに咲いた花に私の心は染め付けておいた。（私がいなくなっても）宮中の桜よ、私を忘れるな。 → 240

1 風流心のある人　2 罪をかぶる
3 宮中にいる人

241 □ ひま ［名］

✤隙

フレーズ

ひまより吹く風
⬇訳 すき間から吹く風

イメージ

隙

「暇」ではなく「隙」と漢字を当て、空間的・時間的な「すき間」を表します。「ひま」に「無し」が付いた「ひまなし」は、「ひまなく」の形でよく用いられます。

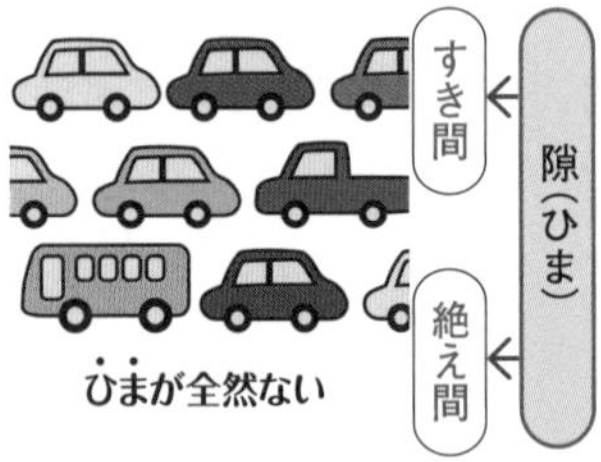

ひまが全然ない

❶ すき間
❷ 絶え間

関 **ひまなし**［形］すき間ない・絶え間ない

例文

❶ **隙**もなう立ちわたりたるに、（源氏物語）
⬇訳 すき間もなく（牛車が）立ち並んでいるので、

❷ **ひま**もなき涙にくもる心にもあかしと見ゆる月の影かな（更級日記）
⬇訳 絶え間なく流れる涙で暗い気持ちになっている私の心にも、明るく見える月の光であるなあ。

関 田舎だちたる所に住む者どもなど、みな集まり来て、出(い)で入る車の轅(ながえ)も**隙なく**見え、（枕草子）
⬇訳 田舎めいた所に住む者たちなど、みんな集まって来て、出入りする牛車の轅もすき間なく見え、

242 □ ついで ［名］

✤序

フレーズ

ついでを違(たが)ふ
⬇訳 順序を間違える

❶ 順序
❷ 機会

関 **たより**［名］→160

例文

❶ **ついで**悪(あ)しきことは、人の耳にも逆(さか)ひ、心にも違(たが)ひて、そのことならず。（徒然草）

イメージ

順序

「序」と漢字を当て、文字通り「順序」の意味です。また、現代語で「ついでの時」などと使われるのと同じ「機会」の意味もあります。

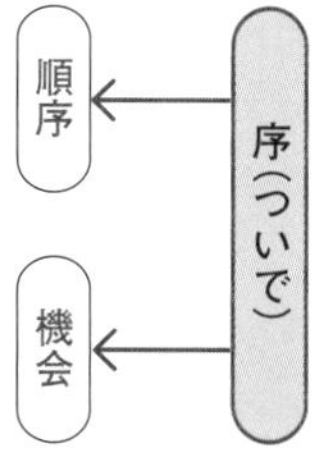

↓訳 （行う）順序が悪いことは、人の耳にも逆らい、心にも合わなくて、そのことは成就しない。

❷ まれ人の饗応（きやうおう）なども、**ついで**をかしきやうにとりなしたるも、誠によけれども、（徒然草）

↓訳 お客にご馳走（ちそう）するにしても、ちょうどいい機会だというふうにとりつくろっているのも、大変いいものだが、

243 □ きは ［名］

✤際

❶ 身分

類 程（ほど）［名］ 身分・様子

フレーズ

やむごとなききは

↓訳 高貴な身分

イメージ

身分

本来「空間的・時間的な区切り目ぎりぎりのところ」を表します。「端」「境目」「程度」などの意味もありますが、「身分」の意味が重要です。

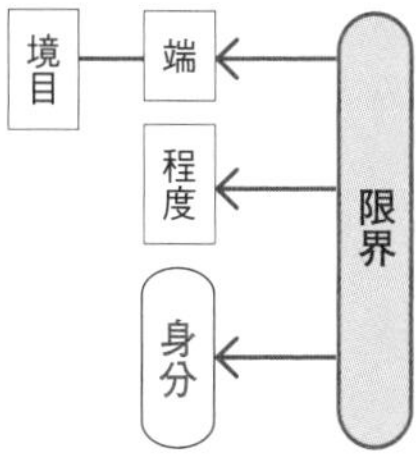

例文

❶ はじめよりおしなべての上宮仕（うへみやづか）へし給ふべき**際**にはあらざりき。（源氏物語）

↓訳 もともと普通の上宮仕えをなさらねばならぬような身分ではなかった。

類 同じ**ほど**、それより下﨟（げらふ）の更衣（かうい）たちは、まして安からず。（源氏物語）

↓訳 同じ身分、それより低い地位の更衣たちは、なおさら心安らかではない。

244 □ ふるさと 【名】

✤古里・故郷

フレーズ

ふるさとに住みし女

⬇ 訳 旧都に住んでいた女

イメージ

古い場所（里）

現代語では「故郷」ですが、古語では「生まれた土地」に限らず、「古くからなじみのある土地」を指します。特に「旧都」の意味に注意しましょう。

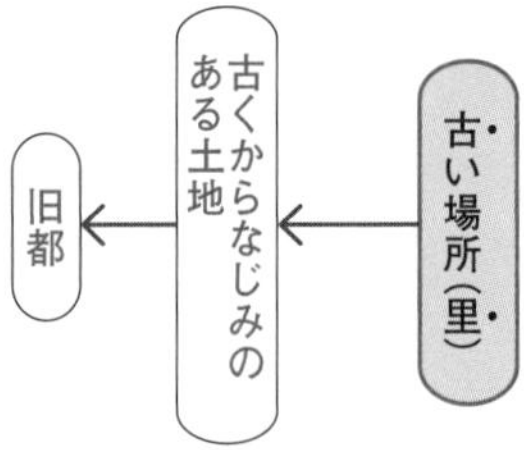

❶ 旧都

❷ 古くからなじみのある土地

例文

❶ **ふるさと**となりにし奈良の都にも色は変(かは)らず花は咲きけり （古今和歌集）

⬇ 訳 旧都となってしまった奈良の都にも、色は昔と変わらず花が咲いていることだ。

❷ 人はいさ心も知らず**ふるさと**は花ぞ昔の香ににほひける （古今和歌集）

⬇ 訳 人はさあ、心の中はわからないが、この古くからなじみのある土地では、花が昔と変わらないすばらしい香りで咲きほこっているなあ。

245 □ あらまし 【名】

フレーズ

かねての**あらまし**

⬇ 訳 以前からの計画

❶ 計画

例文

❶ かねての**あらまし**、みな違(たが)ひゆくかと思ふに、 （徒然草）

⬇ 訳 以前からの計画は、すべて外れてしまうのかと思うと、

イメージ

あってほしい

動詞「あり」に推量の助動詞「まし」が付いてできた語と考えられています。「あってほしい」感じから、「計画」のほかに「予定」「概略」の意味になります。

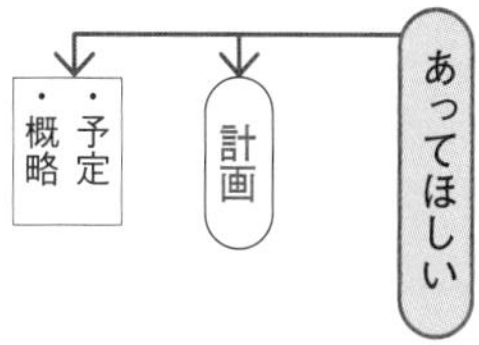

これが計画のあらまし（概略・予定）です。

うしろみ ［名］

✤後ろ見

❶ 後見人

例文

❶取り立ててはかばかしき**後ろ見**しなければ、事ある時は、なほ拠（よ）り所（どころ）なく心細げなり。（源氏物語）

⬇訳 これというしっかりした**後見人**がいないので、何か改まった事がある時には、やはり頼みにする当てがなく心細い様子である。

フレーズ

この子の後ろ見

⬇訳 この子の後見人

イメージ

バックアップ

公的・私的に、子どもや女性の世話や補佐をすること、また世話役・補佐人のことを表します。

1　すき間から吹く風　2　順序を間違える
3　高貴な身分

こころ ［名］

✤心

フレーズ **秋の月の心**

⬇ 訳 秋の月の情趣

イメージ **情趣**

現代語と同じく「気持ち」「意志」「思慮」などの意味もありますが、「情趣」の意味に注意しましょう。「心あり」は「情趣を解する」となります。

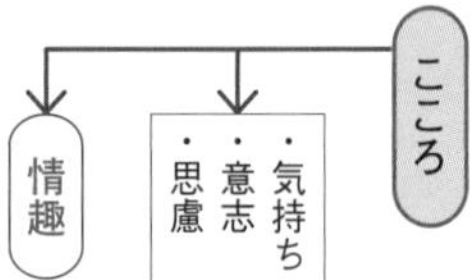

❶ 情趣

類 **なさけ**［名］→238

関 **こころあり**［動］ 情趣を解する

心ばへ［名］ 心づかい

例文

❶かきつばたといふ五文字（いつもじ）を句の上（かみ）に据ゑて、旅の**心**を詠め。（伊勢物語）

⬇ 訳 か・き・つ・ば・た、という五文字を歌の各句の最初に置いて、旅の情趣を詠め。

関 もののあはれなるけしきに見いだして、「むべ山風を」など言ひたるも、**心あら**むと見ゆるに、（枕草子）

⬇ 訳 しみじみと趣がある様子で外を眺めて、「むべ山風を」などと（古い歌の一部を）言ったのも、情趣を解する人だろうと見えるが、

がり ［名・接尾語］

✤許

フレーズ **女のがり文を遣はす**

⬇ 訳 女のもとへ手紙を送る

❶ （〜）のもとへ

例文

❶さしたることなくて、人の**がり**行くは、よからぬことなり。（徒然草）

□1　ふるさとに住みし女　　□2　かねてのあらまし
□3　この子の後ろ見

イメージ
もとへ

「名詞(〜)」＋格助詞「の」＋「が り」、または「名詞(〜)」＋「がり」の形で用いられ、「(〜) のもとへ」となります。

⬇訳 たいした用事もないのに、人のもとへ行くのは、よくないことである。

❶ 富士の嶺(ね)のいや遠長(とほなが)き山路(やまぢ)をも妹(いも)**がり**とへばけによはず来(き)ぬ　（万葉集）

⬇訳 富士山の非常に遠く長い山路をも、あなたのもとへというので、息をあえがせることなくやってきた。

249 □ つごもり 【名】

✤晦日

フレーズ
一月(むつき)のつごもり
⬇訳 一月の月末

イメージ
末

「月籠(つきごも)り」が語源で、「月末」「その月の最後の日」という意味です。「大つごもり」は、一年の最後の日である「大みそか」のことです。

❶ **月末**

関 **ついたち**【名】
月の初め

例文

❶ 時は三月(やよひ)の**つごもり**なりけり。　（伊勢物語）

⬇訳 時は三月の月末であった。

関 四月(うづき)の**つごもり**、五月(さつき)の**ついたち**のころほひ、　（枕草子）

⬇訳 四月の月末か、五月の初めの頃、

プラス **つごもり**

陰暦では、毎月十五日の満月まで月は満ちていき、それを過ぎると欠けていきます。そして月末には見えなくなりますが、これが「月籠もり＝つごもり」です。一方、新しい月の初めが「月立ち＝ついたち」です。

1　旧都に住んでいた女　　2　以前からの計画
3　この子の後見人

かたへ

✤片方

［名］

フレーズ
かたへの人に笑はる
⬇訳 そばの人に笑われる

イメージ
そば
漢字を当てると「片方」で、「片一方」「一部分」の意味もありますが、「そば」「かたわら」が重要です。また、「そばにいる人」ということから「仲間」ともなります。

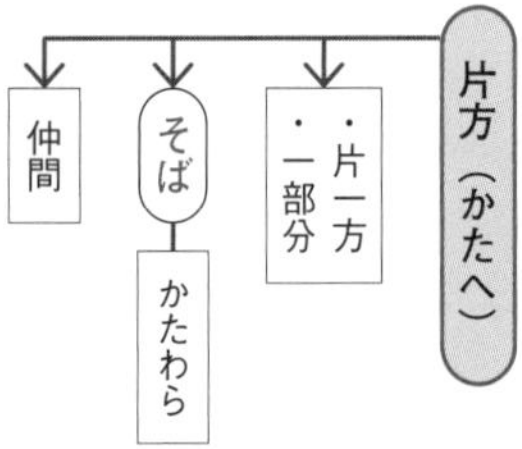

❶ そば

例文

❶ **かたへ**の人に会ひて、「年ごろ思ひつること、果たしはべりぬ。…」とぞ言ひける。（徒然草）
⬇訳 そばの人に向かって、「長年思っていたことを、果たしました。…」と言ったということである。

イ 五年六年（いつとせむとせ）のうちに、千年（ちとせ）や過ぎにけむ、**片方**はなくなりにけり。（土佐日記）
⬇訳 五年か六年のうちに、（松の寿命である）千年もたってしまったのであろうか、一部分はなくなっていた。

ようい

✤用意

［名］

フレーズ
ことなる**用意**
⬇訳 格別の配慮

❶ 配慮

関 いそぎ［名］→161

例文

❶ 四条（しでう）の大納言にさし出（い）でむほど、歌をばさるものにて、声（こわ）づかひ、**用意**入（い）るべし。（紫式部日記）

□1　秋の月の心　　□2　女のがり文を遣はす
□3　一月のつごもり

イメージ

意を用いる

現代語と同様、「準備」の意味もありますが、「意(=心)を用いる」ことから、「配慮」の意味でよく使われます。

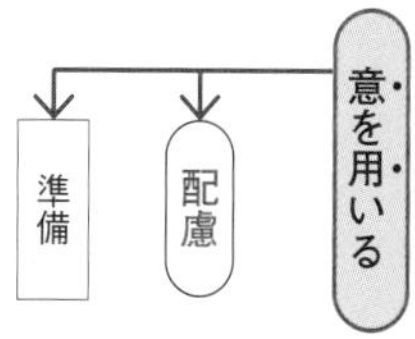

252 よろづ

❀万 [名/副]

フレーズ

よろづのこと思ひ出づ

⬇ 訳 万事のことを思い出す

イメージ

万(よろづ)は万事

「万」と漢字を当て、「万事」「さまざま」という意味になります。また、「万事」「すっかり」という意味の副詞としても用いられます。

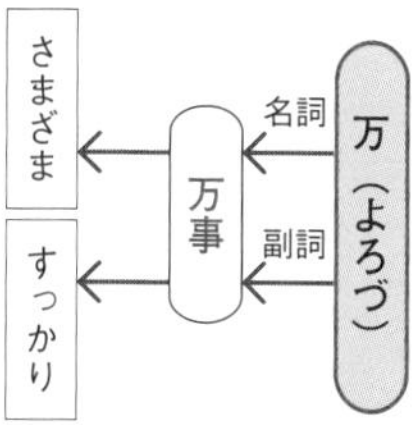

⬇ 訳 四条の大納言に(和歌を詠んで)差し出す時には、歌(のでき具合)はもちろんのこと、声の出し方にも配慮が必要である。

① 万事

例文

❶ 野山にまじりて竹を取りつつ、**よろづ**のことに使ひけり。(竹取物語)

⬇ 訳 野山に分け入って竹を取っては、万事のことに使っていた。

❶ 人の言ふほどのこと、けやけくいなびがたくて、**よろづ**え言ひ放たず、心弱くこと受けしつ。(徒然草)

⬇ 訳 人が言うぐらいのことは、きっぱりと断り難くて、万事はっきり言うことができず、気弱く請け合ってしまう。

*最初の例文の「よろづ」は名詞、二番目の例文では副詞です。

1 秋の月の情趣　2 女のもとへ手紙を送る
3 一月の月末

おのづから［副］

✤自ら

フレーズ **病おのづからおこたる**

訳 病気が**自然**に治る

イメージ **自然**

「物事が自然に起こる」様子を表します。また、必然性がなく起こる場合は「たまたま」の意味になります。なお、「自分の意志で物事を起こす」場合は「みづから」となります。

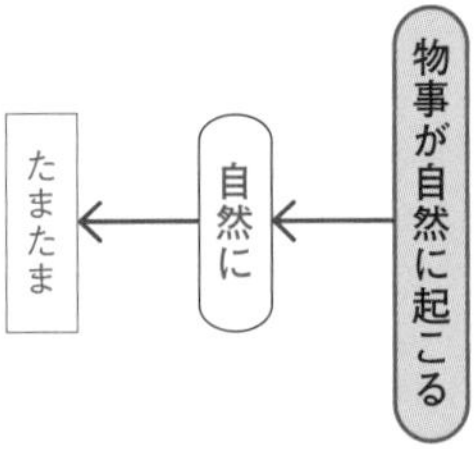

❶ **自然に**
❷ **たまたま**

関 **みづから**［副］ 自分で

例文

❶ いと若ううつくしげにて、せちに隠れ給(たま)へど、**おのづから**漏り見奉(たてまつ)る。（源氏物語）

訳 たいそう若々しくてかわいらしいご様子で、つとめてお姿を隠しておられるが、**自然**とすき間からお顔を拝見することもある。

❷ かばかりの名残(なごり)だになき所々は、**おのづから**礎(いしずゑ)ばかり残るもあれど、さだかに知れる人もなし。（徒然草）

訳 この程度の昔の面影さえもないあちらこちらには、**たまたま**土台の石だけが残っているのもあるが、はっきりと知っている人もない。

関 寄せたる所に、母君**自ら**抱きて出で(い)給へり。（源氏物語）

訳 （車を）寄せた所に、母君は**自分で**抱いて出ていらっしゃった。

ひぐらし［副／名］

✤日暮らし

フレーズ **ひぐらし硯(すずり)に向ひて**

訳 **一日中**硯に向かって

❶ **一日中**

類 **ひねもす**［副］ 一日中

例文

❶ 見る人も涙せきあへず、まして、**日暮らし**悲し。（蜻蛉日記）

□1 かたへの人に笑はる　□2 ことなる用意
□3 よろづのこと思ひ出づ

イメージ

一日中

文字通り、「一日を暮らして」ということから、「朝から晩まで」「一日中」という意味になります。「ひねもす（終日）」もほぼ同じ意味です。

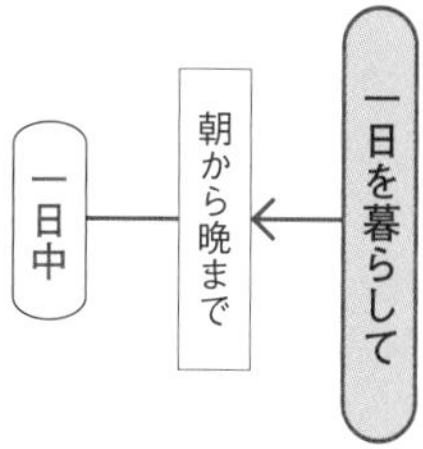

訳 見ている人も涙をこらえきれず、まして、（私は）一日中悲しんでいる。

類 春の海**ひねもす**のたりのたりかな　（蕪村句集）

訳 のどかに広がる春の海は、一日中のたりのたりと寄せては返していることだ。

255 □ よもすがら

✤夜もすがら　［副］

＊「よすがら」とも言います。

❶ 一晩中

フレーズ

夜もすがら待つ

↓ 訳 一晩中待つ

イメージ

一晩中

「〜すがら」は「〜の間中」の意味なので、「夜もすがら」は「一晩中」となります。「夜すがら」の形でも用いられます。

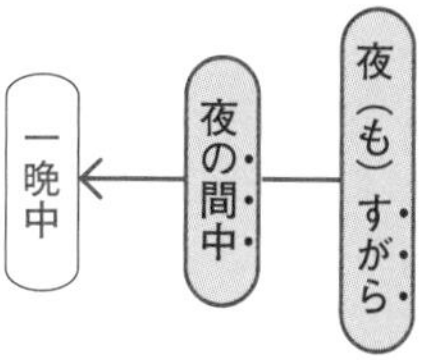

例文

❶ 朱雀(すざく)門の前に遊びて、**夜もすがら**笛を吹かれけるに、　（十訓抄）

↓ 訳 朱雀門の前で管絃の遊びをして、一晩中笛を吹きなさったところ、

❶ 長き**よすがら**御寝もならず。　（平家物語）

↓ 訳 長い一晩中おやすみにもなれない。

1　そばの人に笑われる　2　格別の配慮
3　万事のことを思い出す

練習問題（241〜255）

傍線部の語を口語訳しなさい。

□① 妻戸（つまど）のあきたる**ひま**を何心もなく見入れたまへるに、（源氏物語）

□② 僧ども念仏の**隙**に物語するを聞けば、（蜻蛉日記）

□③ 四季はなほ定まれる**ついで**あり。（徒然草）

□④ 五条三位（さんみ）入道のもとに詣（まう）でたりし**ついで**に、「御詠（ごえい）の中には、いづれをか優れたりと思（おぼ）す。…」と聞こえしかば、（無名抄）

□⑤ かかることは、いふかひなきものの**きは**にや。（枕草子）

□⑥ み吉野の山の白雪積もるらし**ふるさと**寒くなりまさるなり（古今和歌集）

□⑦ 少し心あるきはは、皆この**あらまし**にてぞ一期（いちご）は過ぐめる。（徒然草）

□⑧ ただ人にて朝廷の御**後ろ見**をするなむ行く先も頼もしげなめることと思し定めて、（源氏物語）

□⑨ ただ、秋の月の**心**を見はべるなり。（枕草子）

□⑩ かく行かぬをいかに思ふらむと思ひいでて、ありし女の**がり**いきたりけり。（大和物語）

訳　＊↓の下の数字は見出し語番号です。

① 妻戸が開いているすき間をなにげなくのぞき込みなさると、↓241

② 僧たちが念仏の絶え間に世間話をするのを聞くと、↓241

③ 四季はやはり定まっている順序がある。↓242

④ 五条三位入道のもとに参上した機会に、「あなたのお詠みになった歌の中では、どれを優れているとお思いですか。…」と申し上げたところ、↓242

⑤ こうしたことは、とるに足りない身分の者がするのだろうか。↓243

⑥ 吉野の山の白雪が降り積もっているらしい、旧都はますます寒くなってきたことだ↓244

⑦ 少し思慮がある人は、みなこの計画で一生が過ぎるようだ。↓245

⑧ （光源氏が）臣下として朝廷の御後見人をつとめるのが将来も心強そうだとご決心なさって、↓246

⑨ ただ、秋の月の情趣を眺めているだけでございます。↓247

⑩ こうして自分が行かないのをどう思っているだろうかと思い出して、以前の女のもとへ行った。↓248

□1　病おのづからおこたる　□2　ひぐらし硯に向ひて
□3　夜もすがら待つ

□⑪ 十月(かみなづき)**つごもり**がたに、三夜(みよ)しきりて見えぬ時あり。（蜻蛉日記）

□⑫ 宮仕へのほどにも、**かたへ**の人々をば思ひ消(け)ち、こよなき心おごりをばしつれ。（源氏物語）

□⑬ この**用意**を忘れざるを馬乗とは申すなり。（徒然草）

□⑭ 人は**よろづ**をさしおきて、ひたふるに徳をつくべきなり。（徒然草）

□⑮ その荒波**おのづから**なぎて、御船進むこと得たり。（古事記）

□⑯ **おのづから**人の上などうち言ひそしりたるに、幼き子どもの聞き取りて、その人のあるに言ひいでたる。（枕草子）

□⑰ 昼は**日暮らし**、夜は目の覚めたる限り、灯(ひ)を近くともして、これを見るよりほかのことなければ、（更級日記）

□⑱ 二十八日(はつかあまりやうか)。**夜もすがら**雨やまず。（土佐日記）

---

⑪ 十月の月末頃に、三晩続けて姿が見えない時がある。→249

⑫ 宮仕えの際にも、そばの人々を軽く見て、ひどくおごったふるまいをしてしまった。→250

⑬ この配慮を忘れない人を馬の乗り手と申します。→251

⑭ 人は万事をさしおいて、ひたすらに財産を身につけるべきである。→252

⑮ その荒波は自然に静まって、御船は進むことができた。→253

⑯ たまたまある人のことなどを口に出してけなしている時に、幼い子らが聞き取って、その人が居る時に言い出したのは（きまりが悪い）。→253

⑰ 昼は一日中、夜は目が覚めている間ずっと、明かりを近くに灯して、この物語を見る以外ほかのことはしないので、→254

⑱ 二十八日。一晩中雨がやまない。→255

1 病気が自然に治る　2 一日中硯に向かって
3 一晩中待つ

256 すなはち

✤即ち・乃ち・則ち 【副／接】

フレーズ

使ひすなはち来たり

➡訳 使者がすぐに来た

イメージ

即

「即」と漢字を当て、「即座に」「すぐに」の意味になります。接続詞の場合は、「乃」「則」とも書き、現代語と同じ「つまり」の意味が重要ですが、「そこで」となることもあります。

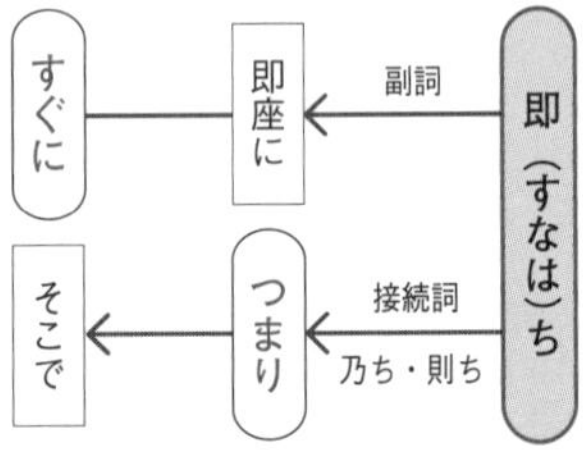

❶【副】すぐに

❷【接】つまり

類 やがて【副】→81

例文

❶夏よりすでに秋は通ひ、秋は**すなはち**寒くなり、（徒然草）

➡訳 夏のうちからもう秋の気配が入り、秋はすぐに寒くなり、

❷一時（いちじ）の懈怠（けだい）、**すなはち**一生の懈怠となる。（徒然草）

➡訳 一時の怠りは、つまり一生の怠りとなる。

㋑**すなはち**、五十（いそぢ）の春を迎へて、家を出（い）で、世を背（そむ）けり。（方丈記）

➡訳 そこで、五十歳の春を迎えたところで、家を出て出家した。

257 せめて

【副】

フレーズ

せめて問ふ

➡訳 無理に尋ねる

❶無理に

類 あながちなり【形動】→54 しひて【副】無理に

例文

❶なほさりとも様（やう）あらむと、**せめて**見れば、花びらの端にをかしき

イメージ

無理に

動詞「迫む」に助詞「て」が付いてできた語とされ、「身に迫っている」感じです。「無理に」が重要な意味ですが、「何としても」「非常に」となることもあります。

身に迫っている → 無理に
→ ・何としても ・非常に

にほひこそ、心もとなうつきためれ。（枕草子）

⬇訳 やはりそうだとしてもわけがあるのだろうと、無理に（よいところを探して）見ると、花びらの端に美しい色合いが、ほのかに付いているようである。

258 むべ ［副］

✤宜

❶ **なるほど**

類 げに［副］→77
うべ［副］ なるほど

フレーズ

むべ、姫君なりけり

⬇訳 なるほど、姫君だなあ

イメージ

心からの納得

「うべ」とも言います。「心から納得しての肯定や同意」を表すので、「なるほど」「本当に」の意味になります。

心からの納得 → なるほど ― 本当に

例文

❶女御の御かたち、いとうつくしくめでたくおはしましければ、「**むべ**、時めくこそありけれ」と御覧ずるに、（大鏡）

⬇訳 女御のご容貌が、とても美しくすばらしくいらっしゃるので、「なるほど、（このように美しいので）ご寵愛(ちょうあい)を受けるのだな」とご覧になり、

類 東(ひむがし)の市の植木の木垂(こだ)るまで逢(あ)はず久しみ**うべ**恋ひにけり（万葉集）

⬇訳 東の市場の植木の枝が、垂れ下がるくらいになるまでも、長い間逢わないので、なるほど恋しく思うのだった。

259 □

かつ

✤且つ

［副］

フレーズ

かつ浮き、**かつ**沈む

↓訳 一方では浮き、一方では沈む

イメージ

二つの動作

「一方の動作が行われるのと同時に、もう一方の動作が行われる」様子を表します。同時進行の場合は「一方では」、連続した場合は「すぐに」となります。

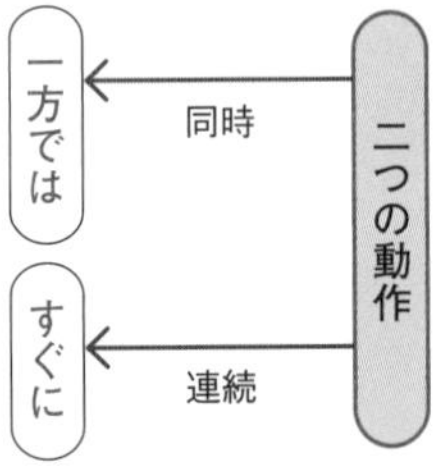

❶一方では
❷すぐに

例文

❶淀(よど)みに浮かぶうたかたは、**かつ**消え**かつ**結びて、久しくとどまりたる例(ためし)なし。（方丈記）

↓訳 淀みに浮かんでいる水の泡は、一方では消え一方では生まれて、いつまでもそのままで残っている例はない。

❷**かつ**顕(あらは)るるをも顧みず、口に任せて言ひ散らすは、やがて浮きたることと聞こゆ。（徒然草）

↓訳 すぐに露見するのもかまわず、口から出任せに言い散らすのは、すぐにいい加減なことだとわかる。

260 □

しか

［副］

フレーズ

我も**しか**思ふ

↓訳 私もそのように思う

❶そのように

類 さ［副］→169

関 しかり［動］→184

例文

❶大将も、**しか**見たてまつりたまひて、（源氏物語）

↓訳 大将も、（中宮の心を）そのようにご推察申し上げなさって、

□1 使ひすなはち来たり　□2 せめて問ふ

□3 むべ、姫君なりけり

イメージ

そう

「さ→169」と同様、前に述べられた事を指して、「そのように」「そう」という意味になります。

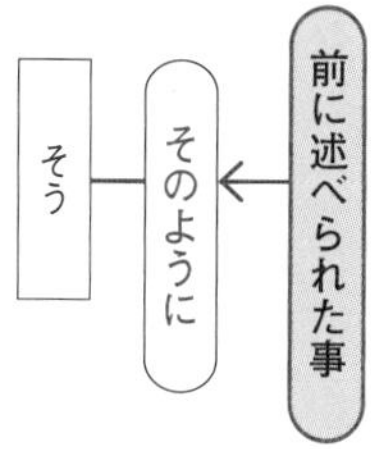

プラス　平安時代以降は、同じ意味の「さ」が一般的になり、「しか」は漢文を訓読した文や男性が書く堅い文に用いられました。

261 □

ここら［副］

❶ たくさん

類 **そこら**［副］
たくさん
あまた［副］→80

フレーズ

ここらの人集まれり

⬇訳 たくさんの人が集まった

イメージ

たくさん

数量の多い様子を表し、「たくさん」という意味になります。「そこら」も同じ意味で用いられます。「こ（そ）のあたり」という意味ではないので注意しましょう。

例文

❶ **ここら**の国々を過ぎぬるに、駿河(するが)の清見(きよみ)が関と、逢坂(あふさか)の関とばかりはなかりけり。（更級日記）

⬇訳 たくさんの国々を通り過ぎてきたが、駿河の清見が関と逢坂の関ほど心ひかれた場所はなかった。

類 汝(なんぢ)が助けにとて、片時のほどとて下ししを、**そこら**の年ごろ、**そこら**の金(こがね)賜(たま)ひて、身を変へたるがごとなりにたり。（竹取物語）

⬇訳 お前の助けにと、ほんの少しの間と思って（かぐや姫を地上に）下したが、たくさんの年月の間、たくさんの黄金を下し与えて、（お前は）生まれ変わったようになっている。

1　使者がすぐに来た　2　無理に尋ねる
3　なるほど、姫君だなぁ

262 □ はた ［副］

❶ また
❷ ひょっとすると

フレーズ 姫君**はた**きよらなり
⬇ 訳 姫君は**また**気品があって美しい

イメージ
はたまた
前の事を受けて、別の内容を述べる場合は❶に、他の可能性については❷に、反する場合は「とはいえ」となります。❶の意味が重要で、現代語にも「はたまた」で残っています。

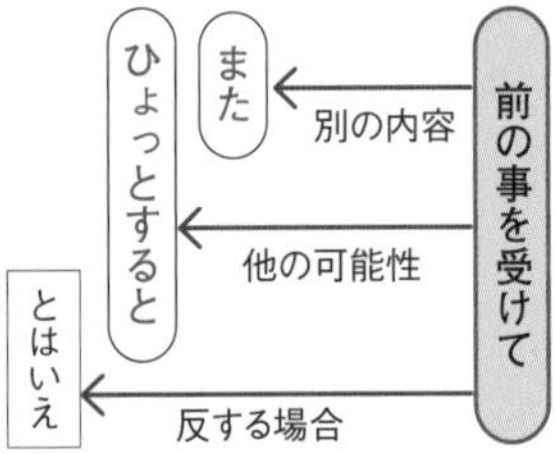

例文

❶男、われて、「逢(あ)はむ」と言ふ。女も**はた**、いと逢はじとも思へらず。（伊勢物語）
⬇ 訳 男は、無理に、「逢いたい」と言う。女も**また**、それほど逢いたくないとも思っていない。

❷びなき所に、**はた**難うおぼえしかばなむ。（蜻蛉日記）
⬇ 訳 不便な所で、**ひょっとすると**（お越しいただくのが）難しいと思われましたので。

263 □ たえて＋打消 ［副］

✤絶えて

❶ まったく〜ない

類 つゆ［副］→88
さらに［副］→176

フレーズ **たえて**いらへ**なし**
⬇ 訳 **まったく**返事が**ない**

例文

❶京のならひ、何わざにつけても、みな、もとは田舎をこそ頼めるに、

イメージ

まったく

動詞「絶ゆ」（＝絶える）に助詞「て」が付いた語で、下に打消の表現を伴って、「まったく～ない」の意味になります。

絶えて上るもの**なけれ**ば、さのみやは操（みさを）も作りあへん。（方丈記）

⬇ 訳 都の常として、何事につけても、みな、もと（＝生活の資源）は地方を頼りとしているのに、まったく（都に）上ってくる物がないので、そうそう体裁を取り繕ってばかりもいられようか。

＊「なけれ」は形容詞「なし」の已然形です。

264 □ おほかた ［副］

✤大方

❶ 一般に

❷ ［＋打消］まったく～ない

類 なべて［副］→174　たえて［副］→263

フレーズ

おほかた知らず

⬇ 訳 まったく知らない

イメージ

まったく

現代語と同じ「一般に」「だいたい」が基本の意味です。下に打消の表現を伴うと「まったく～ない」という現代語にはない意味になります。

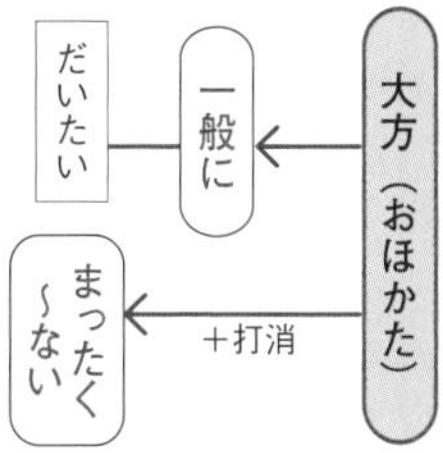

例文

❶ **おほかた**、これは、世の中にをかしきこと、人のめでたしなど思ふべき名を選（え）り出（い）でて、（枕草子）

⬇ 訳 一般に、この草子は、世の中でおもしろいことや、人がすばらしいなどと思うに違いない名を選び出して、

❷ 数日（すじつ）に営み出（い）だして、掛けたりけるに、**おほかた**廻（めぐ）ら**ざり**ければ、（徒然草）

⬇ 訳 数日がかりで（水車を）造りあげて、取りつけたが、まったく回らなかったので、

＊「ざり」は打消の助動詞「ず」の連用形です。

1　一方では浮き、一方では沈む　2　私もそのように思う
3　たくさんの人が集まった

265 □ ゆめ＋禁止・打消 [副]

❶ [＋禁止] 決して～(する)な
❷ [＋打消] まったく～ない

類 ゆめゆめ [副] 決して～(する)な・まったく～ない

フレーズ

ゆめ花散るな
⬇ 訳 決して花は散るな

イメージ

決して

「不吉な事を避けるために忠告・命令する」が本来の意味で、下に禁止・打消の表現を伴って、強い禁止・否定の意味を表します。

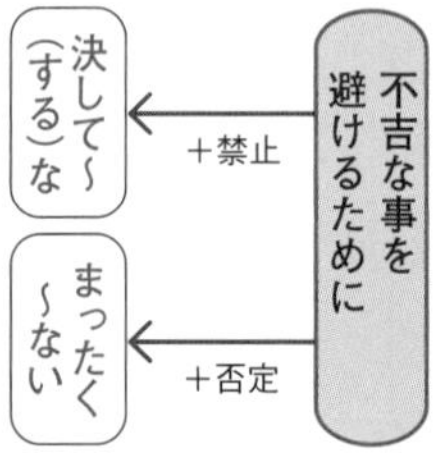

例文

❶ かかること、**ゆめ**人に言ふ**な**。（和泉式部日記）
⬇ 訳 こんなことを、決して人には言うな。
＊「な」は禁止の終助詞です。

❷ 御よろこびなど言ひおこする人も、かへりては弄ずる心地して、**ゆめ**うれしから**ず**。（蜻蛉日記）
⬇ 訳 お祝いなどを言ってよこす人も、かえってばかにしているように思われて、まったくうれしくない。
＊「ず」は打消の助動詞「ず」の終止形です。

266 □ かまへて [副]

✤ 構へて

❶ [＋意志・願望] ぜひとも～(しよ)う
❷ [＋禁止・打消] 決して～(する)な

類 かまふ [動] 準備する

フレーズ

かまへて会はむ
⬇ 訳 ぜひとも会おう

イメージ

ぜひとも

例文

❶ この馬を見て、きはめて欲しく思ひければ、「**かまへて**盗ま**む**」と思ひて、（今昔物語集）
⬇ 訳 この馬を見て、とても欲しく思ったので、「ぜひとも盗もう」と思って、

動詞「かまふ」からできた語で、「常に心がけて」が本来の意味です。下に意志・願望の表現、禁止・打消の表現を伴う場合が重要です。

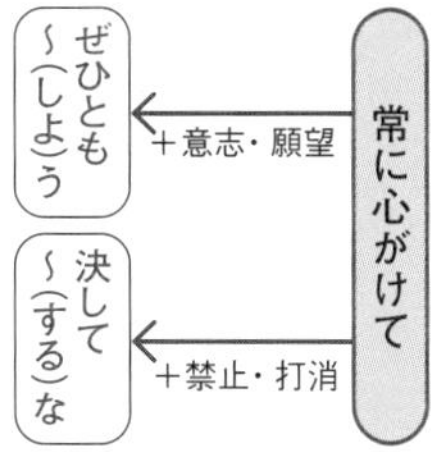

＊「む」は推量の助動詞「む」の終止形で、意志を表します。

❷ かやうの物をば、**かまへて**調(てう)ず**まじき**なり。（宇治拾遺物語）

訳 このような物（＝きつね）は、決して懲(こ)らしめてはならないのだ。

＊「まじき」は打消推量の助動詞「まじ」の連体形です。

267 □ なでふ ［連体／副］

＊「なんでふ」とも言います。

❶ ［連体］どんな

❷ ［副］どうして

フレーズ

なでふこと言ひて笑われむ

訳 どんなことを言って笑われるのか

イメージ

何という

「何と言ふ」の縮まった形で、「なんでふ」も同じです。連体詞では「どんな」（疑問）や「どれほどの」（反語）、副詞では「どうして」（疑問・反語）となります。

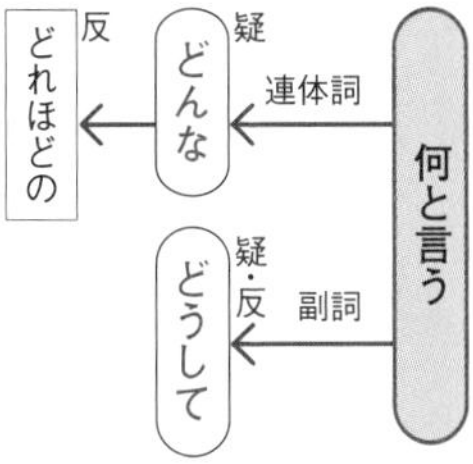

例文

❶ **なでふ**ことと知る人はなけれど、いみじう笑ふ。（枕草子）

訳 どんなことかとわかる人はいないが、大笑いする。

❷ **なでふ**かかるすき歩き(あり)をして、かくわびしき目を見るらむ。（大和物語）

訳 どうしてこのような浮気心で歩き回ることをして、こんなにつらい目にあうのだろう。

1 姫君はまた気品があって美しい　2 まったく返事がない
3 まったく知らない

あらぬ ［連体］

フレーズ

あらぬ人来たり

⬇訳 別の人が来た

イメージ

別

動詞「あり」の打消の形で、「本来のものと異なる」感じです。そうではなく「別の」となるほか、「意外な」「とんでもない」の意味にもなります。

本来のものと異なる
→ 別の
→ ・意外な ・とんでもない

❶ 別の

関 **ありつる**［連体］→179

例文

❶歌も、ただ文字一つにて、**あらぬ**ものに聞こゆるなり。（正徹物語）

⬇訳 和歌も、たった一文字の違いで、別のものに思えてくるのである。

㋑あつきころなれば、いつしか**あらぬ**さまになりたまひぬ。（竹取物語）

⬇訳 暑い頃なので、（重衡(しげひら)の亡骸(なきがら)は）早くも別の（→とんでもない）様子になってしまわれた。

さるは ［接］

フレーズ

いみじきことなり。さるは

⬇訳 すばらしいことだ。それというのは

イメージ

それというのは

❶ それというのは

❷ とはいっても

関 **さる**［連体／副］ そのような
されば［接］ それだから

例文

❶目とまり給ふ。**さるは**、限りなう心を尽くし聞こゆる人に、いとよう似奉れるが、（源氏物語）

⬇訳 じっと見つめていらっしゃる。それというのは、限りなく思いを

□1 ゆめ花散るな　□2 かまへて会はむ
□3 なでふこと言ひて笑われむ

動詞「さり」(＝そのようである)に係助詞「は」が付いた語で、前の文を受けて理由や補足説明をしたり、逆接的に述べる場合に使われます。

前の文を受けて
- ← 理由・補足 → それというのは
- ← 逆接 → とはいっても

270 □ さはれ ［感］

フレーズ

さはれのみ思ふ

⇩ 訳 どうにでもなれと思うばかりだ

イメージ

投げやり

「さ→169」に係助詞「は」と「あり」が付いた「さはあれ」(＝それならそれでいい)が縮まった語で、「どうにでもなれ」「ままよ」という「投げやりな気持ち」を表します。

投げやりな気持ち → どうにでもなれ — ままよ

寄せ申し上げている方に、本当によく似申し上げているので、

❷ あやしうすげなきものにこそあれ、**さるは**、いとくちをしうなどはあらぬものにこそあれ。（和泉式部日記）

⇩ 訳 身分が低く冷淡な女ではあるが、とはいっても、まったくつまらないというのではない。

❶ どうにでもなれ

例文

❶ げに遅うさへあらむは、いと取りどころなければ、**さはれ**とて、（枕草子）

⇩ 訳 確かに（付けた句が下手なのに加えて）遅くまでなるようでは、たいそう取り柄がないので、どうにでもなれと思って、

1 決して花は散るな　2 ぜひとも会おう
3 どんなことを言って笑われるのか

練習問題（256〜270）

傍線部の語を口語訳しなさい。

□① かくわびしれたる者どもの、歩くかと見れば、**すなはち**倒れ臥しぬ。（方丈記）

□② さるほどに、年は行けども、能は上がらぬなり。これ**すなはち**、下手の心なり。（風姿花伝）

□③ いみじうねぶたしと思ふに、いとしもおぼえぬ人の、おし起こして、**せめて**物いふこそ、いみじうすさまじけれ。（枕草子）

□④ 吹くからに秋の草木のしをるれば**むべ**山風を嵐といふらむ（古今和歌集）

□⑤ 親しき人々日夜訪ひて、蘇生の者に会ふがごとく、**かつ**喜び**かつ**いたはる。（奥の細道）

□⑥ 「これにて恥かくしたまへ」と、**しか**思したるなめり。（落窪物語）

□⑦ **ここら**の物語書どもの中に、この物語はことにすぐれて、（源氏物語玉の小櫛）

□⑧ さし過ぎもの馴れず、あなづらはしかるべきもてなし、**はた**、つゆなく、（源氏物語）

訳　＊↓の下の数字は見出し語番号です。

① このように困窮してぼうっとなった人々が、歩き回るかと思って見ていると、すぐに倒れ臥してしまう。↓256

② そうなると、年を経ても、能は上達しない。これがつまり、下手な者の心である。↓256

③ たいそう眠たいと思う時に、それほど好きでもない人が、ゆすり起こして、無理に話しかけてくるのは、たいそう興ざめである。↓257

④ 吹くとすぐに秋の草木がしおれてしまうので、なるほど山から吹く風を「嵐」（＝荒らし）というのだろう。↓258

⑤ 親しい人々が昼も夜も訪れて、まるで生き返った者にでも会うかのように、一方では喜び、一方ではねぎらってくれる。↓259

⑥ 「これで恥を解消しなさい」と、そのようにお考えになっているようだ。↓260

⑦ たくさんの物語などの中でも、この物語はとくにすぐれていて、↓261

⑧ 出過ぎたり、馴れ馴れしくしたりせず、軽く見られるようなふるまいも、また、まったくなく、↓262

□1　あらぬ人来たり　□2　いみじきことなり。さるは
□3　さはれのみ思ふ

□⑨ この女の童(めのわらは)は、**絶えて**宮仕へ仕うまつるべくもあら**ず**侍(はべ)るを、もてわづらひ侍り。（竹取物語）

□⑩ **おほかた**、ふるまひて興(きよう)あるよりも、興なくてやすらかなるが、まさりたる事なり。（徒然草）

□⑪ よろづ自由にして、**おほかた**人に従ふといふ事**なし**。（徒然草）

□⑫ **ゆめ**、こと男したまふ**な**。われにあひたまへ。（大和物語）

□⑬ **かまへて**これを射**ばや**と思ひけれども、（今昔物語集）

□⑭ **かまへて**、母や乳母(めのと)がこと、思ひ出(い)だすべから**ず**。（曽我物語）

□⑮ また**なでふ**こと言ひて、笑はれむとならむ。（枕草子）

□⑯ 今日(けふ)はその事をなさんと思へど、**あらぬ**急ぎまづ出(い)で来て、紛(まぎ)れ暮らし、（徒然草）

□⑰ いたうかいひそめて、かたみに心づかひしたり。**さるは**、かの世とともに恋ひ泣く右近(うこん)なりけり。（源氏物語）

□⑱ なにごこちにかあらむ、そこはかとなく、いと苦しけれど、**さはれ**、とのみ思ふ。（蜻蛉日記）

---

⑨ この娘は、まったく宮仕えをいたせそうもございませんので、悩んでおります。→263

⑩ 一般に、趣向をこらして面白みがあるよりも、面白みがなくて落ち着きのある方が、すぐれているものだ。→264

⑪ 万事気ままで、まったく人に従うということがない。→264

⑫ 決して、他の男と結婚なさるな。私と結婚なされ。→265

⑬ ぜひともこれ（＝いのしし）を射たいと思ったが、→266

⑭ 決して、母や乳母のことを、思い出してはいけない。→266

⑮ またどんなことを言って、笑われようというのかしら。→267

⑯ 今日はその事をしようと思っていても、別の急用が先に出てきて、気をとられて一日を過ごし、→268

⑰ ひどくひっそりと声をおさえて、お互いに気を使っている。それというのは、あのいつも慕って泣いている右近だったのである。→269

⑱ 何の病気だろう、どことなく、たいそう苦しいけれど、どうにでもなれ、と思うばかりだ。→270

1 別の人が来た　2 すばらしいことだ。それというのは
3 どうにでもなれと思うばかりだ

(1)〜(6)は傍線部の口語訳として最も適切なものを選び、(7)〜(14)は傍線部を口語訳しなさい。

□(1) 傍らにて聞く人は、はかるなりと、**をこに思ひて**笑ひけるを、 →234

①愚かだと思って　②面白いと思って
③珍しいと思って

訳 そばで聞く人は、だますようだと、①愚かだと思って笑ったが、（宇治拾遺物語・立教大）

□(2) **情けをすすめ心をやはらぐること、この物語にしくはなし。** →238

①情感を豊かにし心を柔和にさせることにかけては、この物語に及ぶものはない。
②情緒を深め心を柔軟にさせることは、この物語の中によくある話だ。
③慈愛を奨励し心を平穏にさせることにおいては、この物語ほどではない。

訳 ①情感を豊かにし心を柔和にさせることにかけては、この物語に及ぶものはない。（ねさめの記・センター）

□(3) あはれ、**程にしたがひて**は、思ふことなげにても行くかな、さるは、明け暮れひざまづきありく者、ののしりて行くにこそはあめれと思ふにも、 →243

①周りの動きに合わせて　②良識をわきまえて
③身分に応じて

訳 ああ、③身分に応じて満足そうな様子で行くものだ、とはいっても、いつも腰を低くして立ち回っている者が、（地方に行くと）威勢よく行くのであるようだと思うと、（蜻蛉日記・学習院大）

□(4) 今は昔、五条わたりに古宮（ふるみや）ばらの御子、兵部大輔（ひやうぶのだいふ）なる人おはしけり。**心ばへ**、あてに古めかしければ、 →247

①情趣　②気立て　③発想

訳 今では昔のことだが、五条あたりに年老いた皇族の御子、兵部大輔である方がいらっしゃった。②気立ては、上品で古風だったので、（古本説話集・京都女子大）

□(5) また、亡き人の魂を返す香を薫（た）きて、**夜もすがら**待たせたまふに、 →255

①夜も待たず　②夜更けに　③夜通し

訳 また、亡き人の魂を呼び戻す香をたいて、③夜通しお待ちになったところ、（唐物語・駒澤大）

□(6) この者が寝る所にて、夜な夜な女と物語をしける音のしければ、具したりける弟子ども、**おほかた心得がたくて**、 →264

①全員が理解できなくて
②あまりよく理解できなくて
③全く理解できなくて

訳 この武士が寝る所で、毎晩女と話をしている声がしたので、連れていた弟子たちは、③全く理解できなくて、（今物語・上智大）

□(7) 人のもとへ、「さても」など言ひて文やることなども、いづくの浦よりもせじと思ひとりたるを、「**なほざりにて聞こえぬ**」などな思しそ。 ↓235
(建礼門院右京大夫集・関西大)

訳 あなたのところへ、「さて（いかがですか）」などと言って手紙を出したりなども、どこの海辺からでもするまいと決心しているので、「いい加減に思って申し上げない（＝手紙を出さない）」などとお思いにならないでください。

□(8) 「同じくはさるべき人にいひ睦（むつ）れて忘れられたらむによみたらば、集などに入らむ、おもても**優なるべし**」と思ひて、 ↓237
(十訓抄・筑波大)

訳 「同じことならそれにふさわしい人と仲むつまじくなって、忘れられてしまった時に詠んだならば、勅撰集などに入るだろう、体面も優美であるにちがいない」と思って、

□(9) おほかたこの所に住みはじめし時はあからさまと思ひしかども、今すでに五年を経たり。仮の庵もややふる**さと**となりて、 ↓244
(方丈記・静岡大)

訳 そもそも、この場所に住み始めた時はほんのしばらくの間と思っていたけれど、もう五年がたった。仮の住まいにするつもりの庵もしだいに住みなれた所となって、

□(10) 夜更けて帰り給ふに、**この女のがり行かむとするに**、方塞がりければ、 ↓248
(大和物語・関西学院大)

訳 夜が更けてお帰りになるときに、この女のもとへ行こうとすると、方塞り（＝陰陽道でその方角に行ってはならないこと）になっていて、

□(11) **よろづのものの心にまかせねば**、ややともすれば妻や子らや、うちも調じなましなど思ふ折々あるを、 ↓252
(蛛のふるまひ・名古屋大)

訳 万事物事が思うようにならないので、ともすると妻や子どもたちを、叩いてこらしめてやろうかなどと思う時があるが、

□(12) 湯を**せめて入るれば**、飲みなどして、身など治りもてゆく。 ↓257
(蜻蛉日記・椙山女学園大)

訳 薬湯を無理に口に入れるので、飲んだりして、しだいに身体が治っていく。

□(13) 花にうつろふ人の言の葉、**ゆめ聞き入るるな**。 ↓265
(四山稿・三重大)

訳 花のように移り変わってゆく（あてにならない）人の言葉を、決して聞き入れるな。

□(14) さしも厳めしき僧坊御堂の立ち連なりたるを、にはかに見付けたるは、**あらぬ世界に来たらん心地す**。 ↓268
(菅笠日記・日本女子大)

訳 これほど荘厳な僧坊や御堂が立ち並んでいるのを、突然に見つけたのは、別の世界に来たような気持ちがする。

＊太字は第1〜3章で取り上げている語です。

枕草子

（中宮定子のもとで郭公（ほととぎす）の声を聞きに行った日のことを話している。）

宰相の君、「いかにぞ、手づから折りたりと言ひし下蕨（したわらび）は」とのたまふを聞かせ給ひて、「思ひ出づることのさまよ」と笑はせ給ひて、紙の散りたるに、

　下蕨こそ恋しかりけれ

と書かせ給ひて、「本言（もと）へ」と仰せらるるも、**いとをかし**。

　郭公たづねて聞きし声よりも

と書きて参らせたれば、「**いみじう**うけばりけり。**かう**だに**いかで**郭公のことをかけつらむ」とて笑はせ給ふも**はづかし**ながら、「何か。この歌よみ侍らじとなむ思ひ侍るを。物の折りなど人のよみ侍らむにも『よめ』など仰せられば、①**え候ふまじき心ち**なむし侍る。**いと**いかがは、文字の数知らず、春は冬の歌、秋は梅花の歌などをよむやうは侍らむ。なれど、歌よむと言はれし末々は、少し人よりまさりて、『その折りの歌は、これこそありけれ。**さ**は言へど、それが子なれば』など言はればこそ、**かひ**ある**心地**もし侍らめ。**つゆ**取りわきたる方も**なくて**、**さすがに**歌がましう、我はと思へるさまに、最初によみ出で侍らむ、亡き人のためにも**いとほしう**侍る」と**まめやかに**啓すれば、笑はせ給ひて、「さらば、ただ心にまかす。我らはよめとも言はじ」とのたまはすれば、「**いと心やすく**なり侍りぬ。②今は歌のこと思ひかけじ」など言ひてあるころ、（後略）

＊宰相の君…中宮に使える同僚の女房。

《訳》

宰相の君が、「どうでしたか、自分で折ったと言った下蕨の味は」とおっしゃるのを、（中宮様が）お聞きになって、「思い出すことといったらまあ」とお笑いになって、紙の散らばっているのに、

　あの下蕨の味が恋しかったことよ。

と（下の句を）お書きになって、「上の句をお付けなさい」とおっしゃるのもとてもおもしろい。

　わざわざ探し求めて聞いた郭公の声よりも

と私が書いて差し上げたところ、「たいそう気がねなく言ったものね。これほどまでにどうして郭公のことを気にかけて歌に書いたのかしら」とお笑いになるのも恥ずかしい思いだが、「いえ別に。私は歌というものはお詠みするまいと思っておりますのに。何かの折などに、他の人が詠みます時にも、『詠め』などと（中宮様が）私にお命じになったら、とてもおそばにお仕えできそうもない気持ちがいたします。といって、どうして、和歌の字数も理解せず、春は冬の歌を詠み、秋は梅や桜などの歌を詠むことがございましょうか。しかし、歌が上手だといわれた者の子孫は、少しは人よりすぐれていて、『あの時の歌は、この歌がすばらしかった。なんといっても誰それの子なのだから』などと言われるのなら、詠みがいもある気がするでしょうに。少しもすぐれたところもなくて、それでもいかにも上手な歌のように、我こそはと思っている様子で、真っ先に詠み出すなどいたしましては、亡き父に対しても気の毒でございます」と真面目に申し上げると、（中宮様は）お笑いになって、「それならば、ただそなたの気持ちに任せます。私は歌を詠めとも言うまい」とおっしゃるので、「とても気が楽になりました。今はもう歌のことは気にかけますまい」などと言っている頃、（後略）

平家物語

天性この大臣は不思議の人にて、未来のことをも、かねてさとりたまひけるにや、去んぬる四月七日の夢に見たまひけるこそ不思議なれ。たとへば、**いづく**とも知らぬ浜路をはるばると**歩み**行きたまふほどに、道の傍らに大きなる鳥居のありけるを、「あれはいかなる鳥居やらん」と問ひたまへば、「春日大明神の御鳥居なり」と申す。人多く群衆したり。その中に法師の首を一つ差し上げたり。「さてあの首は**いかに**」と問ひたまへば、「これは平家太政入道殿の御首を、悪行超過したまへるによつて、当社大明神の召し捕らせたまひて候ふ」と申すと**覚え**て、夢うちさめ、「当家は保元・平治よりこのかた、度々の朝敵を平らげて、勧賞身に余り、**かたじけなく**一天の君の御外戚として、(中略)楽しみ栄え、申すはかりもなかりつるに、入道の悪行超過せるによつて、一門の運命すでに尽きんずるにこそ」と、**来し方行く末**のことどもおぼしめし続けて、御涙にむせばせたまふ。をりふし、妻戸をほとほとと打ちたたく。「誰ぞ。あれ聞け」とのたまへば、「瀬尾太郎兼康が参つて候ふ」と申す。「いかに、何事ぞ」とのたまへば、「ただ今不思議のこと候ひて、夜の明け候はんが遅う**覚え**候ふ間、申さんがために参つて候ふ。③御前の人をのけられ候へ」と申しければ、大臣、人をはるかにのけて、ご対面あり。さて兼康見たりける夢のやうを、始めより終はりまで詳しう語り申しけるが、大臣の御覧じたりける御夢に少しも**たがは**ず。

＊一天の君…天皇の尊称。

訳

生まれつきこの大臣（＝平重盛）は不思議な人で、未来のことをも、前もって悟っていらっしゃったのだろうか、去る四月七日の夢にご覧になったことこそ不思議である。具体的に言えば、どこともわからない浜辺の道をはるばると歩いて行きなさるうちに、道のわきに大きな鳥居があったので、（大臣が）「あれはどのような鳥居なのだろうか」とお尋ねになると、「春日大明神（＝春日大社）の御鳥居である」と申し上げた。人が多く集まっている。その中に法師の首を一つ差し上げている。（大臣が）「それであの首は何だ」とお尋ねになると、「これは平家太政入道殿（＝平清盛）の御首を、悪行が過ぎなさったことによって、当社の大明神がお召し捕りになったのでございます」と申し上げると思われて、夢がさめ、（大臣は）「当家は保元・平治以来、たびたび朝敵を平定して、褒賞は身に余り、恐れ多くも天皇の御外戚として、（中略）富み栄えて、言葉で申し尽くせないほどであったのに、入道の悪行が過ぎたことによって、一門の命運はもはや尽きてしまうのであろう」と、過去や未来のことなどをお考え続けになって、御涙におむせびになる。その時、妻戸をとんとんとたたく。（大臣が）「誰だ。あの（戸をたたいている）者の名を聞け」とおっしゃると、「瀬尾太郎兼康が参っております」と申し上げる。（大臣が）「おい、何事だ」とおっしゃると、「ただ今不思議なことがございまして、夜の明けますのが遅く思われますので、（その不思議なことを）申し上げるために参ったのでございます。御前にいらっしゃる人たちをお下がらせくださいませ」と申し上げたので、大臣は、人を遠くに下がらせて、兼康にお会いになる。そこで兼康は見た夢のありさまを、始めから終わりまで詳しくお話ししたが、大臣がご覧になった御夢と少しも違わない。

問

(1)傍線部①、②を現代語訳しなさい。（千葉大）

(2)傍線部③を現代語訳しなさい。（神戸大）

解答

(1)（例）①（中宮様の）おそばにお仕えできそうもない気持ち

②今はもう歌のことは気にかけますまい

(2)（例）御前にいらっしゃる人たちをお下がらせくださいませ

解説

(1)①「え～打消」は、「～できない」という不可能の意味を表す。→89

「候ふ」は、謙譲語「候ふ」の終止形で、「お仕えする」の意味。→280

「心ち」は、ここでは、「気持ち」の意味。

②「今は」は、「今となっては・こうなった以上」という意味。「じ」は、→105
ここでは、打消意志の意味で、「～（する）まい」と訳す。

(2)「御前の人」は、大臣の御前に控えている人たちのこと。「のけ」は、カ行下二段活用動詞「のく（退く）」の未然形。「どかす・どける」という意味だが、御前に控えている人に対して用いられているので、「下がらせる」などと工夫して訳す。「られ」は、尊敬の助動詞「らる」の連用形。「候へ」は、丁寧の補助動詞「候ふ」の命令形。「～ます・～ございます」の意味だが、大臣との会話の中で、命令形で用いられているので、「～ください」などと訳す。→280

作品解説

《枕草子（まくらのそうし）》

平安時代中期（一〇〇一年以降）成立とされる随筆。一冊。筆者は清少納言。約三百の章段からなり、「山は」「すさまじきもの」など、身のまわりのものを筆者の感性でとらえた類聚（るいじゅう）的章段、自然や人生に対する筆者の考えが記された随想的章段、筆者が仕える中宮定子を中心とした宮廷生活について書かれた日記（回想）的章段の三つに分けられる。

同時代に成立した紫式部の『源氏物語』が「あはれ」の文学といわれるのに対し、『枕草子』は「をかし」の文学といわれる。また、鎌倉時代初期（一二一二年）成立の『方丈記』（鴨長明（かものちょうめい））、鎌倉時代後期成立の『徒然草』（兼好法師）とともに古典三大随筆とされる。

《平家物語（へいけものがたり）》

鎌倉時代中期成立とされる軍記物語。一般的には十二巻とされる。作者未詳。前半は、平清盛を中心とした平家の興隆と栄華、源氏の台頭が描かれ、後半は、源氏の進攻と源平合戦、平家の都落ちから壇（だん）の浦（うら）での最後の決戦、滅亡までが描かれる。仏教的無常観が基調となっているが、貴族社会から武家社会へと転換する複雑な時期を生きる武士の人間像が、和漢混淆文（こんこうぶん）によって巧みに描かれている。読み物としてだけでなく、琵琶（びわ）法師が、語り物「平曲」として語り伝えたため、広く親しまれた。また、能、狂言、浄瑠璃をはじめ、後の文学にも大きな影響を与えた。

第4章 重要敬語［30語］

重要敬語（見出し語271～300）

□□□ 第1週の15語（見出し語271～285）
動詞15語
練習問題271～285

□□□ 第2週の15語（見出し語286～300）
動詞15語
練習問題286～300

入試問題271～300
長文問題271～300
敬語の要点

※敬語の本動詞は、尊敬語・謙譲語・丁寧語、または本動・尊、本動・謙、本動・丁と表しています。補助動詞は、尊敬の補動、謙譲の補動、丁寧の補動、または補動・尊、補動・謙、補動・丁と表しています。

PLUS

□□□ 連語・慣用句1～20
練習問題

□□□ 和歌の修辞法（枕詞・序詞・掛詞・縁語）
入試問題

□□□ 古典常識を学ぼう

たまふ

✤給ふ・賜ふ

［動ハ四／動ハ下二］

フレーズ

帰り給ふ

⬇訳 お帰りになる

イメージ

「与ふ」の尊敬語／尊敬・謙譲の補助動詞

本動詞なら「与ふ」の尊敬語で、「お与えになる」と訳します。補助動詞の場合、四段活用なら尊敬を表して「お～になる」「～なさる」に、下二段活用なら謙譲を表して「～ております」になります。

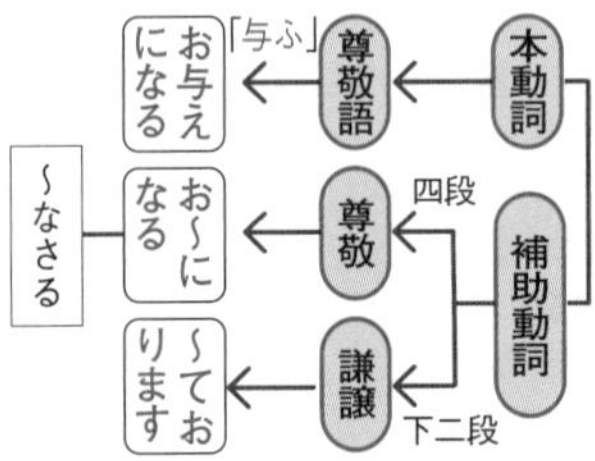

❶［本動（四段）・尊］お与えになる

❷［補動（四段）・尊］お～になる

❸［補動（下二段）・謙］～ております

類 たぶ［動］・たうぶ［動］お与えになる

例文

❶大御酒(おほみき)**給ひ**、禄(ろく)**給は**むとて、（伊勢物語）

⬇訳（親王は翁に）お酒をお与えになり、褒美(ほうび)をお与えになろうとして、

❷その母、長岡といふ所に住み**給ひ**けり。（伊勢物語）

⬇訳 その母は、長岡という所にお住みになっていた。

❸心ゆかぬやうになん聞き**たまふる**。（源氏物語）

⬇訳 満足していないようであると聞いております。

語幹	未然	連用	終止	連体	已然	命令	活用
たま	は	ひ	ふ	ふ	へ	へ	四段
	へ	へ	(ふ)	ふる	ふれ	○	下二段

たまはる

✤賜はる・給はる

［動ラ四］

❶［本動・謙］いただく

対 たまふ［動］→271
たまはす［動］→273

フレーズ

御衣（おんぞ）たまはる

⬇訳 お着物をいただく

イメージ

「受く」の謙譲語

「たまふ」に受身の助動詞「る」が付いた語です。「受く」の謙譲語で、「いただく」と訳します。

謙譲語 ―「受く」→ いただく

例文

❶まだ、下ろしの御衣（おんぞ）一つ**たまはら**ず。（枕草子）

⬇訳 まだ、お下がりのお着物一枚いただいていません。

273 □ たまはす ［動サ下二］

✤賜はす

❶［本動・尊］お与えになる

類 たまふ［動］→271

フレーズ

禄（ろく）をたまはす

⬇訳 ほうびをお与えになる

イメージ

「与ふ」の尊敬語

「たまふ」に尊敬の助動詞「す」が付き、敬意をさらに強めた形で、「与ふ」の尊敬語です。

尊敬語 ―「与ふ」→ お与えになる

例文

❶兵衛（ひやうゑ）の蔵人（くらうど）に**賜はせ**たりければ、（枕草子）

⬇訳 兵衛の蔵人にお与えになったところ、

たまはす

▲

たまふ

高い ↑ 敬意

274 □ たてまつる

✤奉る　[動ラ四]

❶[本動・謙] 差し上げる
❷[補動・謙] 〜申し上げる
❸[本動・尊] 召し上がる

フレーズ

文をたてまつる

⬇訳 手紙を差し上げる

イメージ

「与ふ」の謙譲語／謙譲の補助動詞

基本は謙譲を表し、「与ふ」の謙譲語、謙譲の補助動詞になります。また「食ふ」「飲む」「着る」「乗る」などの尊敬語として、「召し上がる」「お召しになる」「お乗りになる」などの意味になります。

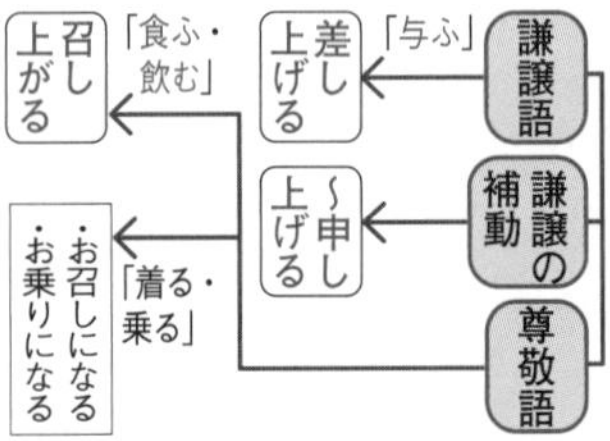

例文

❶楫取り(かぢとり)の申して**奉る**言(こと)は、「この幣(ぬさ)の散る方に、御船(みふね)すみやかに漕(こ)がしめ給へ。」(土佐日記)

⬇訳 船頭が申しあげて(神様に幣を)差し上げる際の言葉は、「この幣(＝お供え物)が散った方角に、御船をすぐにお漕がせください。」

❷かぐや姫を養ひ**たてまつる**こと二十余年になりぬ。(竹取物語)

⬇訳 かぐや姫を養い申し上げること二十年余りになった。

❸一人の天人言ふ、「壺(つぼ)なる御薬**奉れ**。きたなき所のものきこしめしたれば、御心地悪(あ)しからむものぞ。」(竹取物語)

⬇訳 一人の天人が言う、「壺に入っているお薬をお召し上がりください。汚れた所のものを召し上がったので、きっとご気分が悪いにちがいありません。」

275 □ おぼす

✤思す　[動サ四]

❶[本動・尊] お思いになる

類 **思し召す**[動] お思いになる

□1 帰り給ふ　□2 御衣たまはる
□3 禄をたまはす

フレーズ

ことわりにおぼす

➡訳 当然だとお思いになる

イメージ

「思ふ」の尊敬語

「思ふ」に尊敬の助動詞「す」が付いた語で、「思ふ」の尊敬語です。さらに敬意が高くなると「思し召す」となります。

思し召す ➡ お思いになる
▲
思す ➡ お思いになる

例文

❶次には、琴(きん)の御琴(こと)を人よりことに弾(ひ)きまさらむと**おぼせ**。（枕草子）

➡訳 次には、七弦のお琴を人より格別上手に弾こうとお思いになりなさい。

類 兼平(かねひら)一人候ふとも、余(よ)の武者千騎(むしゃせんぎ)と**思しめせ**。（平家物語）

➡訳 兼平一人でございましても、他の武者千騎（にあたる）とお思いになってください。

276 おほとのごもる

✤大殿籠る

［動ラ四］

❶［本動・尊］おやすみになる

例文

❶親王(みこ)、**大殿籠ら**で明かし給うてけり。（伊勢物語）

➡訳 親王は、おやすみにならないで夜をお明かしになってしまわれた。

フレーズ

上は大殿籠りたり

➡訳 天皇はおやすみになっている

イメージ

「寝・寝(い)ぬ(ぬ)」の尊敬語

「寝」「寝ぬ」の尊敬語です。「大殿」は「貴人の寝室」で、「寝室にお入りになる」が元の意味です。

1　お帰りになる　　2　お着物をいただく
3　ほうびをお与えになる

277

まゐる

［動ラ四］

✤参る

フレーズ

御前（おまへ）**に参る**

↓訳 天皇のもとに参上する

イメージ

「行く・与ふ・す」の謙譲語

「行く」の謙譲語として「参上する」が基本ですが、「与ふ」「す」の謙譲語で「差し上げる」「〜して差し上げる」ともなります。「食ふ」飲む」の尊敬語にもなります。

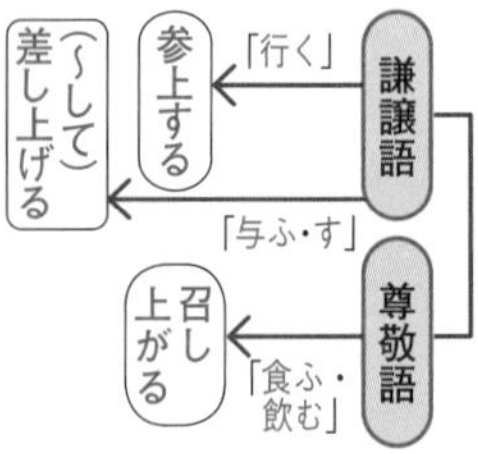

❶［本動「行く」・謙］参上する

❷［本動「与ふ」「す」・謙］（〜して）差し上げる

❸［本動・尊］召し上がる

例文

❶宮にはじめて**参り**たるころ、（枕草子）

↓訳 御所にはじめて参上したころ、

❷親王（みこ）に、馬（むま）の頭（かみ）、大御酒（おほみき）**まゐる**。（伊勢物語）

↓訳 親王に、馬の頭が、お酒を差し上げる。

❸御心地もまことに苦しければ、物もつゆばかり**まゐら**ず。（源氏物語）

↓訳 御気分も本当に悪いので、食べ物も少しも召し上がらない。

278

まゐらす

［動サ下二］

✤参らす

フレーズ

馬をまゐらす

↓訳 馬を差し上げる

❶［本動・謙］差し上げる

❷［補動・謙］〜申し上げる

例文

❶宇治（うぢ）の里人（さとびと）を召して、こしらへさせられければ、やすらかに結（ゆ）ひて

□1　文をたてまつる　□2　ことわりにおぼす
□3　上は大殿籠りたり

イメージ

「与ふ」の謙譲語／謙譲の補助動詞

「まゐる」に尊敬の助動詞「す」が付いた語で、「与ふ」の謙譲語です。また、謙譲の補助動詞としても用いられます。

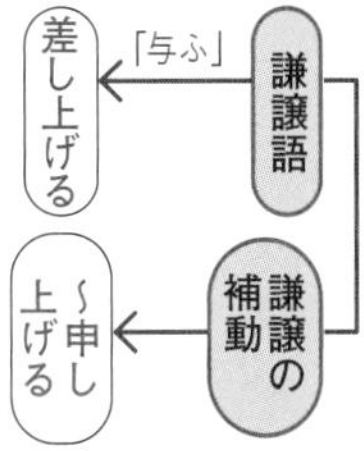

参らせたりけるが、（徒然草）

⬇訳 宇治の里の住民をお呼び寄せになって、お造らせになったところ、（住民は）やすやすと組み立てて差し上げたが、

❷ かかる人こそは世におはしましけれと、おどろかるるまでぞ、まもり**参らする**。（枕草子）

⬇訳 このような人がこの世にいらっしゃったのだなあと、おのずとはっとしてしまうほどに、お見つめ申し上げる。

279 つかはす

遣はす ［動サ四］

❶ ［本動「遣る」・尊］**お遣りになる**

❷ ［本動「与ふ」・尊］**お与えになる**

フレーズ

人をつかはす

⬇訳 人をお遣りになる

イメージ

「遣（や）る」の尊敬語

「遣る」や「与ふ」の尊敬語です。なお、普通の動詞として、「行かせる」「贈る」の意味になる場合もあります。

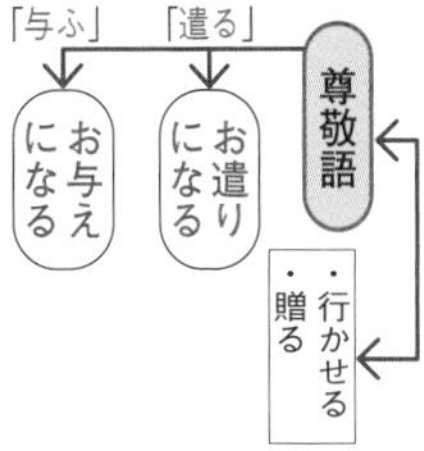

例文

❶ 丹後（たんご）へ**遣はし**ける人は参りたりや。（十訓抄）

⬇訳 丹後へお遣りになった人は戻って参上しましたか。

❷ 里にまかりいでたまひて、久しうまゐりたまはざりけるに**つかはし**ける、（大和物語）

⬇訳 （更衣が）里に退出なさって、長い間参上なさらなかった時に、（帝が）お与えになった歌は、

1 手紙を差し上げる　2 当然だとお思いになる
3 天皇はおやすみになっている

さぶらふ

✤候ふ

［動ハ四］

＊「さぶらふ」の変化した形に「さうらふ」があります。

❶［本動・謙］お仕えする

❷［本動・丁］あります

❸［補動・丁］〜ます

類 はべり［動］→281

フレーズ

内裏(うち)にさぶらふ

⬇訳 宮中にお仕えする

イメージ

「あり・居(を)り」の謙譲語・丁寧語

「あり」「居り」の謙譲語として「(貴人に)お仕えする」となるほか、丁寧語として「あります」「ございます」となります。また、丁寧の補助動詞として「〜ます」となります。

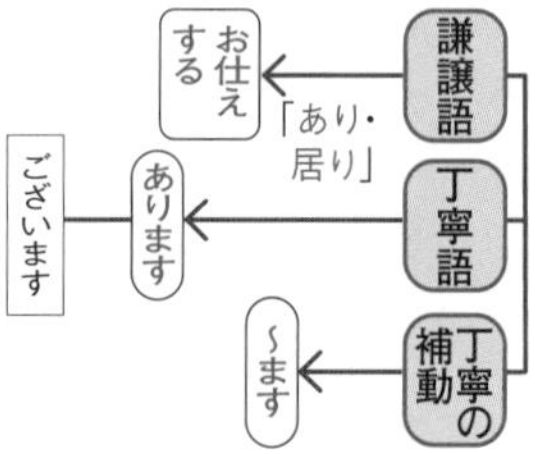

例文

❶雪のいと高う降りたるを、例ならず御格子(みかうし)参りて、炭櫃(すびつ)に火おこして、物語などして集まり**候ふ**に、（枕草子）

⬇訳 雪がたいそう高く降り積もっているのに、いつもと違って御格子を下ろし申し上げ、炭櫃に火をおこして、（女房たちが）世間話などして集まってお仕えしていると、

❷弓矢取りは年ごろ日ごろいかなる高名(かうみやう)**候(さうら)へ**ども、（平家物語）

⬇訳 武士は長年、常日ごろどのような高い名声がありましても、

❸あれに見え**候(さうら)ふ**、粟津(あはづ)の松原と申す、あの松の中で、（平家物語）

⬇訳 あそこに見えますのが、粟津の松原と申します、あの松の中で、

はべり

✤侍り

［動ラ変］

❶［本動・謙］お仕えする

❷［本動・丁］あります

❸［補動・丁］〜ます

類 さぶらふ［動］→280

フレーズ

ひとりの僧**侍り**

⬇ 訳 一人の僧があります

イメージ

「あり・居り」の謙譲語・丁寧語／丁寧の補助動詞

「さぶらふ」とほぼ同様、「あり」「居り」の謙譲語や丁寧語、丁寧の補助動詞として用いられます。平安時代の文では特に❷❸が重要です。

例文

❶ 声おもしろく、よしあるものは**はべり**や。（大和物語）

⬇ 訳 声がすばらしく、風情のある者はお仕えしているか。

❷ 神無月（かんなづき）のころ、栗栖野（くるすの）といふ所を過ぎて、ある山里に尋ね入ること**侍り**しに、（徒然草）

⬇ 訳 陰暦十月のころ、栗栖野という所を（通り）過ぎて、ある山里に分け入ることがありましたところ、

❸ そののちは参らざりけると聞き**侍る**に、（徒然草）

⬇ 訳 その後は参上しなかったと聞きますが、

282 □

ごらんず ［動サ変］

✤ 御覧ず

フレーズ

花を**御覧ず**

⬇ 訳 花をご覧になる

イメージ

「見る」の尊敬語

「見る」の尊敬語で、「ご覧になる」という意味になります。

❶ ［本動・尊］ご覧になる

例文

❶ 烏（からす）の群れゐて池の蛙（かへる）をとりければ、**御覧じ**悲しませ給ひてなん。（徒然草）

⬇ 訳 烏が群がりとまって池の蛙をとったので、（それを宮が）ご覧になりお悲しみになって。

1 天皇のもとに参上する　2 馬を差し上げる
3 人をお遣りになる

283

おほす

✤仰す

［動サ下二］

フレーズ

帝は仰せたまふ

➡ 訳 帝はおっしゃる

イメージ

「言ふ」の尊敬語

「（命令を）負はす」が語源で、本来は「命令する」「お命じになる」ですが、「仰せたまふ」「仰せらる」の形で、一般に「言ふ」の尊敬語としてよく用いられます。

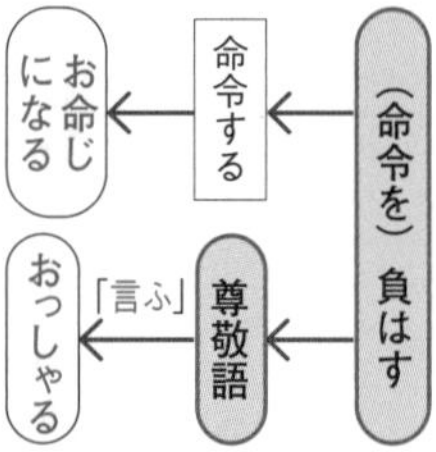

❶ お命じになる

❷ ［本動・尊］おっしゃる

類 のたまふ［動］→284

例文

❶ 亀山殿(かめやまどの)の御池(みいけ)に、大井川の水をまかせられんとて、大井の土民に**仰せ**て、水車(みづぐるま)を造らせられけり。（徒然草）

➡ 訳 亀山殿の御池に、大井川の水をお引き入れになろうとして、大井の住民にお命じになって、水車をお造らせになった。

❷ 「少納言よ。香炉峰(かうろほう)の雪いかならむ。」と**仰せ**らるれば、（枕草子）

➡ 訳 「少納言よ。香炉峰の雪はどうかしら。」と（中宮様が）おっしゃるので、

284

のたまふ

✤宣ふ

［動八四］

フレーズ

中将はのたまふ

➡ 訳 中将はおっしゃる

❶ ［本動・尊］おっしゃる

類 のたまはす［動］ おっしゃる
おほす［動］→283

例文

❶ 今井四郎(いまゐのしらう)、木曾(きそ)殿、主従二騎になつて**のたまひ**けるは、（平家物語）

□1 内裏にさぶらふ　□2 ひとりの僧侍り
□3 花を御覧ず

イメージ

「言ふ」の尊敬語

「言ふ」の尊敬語で「おっしゃる」の意味です。「のたまはす」は「のたまふ」に尊敬の助動詞「す」が付いた語で、高い敬意を表します。

◎「言ふ」の尊敬語
おほす
のたまふ
のたまはす

訳 今井四郎と木曾殿の主従二騎になって（木曾殿が）おっしゃったことには、

類 「しばしも、えこそ慰むまじけれ。」など**のたまはせ**て、変はりたる御気色もなし。（枕草子）

訳 「少しの間も、心を慰めることができそうもないことです。」などとおっしゃって、（今までと）変わったご様子もない。

まうす

✤申す　［動サ四］

❶［本動・謙］ 申し上げる

❷［補動・謙］ ～申し上げる

類 きこゆ［動］→286

フレーズ

由（よし）を申す

訳 理由を申し上げる

イメージ

「言ふ」の謙譲語

現代語と同じく、「言ふ」の謙譲語として「申し上げる」という意味です。また謙譲の補助動詞としても用いられます。

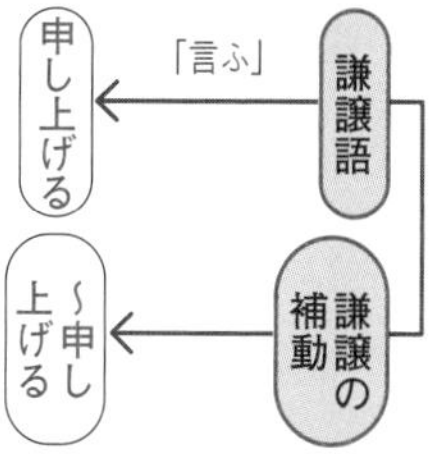

例文

❶今井四郎（いまゐのしらう）**申し**けるは、「御身（おんみ）もいまだ疲れさせ給はず。御馬（おんま）も弱り候（さうら）はず。」（平家物語）

訳 今井四郎が申し上げたことは、「お体もまだお疲れになってはいらっしゃいません。御馬も弱ってはおりません。」

❷この事を、有賢（ありかた）、鳥羽（とば）の院に訴へ**申し**ければ、（宇治拾遺物語）

訳 このことを、有賢が、鳥羽院に訴え申し上げたところ、

1 宮中にお仕えする　2 一人の僧があります
3 花をご覧になる

練習問題（271〜285）

傍線部の語を口語訳しなさい。

□①いとかしこくをかしがり**たまひ**て、使ひに禄**たまへ**りけり。（伊勢物語）

□②主人の女ども多かりと聞き**たまへ**て、（源氏物語）

□③この十五日は、人々**賜はり**て、月の都の人まうで来ば捕へさせむ。（竹取物語）

□④後涼殿にもとよりさぶらひたまふ更衣の曹司を、ほかに移させたまひて、上局に**賜はす**。（源氏物語）

□⑤簾少し上げて、花**奉る**めり。（源氏物語）

□⑥正月に拝み**奉ら**むとて、小野に詣でたるに、（伊勢物語）

□⑦これを聞きて、かぐや姫、少しあはれと**おぼし**けり。（竹取物語）

□⑧御前に御覧ぜさせむとすれど、上のおはしまして、**大殿籠り**たり。（枕草子）

□⑨中納言**参り**給ひて、御扇奉らせ給ふに、（枕草子）

□⑩加持など**まゐる**ほど、日高くさしあがりぬ。（源氏物語）

訳　＊↓の下の数字は見出し語番号です。

①たいそうすばらしく趣があるとお思いになって、使いの者にほうびをお与えになった。↓271 ↓271

②主人の娘たちが大勢いると聞いておりまして、↓271

③この十五日には、（警護の）人々を（派遣して）いただいて、月の都の人がやって参ったならば捕えさせたい。↓272

④後涼殿に以前からお仕えになっている更衣の部屋を、ほかの場所にお移しになって、控えの部屋としてお与えになる。↓273

⑤簾を少し上げて、花を差し上げるようだ。↓274

⑥正月に拝顔申し上げようとして、小野に参上したところ、↓274

⑦これを聞いて、かぐや姫は、少し気の毒だとお思いになった。↓275

⑧御前（＝中宮様）にご覧いただこうとするが、帝がいらっしゃって、おやすみになっている。↓276

⑨中納言が参上しなさって、（中宮に）御扇を差し上げなさる時に、↓277

⑩加持祈祷などをして差し上げるうちに、日が高くのぼった。↓277

□1　帝は仰せたまふ　□2　中将はのたまふ
□3　由を申す

□⑪ 花もなき梅の枝に、一つを付けて**まゐらせ**けり。（徒然草）

□⑫ 帝、聞こしめして、たけとりが家に、御使ひ(おほんつかひ)**つかはさ**せたまふ。（竹取物語）

□⑬ 二三日、内裏(うち)に**さぶらひ**、大殿(おほとの)にもおはする折は、いといたく屈(く)しなどしたまへば、（源氏物語）

□⑭ 夜部(よべ)、希有(けう)のことの**さぶらひ**しなり。（宇治拾遺物語）

□⑮ いみじう忍び給ひければ、知り**侍ら**で、ここに**侍り**ながら、（源氏物語）

□⑯ こなたはあらはにや**侍ら**む。（源氏物語）

□⑰ 夜は南殿(なんでん)に出御なって、月の光を**御覧じ**てぞなぐさませたまひける。（平家物語）

□⑱ 「あな、あさまし。あの花どもは、いづち去(い)ぬるぞ」と、**おほせ**らる。（枕草子）

□⑲ 「まことにかばかりのは見えざりつ」と言(こと)高く**のたまへ**ば、（枕草子）

□⑳ 「もし仏のし給へることならば、もとのやうにならせ給ひね。」とかへすがへす**申し**ければ、（古本説話集）

---

⑪ 花もない梅の枝に、（雉(きじ)を）一羽つけて差し上げた。↓278

⑫ 帝は、（かぐや姫が月に帰るというのを）お聞きになって、竹取の翁の家にお使いをお遣りになられる。↓279

⑬ 二三日、宮中にお仕えし、大臣の邸にもいらっしゃる時は、たいそうひどくふさぎ込みなさるので、↓280

⑭ 昨晩、不思議なことがありました。↓280

⑮ たいそう人目につかないようにいらっしゃったので、存じませんで、ここにお仕えしながら、↓281

⑯ ここはまる見えではありませんか。↓281

⑰ （帝は）夜は南殿にお出ましになり、月の光をご覧になって心をお慰めになっていらっしゃった。↓282

⑱ 「ああ、あきれるほどです。あの花々は、どこへ行ってしまったのか」と、おっしゃる。↓283

⑲ 「本当にこれほどのものは見ませんでした」と一段と声高くおっしゃるので、↓284

⑳ 「もしも仏がおやりになったことならば、もとの姿におなりになって下さい」と繰り返し申し上げたところ、↓285

1 帝はおっしゃる　2 中将はおっしゃる
3 理由を申し上げる

きこゆ ［動ヤ下二］

✤聞こゆ

❶［本動・謙］申し上げる

❷［補動・謙］～申し上げる

類 まうす［動］→285

フレーズ

大将に聞こゆ

⬇訳 大将に申し上げる

イメージ

「言ふ」の謙譲語／謙譲の補助動詞

本来は「聞こえる」という意味ですが、「（高貴な人の）お耳に入れる」ことから、「申し上げる」「（手紙を）差し上げる」となります。また、謙譲の補助動詞としても用いられます。

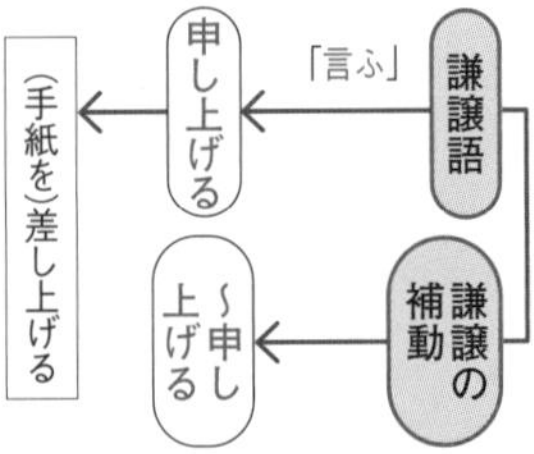

例文

❶公世（きんよ）の二位のせうとに、良覚僧正（りやうがくそうじやう）と**聞こえ**しは、きはめて腹悪（はらあ）しき人なりけり。（徒然草）

⬇訳 公世の二位の兄弟で、良覚僧正と申し上げた方は、きわめて怒りっぽい人であった。

❷「いかやうにかある。」と問ひ**聞こえ**させ給へば、（枕草子）

⬇訳「どのようなものなのか。」と、お尋ね申し上げなさると、

イ いとほしと思（おぼ）し知るばかり、と思して、御文も**聞こえ**給はず。（源氏物語）

⬇訳 気の毒だと身にしみてお感じになる（のを待つ）だけ、とお思いになって、お手紙も差し上げなさらない。

そうす ［動サ変］

✤奏す

❶［本動・謙］（天皇に）申し上げる

関 行幸（ぎやうがう）［名］（天皇の）お出かけ

フレーズ

帝に奏す

⬇訳 天皇に申し上げる

例文

❶帝、篁（たかむら）に、「読め。」と仰せられたりければ、「読みは読み候（さぶら）ひ

イメージ

「言ふ」の謙譲語

「言ふ」の謙譲語ですが、特に天皇・上皇に「申し上げる」場合にのみ用いられます。「啓す」とペアで覚えましょう。

なん。されど、恐れにて候へば、え申し候はじ。」と**奏し**ければ、

（宇治拾遺物語）

⬇ 訳 天皇は、篁に、「読め。」とおっしゃられたので、「読むことは読みましょう。しかし、恐れ多いことでございますから、申し上げることはできますまい。」と（天皇に）申し上げたところ、

けいす

✤啓す ［動サ変］

❶ ［本動・謙］（皇后などに）申し上げる

関 **行啓**（ぎやうけい）［名］（皇后などの）お出かけ

フレーズ

后（きさき）に啓す

⬇ 訳 皇后に申し上げる

イメージ

「言ふ」の謙譲語

「言ふ」の謙譲語ですが、皇后（中宮）・皇太子など、天皇以外の皇族に「申し上げる」場合にのみ用いられます。

◎「言ふ」の謙譲語

まうす
きこゆ
そうす
けいす

例文

❶「よきに奏したまへ、**啓し**たまへ」など言ひても、得たるはいとよし、得ずなりぬるこそいとあはれなれ。

（枕草子）

⬇ 訳（自分の昇進について）「よろしく（天皇に）申し上げてください、（皇后に）申し上げてください」などと言っても、（官位を）得た人はまことによいが、得ないで終わった人はたいそう気の毒なことだ。

おはす

［動サ変］

例文

❶ ［本動・尊］いらっしゃる

❷ ［補動・尊］〜ていらっしゃる

類 おはします［動］
（〜て）いらっしゃる
います［動］→290

フレーズ

東の院におはす

⬇訳 東の院にいらっしゃる

イメージ

「あり・居り・行く・来」の尊敬語／尊敬の補助動詞

「あり」「居り」の尊敬語で「いらっしゃる」、「行く」「来」の尊敬語で「おいでになる」「いらっしゃる」となります。また尊敬の補助動詞としても用いられます。「おはします」もほぼ同じ意味です。

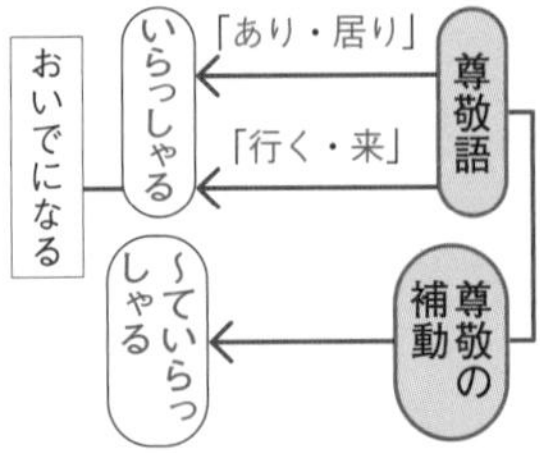

❶ われ朝ごと夕ごとに見る竹の中に**おはする**にて知りぬ。（竹取物語）

⬇訳 私が毎朝毎晩見る竹の中にいらっしゃるのでわかった。

❶ 右中将**おはし**て物語し給ふ。（枕草子）

⬇訳 右中将がいらっしゃって世間話をなさる。

❷ 世に知らず聡(さと)うかしこく**おはすれ**ば、（源氏物語）

⬇訳 世に例がないほど聡明ですぐれていらっしゃるので、

類 異所(ことどころ)に、かぐや姫と申す人ぞ**おはします**らむ。（竹取物語）

⬇訳 他の所に、かぐや姫と申す方はいらっしゃるのでしょう。

います

［動サ四／動サ変］

例文

❶ ［本動・尊］いらっしゃる

❷ ［補動・尊］〜ていらっしゃる

類 おはす［動］→289

フレーズ

都にいます

↓訳 都にいらっしゃる

「あり・居り・行く・来」の尊敬語

イメージ

「おはす」と同じく、「あり」「居り」や「行く」「来」の尊敬語、尊敬の補助動詞として用いられます。丁寧ではなく、尊敬を表す点に注意しましょう。

◎「あり・居り」の尊敬語
おはす
おはします
います
いますがり

❶自らが小童（こわらは）にてありし時、ぬしは二十五、六ばかりの男（をのこ）にてこそは**いませ**しか。（大鏡）

↓訳 私が子どもであった時、あなたは二十五、六歳くらいの一人前の男でいらっしゃった。

❷をこなりと見て、かく笑ひ**いまする**が恥づかし。（枕草子）

↓訳 愚かだと思って、このように笑っていらっしゃるのがきまり悪い。

291 いますがり

［動ラ変］

＊「いまそがり」とも言います。

❶［本動・尊］いらっしゃる

類 います［動］→290

フレーズ

蔵人にていますがり

↓訳 蔵人でいらっしゃる

「あり・居り」の尊敬語

イメージ

「あり」「居り」の尊敬語で、「います」と同様に、意味は「いらっしゃる」となります。

尊敬語
「あり・居り」→ いらっしゃる

例文

❶翁（おきな）のあらむ限りは、かうても**いますがり**なむかし。（竹取物語）

↓訳 この老人の生きている間は、こうしても（＝結婚しなくても）いらっしゃれましょうよ。

❶その帝の御子（みこ）、たかい子と申す**いまそがり**けり。（伊勢物語）

↓訳 その帝の皇女に、たかい子と申し上げる方がいらっしゃった。

1 大将に申し上げる　2 天皇に申し上げる
3 皇后に申し上げる

まかる

✤罷る

［動ラ四］

❶ ［本動・謙］退出する

❷ ［本動・丁］行きます

対 まゐる［動］→277

類 まかづ［動］→293

フレーズ

とくまかる

⬇ 訳 すぐに退出する

イメージ

「出づ」の謙譲語／「行く」の丁寧語

基本は「出づ」の謙譲語で、高貴な人の所から「退出する」の意味です。命令で都から出ていく場合は「おもむく」と訳します。また、「行く」の丁寧語で「行きます」の意味で用いられます。

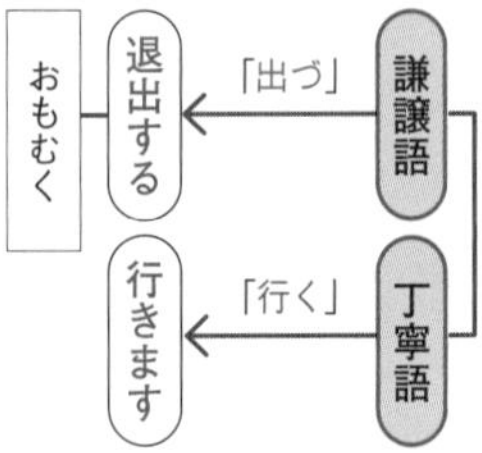

例文

❶ 憶良(おくら)らは今は**まから**む子泣くらむそれその母も我(わ)を待つらむぞ（万葉集）

⬇ 訳 憶良めはもう退出しましょう、子が泣いているでしょう、そしてその子の母も私を待っていることでしょうよ。

❷ 花見に**まかれ**りけるに、早く散り過ぎにければ、（徒然草）

⬇ 訳 花見に行きましたが、すでにすっかり散ってしまっていたので、

まかづ

［動ダ下二］

❶ ［本動・謙］退出する

❷ ［本動・丁］行きます

対 まゐる［動］→277

類 まかる［動］→292

フレーズ

宮よりまかづ

例文

□1　東の院におはす　□2　都にいます

□3　蔵人にていますがり

訳 御所から退出する

イメージ

「出づ」の謙譲語

「まかる」＋「出づ」が変化した語で、基本的には「まかる」とほぼ同じ意味で用いられます。

❶ 暁(あかつき)に御迎へに参るべき由(よし)申してなむ、**まかで**侍りぬる。（源氏物語）

訳 暁にお迎えに参上しようという旨を申し上げて、退出いたしました。

❷ 老いかがまりて、室(むろ)の外(と)にも**まかで**ず。（源氏物語）

訳 年老いて腰が曲がり、庵室の外にも行きません。

294 まうづ

✤ 詣づ

［動ダ下二］

❶［本動・謙］参上する

❷［本動・謙］参詣する

フレーズ

寺にまうづ

訳 寺に参詣する

イメージ

「行く」の謙譲語

「行く」の謙譲語で、「参上する」「うかがう」という意味になります。行く場所が神社や寺の場合は、「参詣する」「お参りする」と訳します。

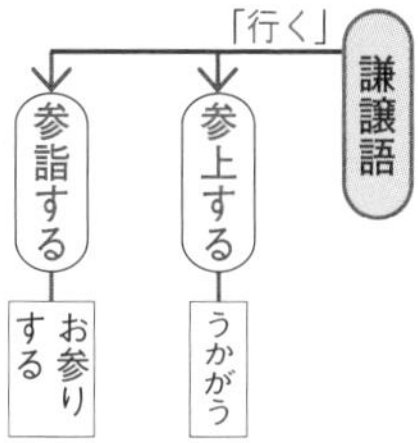

例文

❶ 子は京に宮仕へしければ、**まうづ**としけれど、しばしばえ**まうで**ず。（伊勢物語）

訳 子は京で宮仕えしていたので、（母の所に）参上しようとしたけれど、たびたびは参上することができない。

❷ 十八日に清水(きよみづ)へ**まうづる**人に、また忍びてまじりたり。（蜻蛉日記）

訳 十八日に清水寺へ参詣する人に、またこっそり加わった。

1 東の院にいらっしゃる　2 都にいらっしゃる
3 蔵人でいらっしゃる

295 めす

✤召す

［動サ四］

フレーズ

人を召す

➡ 訳 人をお呼び寄せになる

イメージ

「呼び寄す」の尊敬語

「呼び寄す」「取り寄す」の尊敬語で、「お呼び寄せになる」「お取り寄せになる」という意味です。「食ふ」「飲む」「乗る」「着る」などの尊敬語としても用いられます。

尊敬語
- 「呼び(取り)寄す」→ お呼び(取り)寄せになる
- 「食ふ・飲む・乗る」→ ・召し上がる ・お乗りになる
- 「着る」→ お召しになる

❶ ［本動「呼び寄す」・尊］ お呼び寄せになる

❷ ［本動「食ふ」「飲む」・尊］ 召し上がる

❸ ［本動「乗る」・尊］ お乗りになる

例文

❶ 浄蔵（じやうざう）といふ、めでたき笛吹きありけり。**召し**て吹かせ給ふに、（十訓抄）

➡ 訳 浄蔵という、素晴らしい笛の名手がいた。お呼び寄せになって（例の）笛をお吹かせなさると、

❷ 猫間殿（ねこまどの）は、合子（がふし）のいぶせさに**召さ**ざりければ、（平家物語）

➡ 訳 猫間殿は、お椀のきたなさに召し上がらなかったので、

❸ 御馬に**召し**て急ぎ川原へ出でさせ給ふ。（平家物語）

➡ 訳 御馬にお乗りになって急いで川原にお出ましになる。

296 きこしめす

✤聞こし召す

［動サ四］

フレーズ

このことを聞こし召して

➡ 訳 このことをお聞きになって

❶ ［本動「聞く」・尊］ お聞きになる

❷ ［本動「食ふ」「飲む」・尊］ 召し上がる

例文

❶ そのころ、高麗人（こまうど）の参れる中に、かしこき相人（さうにん）ありけるを**聞こし**

□1 とくまかる　□2 宮よりまかづ
□3 寺にまうづ

イメージ

「聞く」の尊敬語

「聞く」に尊敬の「す」を付けた「聞こす」に、さらに「召す」を付けた語で、「聞く」「食ふ」「飲む」などの尊敬語として高い敬意を表します。

尊敬語
「聞く」→ お聞きになる
「食ふ・飲む」→ 召し上がる

うけたまはる

✤承る ［動ラ四］

フレーズ

勅をうけたまはる

⬇訳 天皇の命令をお受けする

イメージ

「受く」の謙譲語

動詞「受く」に「たまふ」の付いたもので、「受く」の謙譲語のほか、「聞く」などの謙譲語としても用いられます。

謙譲語
「受く」→ お受けする
「聞く」→ お聞きする

召して、

⬇訳 そのころ、高麗人が参上している中に、優れた人相見がいたのを（帝が）お聞きになって、（源氏物語）

❷ ひろげて御覧じて、いとあはれがらせたまひて、物も**きこしめさ**ず。（竹取物語）

⬇訳 （帝は手紙を）広げてご覧になり、たいそうお嘆き悲しがりなさって、物も召し上がらない。

❶［本動「受く」・謙］お受けする

❷［本動「聞く」・謙］お聞きする

例文

❶ かしこき仰せ言をたびたび**うけたまはり**ながら、（源氏物語）

⬇訳 （帝の）畏れ多いお言葉をたびたびお受けしながら、

❷ この御社（みやしろ）の獅子（しし）の立てられやう、定めて習ひあることに侍らん。ちと**承ら**ばや。（徒然草）

⬇訳 この御社の獅子の立てられ方は、きっと由緒があることでしょう。少々お聞きしたい。

1 すぐに退出する　2 御所から退出する
3 寺に参詣する

298 □ つかうまつる

✤仕うまつる　［動ラ四］

＊「つかうまつる」の変化した形に「つかまつる」があります。

❶［本動「仕ふ」・謙］お仕え申し上げる
❷［本動「す」・謙］〜して差し上げる
❸［補動・謙］〜申し上げる

フレーズ

院につかうまつる男
⬇訳 院にお仕え申し上げる男

イメージ

「仕ふ・す」の謙譲語

「仕ふ」の謙譲語ですが、「す」などの謙譲語として「〜して差し上げる」の意味にもなります。謙譲の補助動詞としても用いられます。

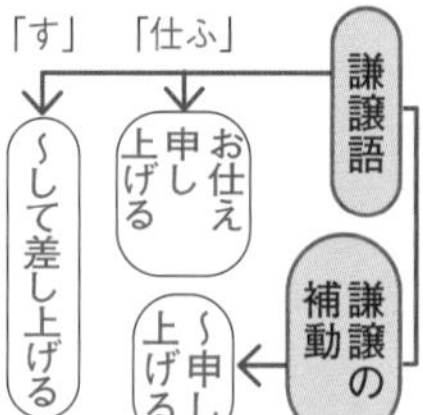

例文

❶この君は、幼くよりかかる心をもち給ひて、君に**仕うまつり**、（発心集）
⬇訳 この君は、幼い時からこのような心をお持ちになって、帝にお仕え申し上げ、

❷宮仕へ**仕うまつら**ずなりぬるも、かくわづらはしき身にて侍れば、（竹取物語）
⬇訳 宮仕えをして差し上げずに終わってしまいますのも、このように複雑な身の上でございますので、

❸もの詣（まう）でする供に、我も我もと参り**仕うまつり**、（枕草子）
⬇訳 （主人が社寺に）参詣するお供に、自分も自分もと参上し申し上げ、

299 □ あそばす

✤遊ばす　［動サ四］

❶［本動「遊ぶ」・尊］演奏なさる
❷［本動「す」・尊］〜なさる

フレーズ

御琴をあそばす
⬇訳 御琴を演奏なさる

例文

❶人聞かぬ時は、明け暮れかくなん**あそばせ**ど、（源氏物語）

□1　人を召す　　□2　このことを聞こし召して
□3　勅をうけたまはる

イメージ

「遊ぶ」の尊敬語

「遊ぶ」に尊敬を表す「す」が付き、「演奏(管弦の遊びを)なさる」となります。また「す」の尊敬語として、一般に「～なさる」の意味になります。

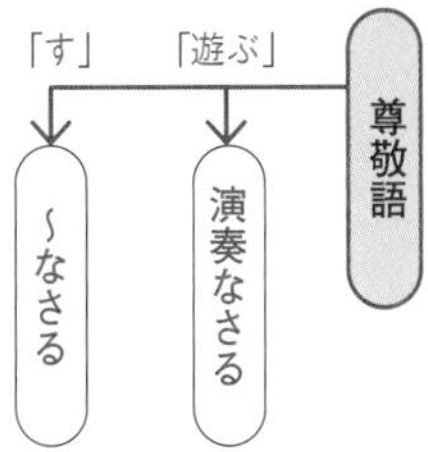

訳 誰も聞いていない時は、朝夕このように**演奏なさる**が、

❷ 久しく双六(すごろく)つかまつらで、いとさうざうしきに、今日**遊ばせ**。(大鏡)

訳 長いこと双六の相手をして差し上げず、とても物足りませんので、今日は**なさいませ**。

300 しろしめす [動サ四]

❶ [本動「知る」・尊] **ご存じである**

❷ [本動「領る」・尊] **お治めになる**

関 しる [動] → 194

例文

❶ さる者ありとは、鎌倉殿までも**しろしめさ**れたるらんぞ。(平家物語)

訳 そのような者がいるとは、鎌倉殿までも**ご存じで**いらっしゃるだろうよ。

❷ 今天皇(すべらぎ)の天(あめ)の下**しろしめす**こと、四つのとき、九(ここ)のかへりになむなりぬる。(古今和歌集)

訳 今の天皇が天下を**お治めになっ**てから、四季が九回めぐること(=九年)になったのでした。

フレーズ

主上(しゅしゃう)まで皆しろしめし

訳 帝まで皆ご存知であり

イメージ

「知る」の尊敬語

「しる」の尊敬語ですが、「しる」には「知る」「領有する」があるので、それぞれ「ご存知である」「お治めになる」となります。

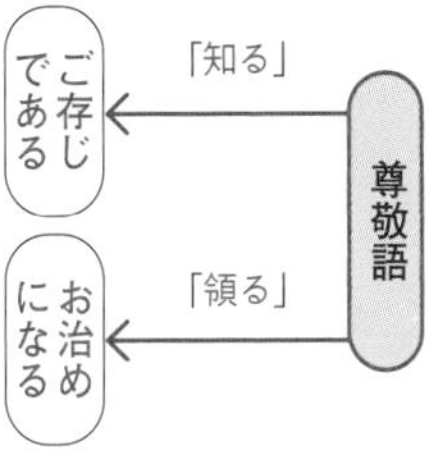

1 人をお呼び寄せになる　2 このことをお聞きになって
3 天皇の命令をお受けする

練習問題（286〜300）

傍線部の語を口語訳しなさい。

□① おのがかく今日明日におぼゆる命をば、何とも思したらで、雀慕ひ給ふほどよ。罪得ることぞと常に**聞こゆる**を、心憂く。（源氏物語）

□② かぐや姫を、え戦ひとめずなりぬること、こまごまと**奏す**。（竹取物語）

□③ 御前にまゐりて、ありつるやう**啓すれ**ば、（枕草子）

□④ ここに**おはする**かぐや姫は、重き病をし給へば、（竹取物語）

□⑤ 門を叩きて、「くらもちの皇子**おはし**たり」と告ぐ。（竹取物語）

□⑥ 我が恋ふる妹は**います**と人の言へば（万葉集）

□⑦ 染殿の内侍といふ**いますがり**けり。（大和物語）

□⑧ かぐや姫は、いかばかりの女ぞと、**まかり**て見てまゐれ。（竹取物語）

□⑨ 月の出でたらむ夜は、見おこせ給へ。見捨て奉りて**まかる**、空よりも落ちぬべき心地する。（竹取物語）

訳 ＊↓の下の数字は見出し語番号です。

① 私がこのように今日明日とも思われる命であるのに、何ともお思いにならないで、雀をお慕いになっていることよ。仏罰を受けますよといつも申し上げているのに、情けない。↓286

② かぐや姫を、（天人と）戦ってひきとどめることができなくなったことを、こと細かに（天皇に）申し上げる。↓287

③ 御前に参上して、先ほどの様子を（中宮に）申し上げると、↓288

④ ここにいらっしゃるかぐや姫は、重い病気におなりなので、↓289

⑤ 門をたたいて、「くらもちの皇子がいらっしゃった」と告げる。↓289

⑥ 私の恋い慕う妻がいらっしゃると人が言うので、↓290

⑦ 染殿の内侍という方がいらっしゃった。↓291

⑧ かぐや姫は、どれほどの女かと、退出して見てきなさい。↓292

⑨ 月が出ている夜には、こちらをご覧になってください。（お二人を）お見捨て申し上げて行きます、空からも落ちてしまいそうな気持ちがいたします。↓292

□1 院につかうまつる男　□2 御琴をおそばす
□3 主上まで皆しろしめし

□⑩ 恐ろしければ、かしこまりて**まかで**たまひぬ。（源氏物語）

□⑪ 強ひて御室(みむろ)に**詣で**て拝み奉るに、（伊勢物語）

□⑫ 石山にをとどし**まうで**たりしに、（蜻蛉日記）

□⑬ 帝、この笛を**召し**て、時の笛吹きどもに吹かせらるれど、（十訓抄）

□⑭ いと近く観音寺(くわんおんじ)といふ寺のありければ、鐘の声を**聞こし召し**て、（大鏡）

□⑮ 心強く**承ら**ずなりにしこと、（竹取物語）

□⑯ 乳母(めのと)もおのづから近う**仕うまつり**馴(な)れにけり。（源氏物語）

□⑰ 京極(きやうごく)の御息所(みやすどころ)、亭子院(ていじのゐん)の御賀**仕うまつり**たまふとて、（大和物語）

□⑱ 僧都(そうづ)、琴(きん)をみづから持てまゐりて、「これ、ただ御手ひとつ**あそばし**て、…。」（源氏物語）

□⑲ かくと奏しければ、初めて鬼の笛と**しろしめし**けり。（十訓抄）

---

⑩ 恐ろしいので、恐縮して（御所を）退出しなさった。 ↓293

⑪ 無理に御庵室に参上して拝顔申し上げると、 ↓294

⑫ 石山寺におととし参詣していた時に、 ↓294

⑬ 帝が、この笛をお取り寄せになって、当時の笛の名手に吹かせなさるが、 ↓295

⑭ すぐ近くに観音寺という寺があったので（その寺の）鐘の音をお聞きになって、 ↓296

⑮ （私が）強情に（宮仕えを）お受けしないままになってしまったことを、 ↓297

⑯ 乳母も自然と近くでお仕え申し上げるのが普通になった。 ↓298

⑰ 京極の御息所が、亭子院のお祝いをして差し上げなさるというので、 ↓298

⑱ 僧都は、琴を自分から持って参上して、「これを、ほんの一曲演奏なさって、…。」 ↓299

⑲ このようでしたと（帝に）申し上げたので、初めて鬼の笛だとご存知にな（↓おわかりにな）った。 ↓300

1 院にお仕え申し上げる男　2 御琴を演奏なさる
3 帝まで皆ご存知であり

(1)〜(9)は傍線部の口語訳として最も適切なものを選び、(10)〜(13)は傍線部を口語訳しなさい。

□(1)「…せめて時々もかかる御有様（ありさま）を、よそにても見奉らばや」と思ひて、木陰に立ち隠れて、**しづ心なく思ひ奉りけるこそあさましけれ**。 ↓274

①気持ちが静まらずお慕いしたのは驚きあきれたことだ
②見境なく恋心をお伝えになったのはあさはかなことだ
③理性を失い好意をお寄せ申し上げるのは恐ろしいことだ

（玉水物語・センター）

訳「…せめて時々でもこのような美しいお姿を、遠い所からでも見申し上げたい」と思って、木陰に隠れて、①気持ちが静まらずお慕いしたのは驚きあきれたことだ。

□(2)上社にまゐりたまふ道にては、やがてのけざまに、後の方を御枕にて、不覚に**大殿籠りぬ**。 ↓276

①引きこもってしまった　②倒れてしまった
③お休みになってしまった

（大鏡・関西学院大）

訳 上賀茂の社に参上なさる途中では、そのまま仰向けに、車の後ろの方を枕にして、前後不覚に③お休みになってしまった。

□(3)いかでか、やんごとなき人に、今日**参る**ばかりの粟（あは）をば奉らん。 ↓277

①参上する　②申し上げる　③召し上がる

（宇治拾遺物語・高崎経済大）

訳 どうして、高貴な人に、今日③召し上がるだけの粟を差し上げましょうか。

□(4)禰宜（ねぎ）・神主も心得て、大土器（かはらけ）をぞ**まゐらせしに**、三度はさらなることにて、七八度など召して、 ↓278

①お勧めになったのだが　②好まれたのだが
③差し上げたのだが

（大鏡・関西学院大）

訳 禰宜や神主も心得て、大きな杯で（酒を）③差し上げたのだが、三度は言うまでもないことで、七、八度も召し上がり、

□(5)前関白殿は、院の御方に**さぶらはせ給ふ**。 ↓271・280

①お仕えなさる　②いらっしゃりなさる
③お与えなさる

（増鏡・東洋大）

訳 前関白殿は、院の片側に①お仕えなさる。

□(6)「あはれのことや。さばかり思ひとりしあたりに、常なき世の物語も**聞こえまほしき**心地するを、…」 ↓286

①うかがいたい　②聞いてほしい　③申し上げたい

（木草物語・センター）

訳「しみじみと心ひかれることだ。それほど決心した人に、無常の世の話も③申し上げたい気持ちがするけれど、…」

□(7) いびきの人はいととく起きて、粥（かゆ）などむつかしきことどもをもてはやして、「御前（おまへ）に、とく**聞こし召せ**」など寄り来て言へど、 ↓296

①お起きなさい　②お食べなさい　③手伝いなさい

訳 いびきの人（＝尼君）はとても早く起きて、粥などむさくるしいものなどを大切に扱って、「あなたさまも、早く②お食べなさい」などと近寄って言うけれど、（源氏物語・共通テスト）

□(8) それがし、君に誤りは何ならん。**うけたまはらむ**。 ↓297

①おうかがいしたい　②申し上げよう　③お与えください

訳 私の、主君に対する誤りは何であろうか。①おうかがいしたい。（室町殿物語・青山学院大）

□(9) 十二歳と申しし時、定通（さだみち）公の大饗（だいきやう）の時の御遊びに御琵琶**あそばしき**。 ↓299

①お与えになった　②お弾きになった　③ご放置なさった

訳 （師継が）十二歳と申し上げた時、定通公の（任官の）饗宴の時の管絃の御遊びに琵琶を②お弾きになった。（文机談・中央大）

□(10) まめやかに、才（ざえ）深き師に預けきこえたまひてぞ、**学問せさせたてまつりたまひける**。 ↓271・274

訳 （光源氏は）本格的に、学識のある先生に預け申し上げなさって、（夕霧に）学問をさせ申し上げなさった。（源氏物語・山梨大）

□(11) その日になりて、一条の大路（おほち）の打杭（うちぐひ）打たせ給へれば、「今は」と言へども、**誰ばかりかは取らむと思して**、のどかに出で給ふ。 ↓275

訳 その日になって、一条大路の（車を停める場所に）印となる杭を打たせなさったので、「もう（行こう）」と言うが、誰がその場所を取るだろうか、いや取らないだろうとお思いになって、ゆっくりとお出かけになる。（落窪物語・東京大）

□(12) 「なにかは。今は思ふことも侍らねば、**命惜しくも侍らず**。わづらはしく、なにかは祈りせさせ給ふ」 ↓281

訳 「どうして。今は思い残すこともございませんので、命は惜しくもありません。お手数をかけて、どうして祈祷（きとう）をさせなさるのか」（落窪物語・都留文科大）

□(13) 賀茂を**まかでさせ給ひて**、唐崎の御祓（はらへ）はてつる又の日、 ↓271・293

訳 賀茂（の斎院）をご退出なさって、唐崎でのみそぎが終了した翌日、（月のゆくへ・鹿児島大）

＊太字は第４章で取り上げている敬語です。

源氏物語

ふたところの御おぼえども、とりどりに、いどみ**たまへ**り。上はよろづの事にすぐれて絵を興あるものに**思し**たり。立てて好ませ**たまへ**ばにや、二なく描かせ**たまふ**。斎宮の女御、いとをかしう描かせ**たまひ**ければ、これに御心(みこころ)移りて、渡らせ**たまひ**つつ、描きかよはさせ①**たまふ**。殿上の若き人々もこの事まねぶをば、御心とどめてをかしきものに思ほしたれば、まして、をかしげなる人の、心ばへあるさまに、まほならず描きすさび、なまめかしう添ひ臥して、とかく筆うちやすらひ**たまへ**る御さま、らうたげさに御心しみて、いとしげう渡らせ**たまひ**て、ありしよりけに御思ひまされるを、権(ごんの)中納言聞き**たまひ**て、あくまでかどかどしく今めき**たまへ**る御心にて、我人に劣りなむやと**思し**はげみて、すぐれたる上手どもを召し取りて、いみじくいましめて、またなきさまなる絵どもを、二なき紙どもに描き集めさせ②**たまふ**。（中略）

例の月次(つきなみ)の絵も、見馴れぬさまに言の葉を書きつづけて、**御覧ぜ**させ**たまふ**。わざとをかしうしたれば、またこなたにてもこれを**御覧ずる**に、心やすくも取り出で**たまは**ず、いといたく秘めて、この御方へ持て渡らせ**たまふ**を惜しみ領じ**たまへ**ば、大臣聞き**たまひ**て、「なほ権中納言の御心ばへの若々しさこそあらたまりがたかめれ」など笑ひ**たまふ**。

（中央大）

＊ふたところ…冷泉(れいぜい)天皇の妻である弘徽殿(こきでん)の女御と斎宮の女御。
＊月次の絵…一月から十二月の風物や行事を描いた絵。

訳

（弘徽殿の女御と斎宮の女御）のお二方への帝(みかど)（＝冷泉天皇）のご寵愛(ちょうあい)も、それぞれで、競い合っていらっしゃる。帝は何にもまして絵をおもしろみのあるものだとお思いになっている。特にお好みになるからであろうか、またとなく上手にお描きになる。斎宮の女御も、とても上手にお描きになったので、こちらに（帝の）お心が移って、（斎宮の女御の所へ）いらっしゃっては、（一緒に）絵を描いて心を通わせていらっしゃる。殿上の若い人々でも絵を学ぶ者を、（帝は）お心を寄せてお気に入りにお思いになっているので、なおさら、美しい様子のお方（＝斎宮の女御）が、風情があるさまに、型通りでなく気の向くままに描き、優雅に物に寄りかかって、あれやこれやと筆を休めていらっしゃるご様子が、かわいらしさに（帝は）お心を奪われて、とても頻繁にいらっしゃって、これまでよりもいっそうご寵愛が深くなっていくのを、権中納言（＝弘徽殿の女御の父）がお聞きになって、どこまでも気が強く当世風でいらっしゃるお心で、自分が人にひけをとるものかと気力を奮い立たせなさって、すぐれた名人たちをお呼び寄せになって、厳しく注意を与えて、またとない様子の数々の絵を、すばらしい紙に描き集めさせなさる。（中略）

普通の月次の絵も、目新しい様子に詞書(ことばがき)を書きつらねて、（帝に）ご覧にいれなさる。特別におもしろく描いたものなので、（帝が）こちら（＝斎宮の女御のお部屋）でもこれをご覧になるが、（権中納言は）気軽にお取り出しにならず、とてもひどく秘密にして、こちら（＝斎宮の女御）のお部屋に持っていらっしゃるのを惜しがって独占なさるので、大臣（＝光源氏）がお聞きになって、「やはり権中納言のお心の大人げなさは変わらないようだ」などとお笑いになる。

大鏡

この粟田殿の御男君達ぞ三人**おはせ**しが、太郎君は福足君と**申し**しを、幼き人はさのみこそはと思へど、いとあさましう、まさなう、悪しくぞ**おはせし**。東三条殿の御賀に、この君、舞をせさせ**たてまつら**むとて、習はせ**たまふ**ほども、あやにくがりすまひ**たまへ**ど、よろづにをこつり、祈りをさへして、③教へ聞こえさするに、その日になりて、いみじうしたて**たてまつりたまへ**るに、舞台の上にのぼり**たまひ**て、ものの音調子吹き出づるほどに、「わざはひかな。あれは舞はじ」とて、鬢頬引き乱り、御装束はらはらと引き破り**たまふ**に、粟田殿、御色真青にならせ**たまひ**て、あれかにもあらぬ御気色なり。ありとある人、「さ思ひつることよ」と見**たまへ**ど、すべきやうもなきに、御伯父の中関白殿のおりて、舞台にのぼらせ**たまへ**ば、「言ひをこつらせ**たまふ**べきか、また憎さにえ耐へず、追ひおろさせ**たまふ**べきか」と、かたがた見**はべり**しに、この君を御腰のほどに引きつけさせ**たまひ**て、御手づからいみじう舞はせ**たまひ**たりしこそ、楽もまさりおもしろく、かの君の御恥もかくれ、その日の興もことのほかにまさりたりけれ。祖父殿もうれしと**思し**たりけり。父おとどはさらなり、よその人だにこそ、すずろに感じ**たてまつり**けれ。かやうに、人のためになさけなさけしきところ**おはしまし**けるに、など御末④かれさせ**たまひ**にけむ。

＊御賀…六十歳のお祝い。
＊鬢頬…結い上げた髪。

訳

粟田殿（＝藤原道兼）のご子息たちは三人いらっしゃったが、ご長男は福足君と申し上げたが、子供は皆そのようなものだとは思うけれど、本当にあきれるほど、やんちゃで、始末が悪くていらっしゃった。東三条殿（＝藤原兼家）の六十歳のお祝いに、この福足君に舞を舞わせ申そうということで、習わせなさる間も、だだをこねて嫌がりなさったが、いろいろとご機嫌をとり、祈祷までして、お教え申し上げるが、当日になって、福足君にたいそう立派に舞の装束を着けて差し上げなさったのに、舞台の上にお上りになって、楽器の音の調子を吹き合わせ始めると、「嫌だ。私は舞いたくない」と言って、結い上げた髪を引き乱し、御装束をびりびりと引き破りなさるので、父の粟田殿は、お顔色が真っ青になられて、茫然自失のご様子である。その場にいた人は皆、「こんなことだと思っていたよ」とご覧になっているが、どうしようもないところに、御伯父の中関白殿（＝藤原道隆）がお席を降りて、舞台にお上りになるので、「なだめすかしなさるのだろうか、それとも憎さに我慢できず、舞台から追い下ろしなさるのだろうか」と人々が見ておりましたところ、（中関白殿は）この君をご自分のお腰のあたりに引きつけなさって、ご自身でとてもみごとに舞われたことで、楽曲の音色もいっそう引き立っておもしろく、福足君の御恥も目立たなくなり、その日の興趣も格別にまさったことだった。御祖父殿（＝兼家）もうれしくお思いになった。父の粟田殿はいうまでもなく、他人でさえ、（中関白殿に対して）思わず感嘆申し上げたことだった。（中関白殿は）このように、人のために情け深いところがおありだったのに、どうしてご子孫が衰えてしまいになったのであろうか。

問

(1)傍線部①、②をそれぞれ文法的に説明しなさい。

(2)傍線部③を現代語訳しなさい。（九州大）

(3)傍線部④を品詞分解しなさい。（九州大）

解答

(1)（例）①は、尊敬の助動詞「さす」の連用形＋尊敬の補助動詞「たまふ」の終止形、②は、使役の助動詞「さす」の連用形＋尊敬の補助動詞「たまふ」の終止形。

(2)（例）お教え申し上げるが

(3)（例）ラ行下二段活用の動詞「かる」の未然形＋尊敬の助動詞「さす」の連用形＋尊敬の補助動詞「たまふ」の連用形＋完了の助動詞「ぬ」の連用形＋過去の原因推量の助動詞「けむ」の連体形。

解説

(1)①は、書き手から帝と斎宮の女御への高い敬意を表す二重敬語。②は、権中納言が名人たちに絵を描かせている、という文脈。「たまふ」は、書き手から権中納言への敬意を表す。→271・291ページ**「敬語の要点」**

(2)「聞こえさする」は、謙譲の補助動詞「きこえさす」の連体形で、「お～申し上げる」の意味。敬意の高い謙譲表現。

(3)「させたまひ」は、語り手から中関白殿への高い敬意を表す二重敬語。「けむ」は、疑問の副詞「など」と呼応して連体形となる。→271・291ページ**「敬語の要点」**

作品解説

《源氏物語》

平安時代中期成立とされる全五十四帖の長編物語。作者は紫式部。正編（「桐壺」～「幻」）と続編（「匂宮」～「夢浮橋」）からなり、続編のうち、「橋姫」から「夢浮橋」の十帖は「宇治十帖」と呼ばれる。正編は、主人公である光源氏の恋と権力をめぐる物語で、続編は、光源氏死後の子孫たちの物語。七十年あまりの年月を描き、登場人物は三百人を超える。先行の『竹取物語』などの「作り物語」と『伊勢物語』などの「歌物語」を統合し、発展させた。その優れた構想や人物描写、心理描写などにより、古典文学の最高傑作とされる。後世の文学・芸術などにも多大な影響を与えた。

《大鏡》

平安時代後期成立とされる歴史物語。作者未詳。文徳天皇から後一条天皇まで、十四代百七十六年間（八五〇年～一〇二五年）の歴史が描かれる。中国の歴史書である『史記』（司馬遷）にならって、紀伝体で書かれている。百九十歳の大宅世継と百八十歳くらいの夏山繁樹の二人の老人が「雲林院の菩提講」で出会い、繁樹の妻と若侍とともに藤原道長の栄華を中心とした歴史について語り、居合わせた一人がそれを筆録したという体裁をとっている。歴史的な事実を描くだけでなく、それを批評する視点が入っているという特徴がある。本文が会話で構成されているため、敬語法などに注意する必要がある。

敬語の要点

本動詞			
普通語	尊敬語	謙譲語	丁寧語
与ふ	**たまふ**(四段)・**たまはす**・たぶ・たうぶ・**つかはす**［お与えになる］	**たてまつる**・**まゐる**・**まゐらす**［差し上げる］	
あり・居(を)り	**おはす**・おはします・**います**・いますがり・いまそがり［いらっしゃる］	**さぶらふ**・さうらふ・**はべり**［お仕えする］	**さぶらふ**・さうらふ・**はべり**［あります］
行く・来	**おはす**・おはします・**います**［いらっしゃる］	**まゐる**・**まうづ**［参上する・参詣する］	**まかる**・**まかづ**［行きます］
出づ		**まかる**・**まかづ**［退出する］	
言ふ	**おほす**・**のたまふ**・のたまはす［おっしゃる］	**きこゆ**・**まうす**・**そうす**・**けいす**［申し上げる］	
受く		**たまはる**・**うけたまはる**［いただく］［お受けする］	
思ふ	**おぼす**・**おぼしめす**［お思いになる］		
聞く	**きこしめす**［お聞きになる］	**うけたまはる**［お聞きする］	
着る・乗る	**たてまつる**・**めす**［お召しになる・お乗りになる］		

◇敬語に関わる立場と敬語動詞

①**主体（動作をする人）**…話題の中の登場人物で、動作をしている人。

②**客体（動作を受ける人）**…話題の中の登場人物で、主体の動作を受ける（主体の動作が直接に及ぶ）人。

③**書き手**…書いたり話したりすることで、話題を提供している人。敬語を使っている人。

④**読み手**…読んだり聞いたりすることで、話題の提供を受けている人。

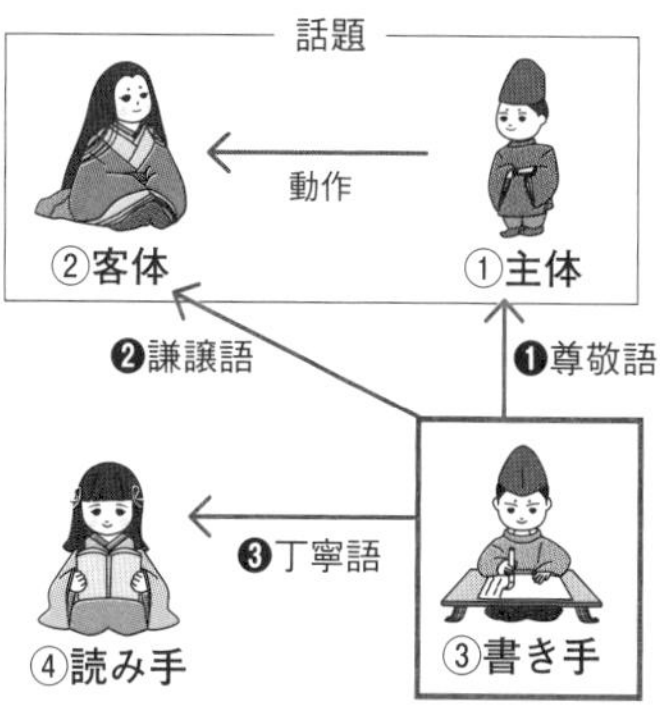

	普通語	尊敬語	謙譲語	丁寧語
本動詞	食ふ 飲む	**たてまつる・きこしめす・まゐる・めす**［召し上がる］		
	知る	**しろしめす**［ご存じである］		
	領（し）る	**しろしめす**［お治めになる］		
	す	**あそばす**［～なさる］	**まゐる・つかうまつる・**つかまつる［して差し上げる］	
	遊ぶ	**あそばす**［演奏なさる］		
	仕ふ		**つかうまつる・**つかまつる［お仕え申し上げる］	
	寝（ぬ） 寝（い）ぬ	**おほとのごもる**［おやすみになる］		
	見る	**ごらんず**［ご覧になる］		
	遣（や）る	**つかはす**［お遣りになる］		
	呼び（取り）寄す	**めす**［お呼び（取り）寄せになる］		
補助動詞		**たまふ**（四段）［お～になる・～なさる］・**おはす・おはします・います**［～ていらっしゃる］	**たまふ**（下二段）［～ております］・**まゐらす・きこゆ・まうす・たてまつる・つかうまつる**［～申し上げる］	**さぶらふ・**さうらふ・**はべり**［～ます］

❶**尊敬語**…書き手から、話題の主体に対して敬意を表す言葉。
❷**謙譲語**…書き手から、話題の客体に対して敬意を表す言葉。
❸**丁寧語**…書き手から、読み手に対して敬意を表す言葉。

◇敬語の口語訳の原則

口語訳の際には、次のような表現を用いて、敬意を添えます。

尊敬語	お～になる・～なさる
謙譲語	～申し上げる・お～する ～いたす ～して差し上げる
丁寧語	～です・～ます ～ございます

◇補助動詞

動詞が本来の意味を失い、他の語の下について、敬意を添えるもの。助動詞のような働きをしますが、品詞としては動詞です。

2 二方面敬語

書き手が、主体と客体の両者に対して、同時に敬意を示す表現を二方面敬語などといいます。一般に、謙譲語＋尊敬語の形で表現されます。

例文一 （かぐや姫は）いみじく静かに、おほやけに御文①**奉り**②**給ふ**。（竹取物語）

①奉り…「与ふ」の謙譲語

②給ふ…尊敬の補助動詞

訳 たいそう静かに、帝にお手紙を差し上げなさる。

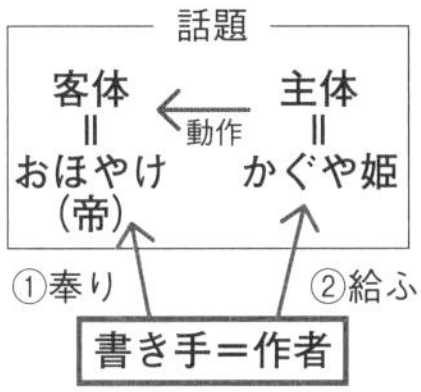

3 二重敬語（最高敬語）

尊敬語を二つ重ねて用いることで、主体の天皇・皇后・中宮など最高位の人々に対して高い敬意を示す表現を二重敬語（最高敬語）といいます。

例文二 （中宮が）「少納言よ。香炉峰の雪いかならむ。」と①**仰せらる**れば、御格子上げさせて、御簾を高く上げたれば、笑は②**せ給ふ**。（枕草子）

①「言ふ」の尊敬語「仰す」＋尊敬の助動詞「らる」

②尊敬の助動詞「す」＋尊敬の補助動詞「給ふ」

➡主体は、①も②も「中宮」なので、書き手から中宮への高い敬意を表します。

訳 （中宮様が）「少納言よ。香炉峰の雪はどうかしら。」とおっしゃるので、御格子を上げさせて、御簾を高く上げたところ、（中宮様は我が意を得たように）お笑いになる。

◆動詞以外に敬意を表す語

助動詞	る・らる・す・さす・しむ
名詞	上（うへ）・帝（みかど）・殿（との）・君（きみ） 行幸（ぎやうがう）・行啓（ぎやうけい）・御幸（ごかう／みゆき）
接頭語	御～（御前・御時（おほんとき））
接尾語	～殿（大納言殿） ～君（若君）

◆二重敬語の組合せの例

○本動詞＋尊敬の助動詞

仰す＋らる＝仰せらる

思す＋る＝思さる

○尊敬の助動詞＋尊敬の補助動詞

す＋給ふ＝せ給ふ

さす＋給ふ＝させ給ふ

しむ＋給ふ＝しめ給ふ

○尊敬語＋尊敬語の複合語

思す＋召す＝思し召す

聞こす＋召す＝聞こし召す

1 □ あなかま

❶しっ、静かに

関 あな［感］→180

フレーズ

あなかま、人に聞かすな

↓訳 しっ、静かに、人に聞かせるな

イメージ

静かに！

「あな」は「ああ」という意味の感動詞で、「かま」は形容詞「かまし」（＝うるさい）の語幹です。「ああ、うるさい」「しっ、静かに」という意味の相手を制止する表現です。

「あな」＋「かま」 → ああ、うるさい → しっ、静かに

例文

❶「**あなかま**」と、まねき制すれども、（枕草子）

↓訳「しっ、静かに」と、手まねで止めるのだが、

2 □ いかがはせむ

❶どうしようもない

関 いかが［副］→164

フレーズ

泣き叫べども、いかがはせむ

↓訳 泣き叫ぶが、どうしようもない

イメージ

処置なし

文字通り「どうしようか」と疑問を表す場合もありますが、反語表現として「どうしようか、いやどうしようもない」の意味でよく用いられます。「いかがせむ」も同じです。

どうしようか →（処置なし）→ どうしようもない

例文

❶つなぎ苦しむるこそいたましけれど、なくてかなはぬものなれば、**いかがはせむ**。（徒然草）

↓訳（馬や牛を）つないで苦しめるのはかわいそうだが、なくてはならないものだから、どうしようもない。

3 いざたまへ　✤いざ給へ

❶さあ、いらっしゃい

関 いざ〔感〕さあ　たまふ〔動〕→271

フレーズ
いざたまへ、我が家へ
⬇訳 さあ、いらっしゃい、私の家に

イメージ
レッツゴー

相手を誘いかける意味の感動詞「いざ」に、尊敬の補助動詞の命令形「たまへ」が付いた形で（本来、前にある「行く」「来」が省略されている）、「さあ、いらっしゃい」「さあ、一緒に行きましょう」と敬意を持って相手を誘う表現です。

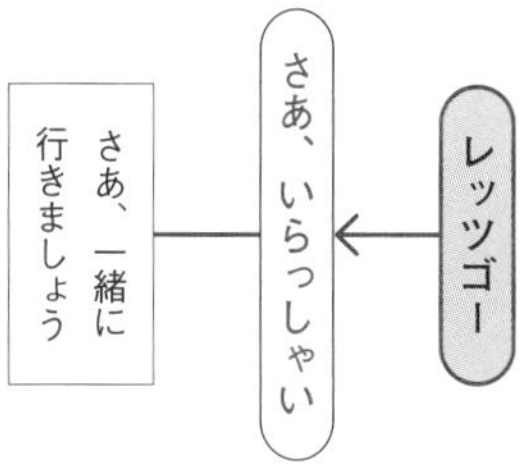

例文
❶ 嫗（おうな）ども、**いざ給へ**。寺に尊き業（わざ）すなる、見せ奉（たてまつ）らむ。（大和物語）
⬇訳 おばあさんよ、さあ、いらっしゃい。寺でありがたい法会（ほうえ）をするそうですから、お見せしましょう。

4 いとしもなし

❶たいしたことはない

関 いと〔副〕→87

フレーズ
いとしもなき歌詠み
⬇訳 たいしたことはない歌人

イメージ
平凡

副詞「いと」に強意の副助詞「しも」が付いた「いとしも」（＝十分に）を、形容詞「なし」で打消した形で、「それほどでもない」「たいしたことはない」の意味になります。

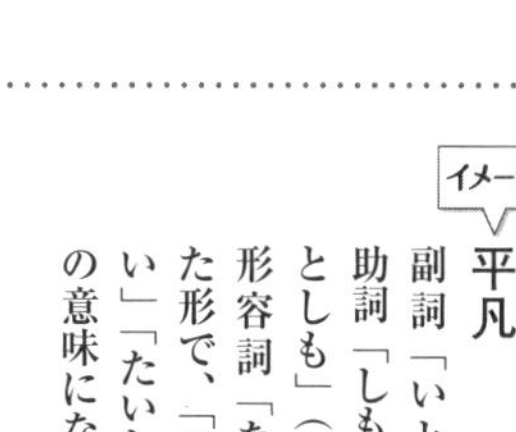

例文
❶ 才（ざえ）はきはめてめでたけれど、みめは**いとしもなし**。（古本説話集）
⬇訳 学問はこの上なくすばらしいけれども、外見はたいしたことはない。

5 □

えもいはず　✤えも言はず

❶なんとも言いようがない

関 え［副］＋打消→89

フレーズ

えも言はずあはれなり

⬇訳 なんとも言いようがなくすばらしい

イメージ

言葉にならない

「え＋打消」で「〜できない」の意味なので、「言うことができない」「なんとも言いようがない」となります。「すばらしい」場合にも「ひどい」場合にも用いられます。

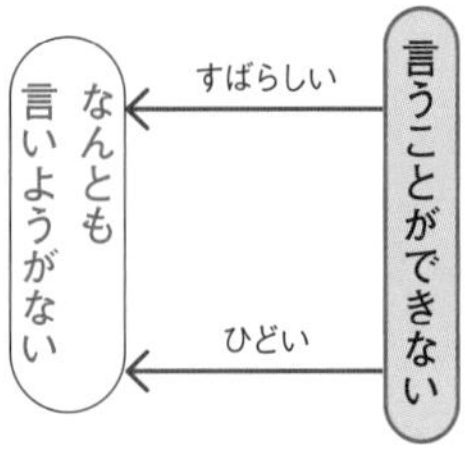

例文

❶夜深き暁月夜（あかつきづきよ）の**えも言はず**霧（き）りわたれるに、（源氏物語）

⬇訳 深夜の月が残っている空がなんとも言いようがない（ほどすばらしい）霧が立ちこめている時に、

❶大路をよろぼひ行きて、築土（ついひぢ）・門（かど）の下などに向きて、**えも言はぬ**ことどもし散らし、（徒然草）

⬇訳 大通りをよろめきながら行って、土塀や門の下などに向かって、なんとも言いようがない（ほどひどい）ことなどをしたい放題にして、

---

6 □

おとにきく　✤音に聞く

❶噂（うわさ）に聞く

フレーズ

音に聞きし猫また

⬇訳 噂に聞いた猫また

イメージ

噂

「音」は現代語と同じ「音」ですが、この場合は「人の音（＝声）」すなわち「評判」「噂」という意味になります。「音にも聞く」の形でも用いられます。

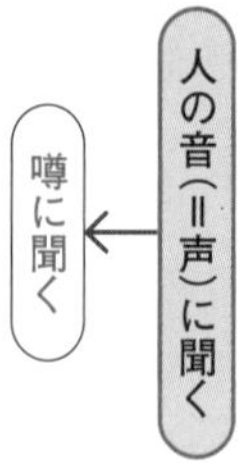

例文

❶**音に聞く**と見る時とは、何ごとも変はるものなり。（徒然草）

⬇訳 噂に聞く時と（実際に）見る時とでは、何ごとも違うものである。

7 かずならず　✤数ならず

❶取るに足りない

フレーズ

数ならぬ身

→訳 取るに足りない身

イメージ

価値がない

「数える価値がない」から、「取るに足りない」という意味になります。現代語でも「物の数でない」という形で使います。

数える価値がない ← 取るに足りない

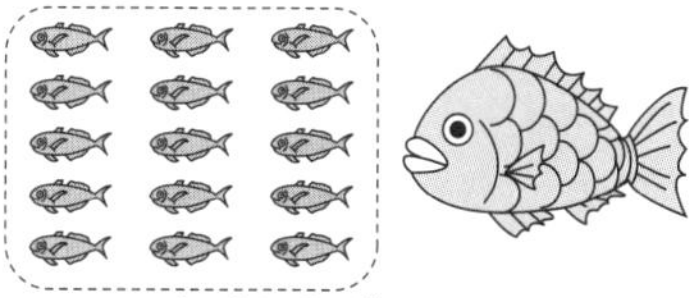

例文

❶おのれが身、**数ならず**して、権門(けんもん)の傍(かたは)らにをるものは、（方丈記）

→訳 自分の身は、取るに足りない（身分）で、（それなのに）権勢のある人の家の近くに暮らす者は、

8 けしうはあらず

❶そんなに悪くはない

関 けしからず［連語］　けし［形］異様だ

フレーズ

けしうはあらぬ女

→訳 そんなに悪くはない女

イメージ

悪くはない

形容詞「怪(け)し」（＝異様だ）を打消した形で、「そんなに悪くはない」という消極的な評価を表します。「怪し」を強めた「けしからず」（＝異様だ）との違いに注意しましょう。

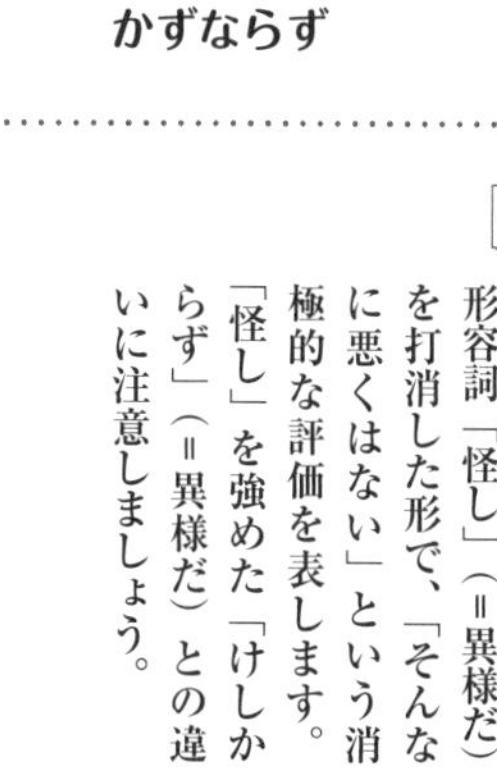

例文

❶昔、わかき男、**けしうはあらぬ**女を思ひけり。（伊勢物語）

→訳 昔、若い男が、（器量が）そんなに悪くはない女に思いを寄せた。

9 □ さてもあるべきならねば

❶いつまでもそのままではいられないので

関 さて［副］そのまま

フレーズ

さてもあるべきならねば、人をつかはす

訳 いつまでもそのままではいられないので、使いをやる

イメージ

何かしないと！

「さてありぬべし」(＝そのままでいいだろう)を打消した形で、「ともかく何かしなくては」という気持ちを表します。「さて(さてしも)あるべきならねば」の形でも用いられます。

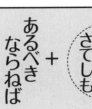

さても
さて
さてしも
＋
あるべきならねば

例文

❶**さてもあるべきならねば**、むかへに乗物どもつかはして、(平家物語)

訳 いつまでもそのままではいられないので、迎えに乗物などを遣わして、

10 □ さのみやは

❶そうばかり～いられようか

関 さ［副］→169

フレーズ

さりとて、**さのみやは**

訳 そうは言っても、そうばかりしていられようか

イメージ

このままじゃダメだ！

「さ」(＝そう)は指示語、「やは」は反語で、「そうばかりしてられようか、いやいられない」という気持ちを表します。

このままじゃダメだ → そうばかり～いられようか

このままじゃダメだ！
現状維持に反対！
何かしないと

例文

❶**さのみやは**とて、うちいではべりぬるぞ。(竹取物語)

訳 そうばかりしていられようか(いやいられない)と思って、(本当のことを)打ち明けてしまうのです。

11 □

さらぬわかれ　✤さらぬ別れ

❶死別

フレーズ

さらぬ別れの悲しび

⬇訳 死別の悲しみ

イメージ

避けられない＝死

「さる」は「避る」で、「避けられない別れ」とは「死別」を指します。和歌に多く用いられる「死別」の婉曲的な表現です。

避けられない別れ → 死別

◎「死ぬ」の婉曲表現

失す
隠る
消ゆ（霧と消ゆ）
あさましくなる
いたづらになる
はかなくなる

例文

❶世の中に**さらぬ別れ**のなくもがな千代もと祈る人の子のため（伊勢物語）

⬇訳 世の中に死別がなければいいなあ、千年も（長生きしてほしい）と祈る子どものために。

12 □

さればこそ

❶思った通りだ

フレーズ

さればこそ、姫君なりけり

⬇訳 思った通りだ、姫君だったのだなあ

イメージ

予想通り

直訳すると「そうだからこそ」ですが、「だから言ったではないか」「思った通りだ」と、予想が的中した時に言う表現です。「さればよ」も同じです。

そうだからこそ → だから言ったではないか → 思った通りだ

例文

❶**さればこそ**、君の御事思ひ出で参らせて、楽こそ多けれ、この楽をひき給ひけるやさしさよ。（平家物語）

⬇訳 思った通りだ、帝の御事を思い出し申し上げて、曲はたくさんあるのに、この曲を選んでお弾きになるすばらしさよ。

㋑**さればよ**といひて、（伊勢物語）

⬇訳 思った通りだと言って、

13 □

ただならず

❶普通でない
❷「「ただならずなる」で」妊娠している

フレーズ

ただならぬ有様

➡ 訳 普通でない様子

イメージ

異常

「ただなり」（＝普通だ）を打消の助動詞「ず」で打消した形で、「普通でない」「（心が）穏やかでない」という意味です。また「ただならずなる」の形で「妊娠している」の意味にもなります。

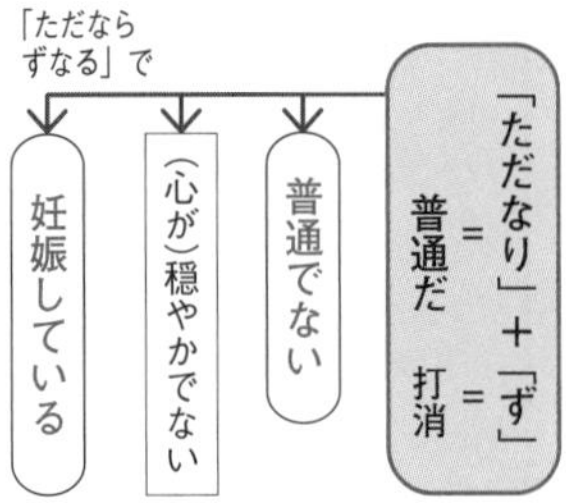

例文

❶実方（さねかた）の中将、寄りてつくろふに、**ただならず**。（枕草子）

➡ 訳 実方の中将が、近寄って（解けたひもを）結び直すのだが、（様子が）普通でない。

❷男夜（よ）な夜な通ふほどに、年（とし）月も重なるほどに、身も**ただならずなり**ぬ。（平家物語）

➡ 訳 男が毎夜通ううちに、年月を経るうちに、（女は）妊娠した。

14 □

なにおふ

✤名に負ふ

❶名前を持つ
❷有名だ

フレーズ

ここぞ**名に負ふ**隅田川

➡ 訳 ここがかの有名な隅田川

イメージ

有名

直訳すると「名前を持つ」ですが、「有名だ」「評判が高い」という意味でよく用いられます。「名にし負ふ」「名にこそ負へれ」といった形もあります。

例文

❶**名にし負は**ばいざこと問はむ都鳥わが思ふ人はありやなしやと（伊勢物語）

➡ 訳 （都鳥という）名前を持つのならばさあ聞いてみよう、都鳥よ、私の恋しい（都にいる）あの人は元気でいるかと。

❷花橘（はなたちばな）は**名にこそ負へれ**、なほ梅の匂（にほ）ひにぞ、古（いにしへ）のことも立ち返り恋しう思い出でらるる。（徒然草）

➡ 訳 花橘は有名だが、やはり梅の香りによって、昔のことも（その当時に）返って懐かしく思い出される。

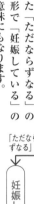

15 □ ひとやりならず ✤人遣りならず

❶自分の意志で

フレーズ

ひとやりならず日記を記す

⬇訳 自分の意志で日記を書く

イメージ

他人ではなく、自分

「人遣り」（＝自分の意志ではなく、他人から強制されてすること）ではないということから、「自分の意志で」「自分のせいで」という意味になります。

「人遣り」＝他人からの強制 ＋ 「ず」＝打消
→ 自分の意志で
→ 自分のせいで

例文

❶**ひとやりならぬ**道なれば、行き憂しとてとどまるべきにもあらで、何となく急ぎ行きぬ。（十六夜日記）

⬇訳 自分の意志でする旅なので、行くのがいやだと言ってとどまることもできず、これということもなく急いで出発した。

❶**人やりならず**、心づくしに思(おぼ)し乱るることどもありて、（源氏物語）

⬇訳 （誰のせいでもなく）自分の意志で物思いに心を尽くされることどもがあって、

16 □ みぐしおろす ✤御髪下ろす

❶出家する

フレーズ

帝は**御髪下ろし**給ふ

⬇訳 帝は出家なさる

イメージ

髪を切る→出家

貴人が「髪を下ろす」＝「髪を切って頭を丸める」ことで、「出家」を表します。同様な表現は下の1「頭下ろす」です。2は「着ている衣服を墨染めのものに変える」ことで、3は「俗世を離れる」こと、すなわち「出家」を表します。

◎出家する
1 御髪・頭(かしら) ― 下ろす
2 形(かたち)・様(さま) ― を変ふ
3 世を ― 背(そむ)く・捨つ・遁(のが)る・厭ふ・離(はな)る

例文

❶**御髪おろし**たまふほどに、宮の内ゆすりて、ゆゆしう泣き満ちたり。（源氏物語）

⬇訳 （藤壺が）出家なさるときに、宮の中は動揺し、不吉なほどみな泣いていた。

17 □

ものもおぼえず　✤物も覚えず

❶どうしたらよいかわからない

フレーズ

かきくらされて**物も覚えず**

⬇訳 悲しみに暮れてどうしたらよいかわからない

イメージ

無我夢中

「無我夢中で何も考えられない」感じです。「どうしたらよいかわからない」のほかに、「正気ではない」「道理がわからない」という意味にもなります。「ものもおぼえで」の形でも用いられます

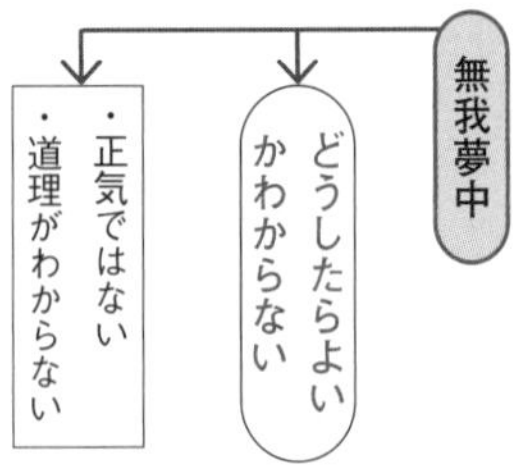

例文

❶うちも臥（ふ）されず、**ものもおぼえず**起きゐたり。（源氏物語）

⬇訳（乳母は）横にもなれず、どうしたらよいかわからないでずっと起きていた。

㋑**物も覚えず**、御装束（さうぞく）も引き乱りて、（大鏡）

⬇訳（酔って）正気ではなく、お召し物も取り乱して、

㋑**物もおぼえぬ**官人（つかさびと）どもが申し様（やう）かな。（平家物語）

⬇訳 道理がわからない役人たちが言うことだな。

18 □

～やおそきと　✤～や遅きと

❶～（する）とすぐに

フレーズ

家に行き着く**や遅きと**

⬇訳 家に着くとすぐに

イメージ

すぐに

「や」は疑問・反語を表す係助詞で、係り結びにより連体形「遅き」となっています。直訳すると「～（するの）が遅いか」ですが、「～（する）とすぐに」「～（する）やいなや」という慣用表現になります。

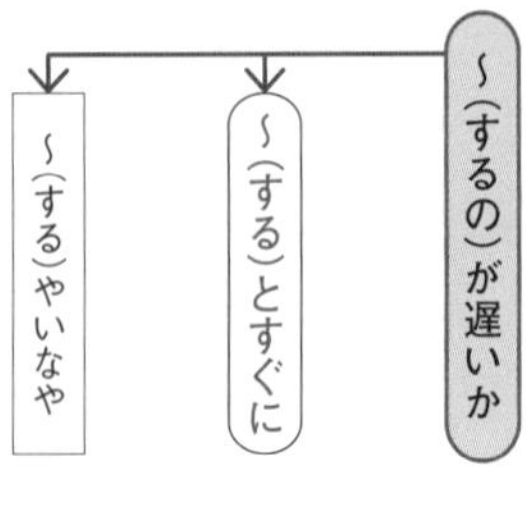

例文

❶ゐざり隠るる**や遅きと**、上げちらしたるに、雪降りにけり。（枕草子）

⬇訳（私が中宮様のもとから）ひざをつきながら移動して姿を隠すとすぐに、（女房たちが格子を）乱暴に上げたところ、雪が降っていた。

19 れいの ✤例の

❶［＋名詞］いつもの
❷［＋用言］いつものように

関 れいならず［連語］いつもと違う

フレーズ **例の、集まりぬ**
↓訳 いつものように、集まった

イメージ **いつも**
現代語と同様に名詞を修飾して「いつもの」という意味になりますが、現代語にない用法として、用言を修飾して「いつものように」の意味になる場合が重要です。

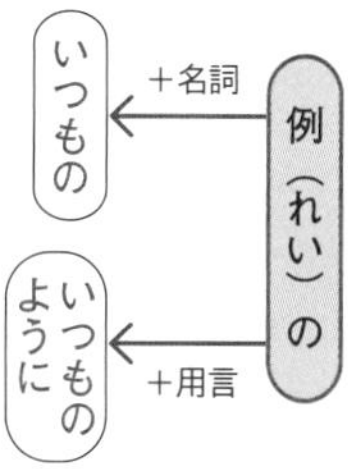

例文

❶**例の**狩りしにおはします供に、馬頭（うまのかみ）なる翁（おきな）仕うまつれり。（伊勢物語）
↓訳 **いつもの**鷹狩りをしにいらっしゃるお供として、馬寮（めりょう）の長官である翁がお仕え申し上げた。

❷大納言殿参り給ひて、文（ふみ）のことなど奏し給ふに、**例の**、夜いたく更けぬれば、（枕草子）
↓訳 大納言殿が参上なさって、漢詩のことなどを申し上げなさるうちに、**いつものように**、夜がたいそう更けたので、

20 われにもあらず ✤我にもあらず

❶呆然としている

類 われかひとか［連語］呆然としている

フレーズ **我にもあらぬ心地す**
↓訳 呆然とした気持ちがする

イメージ **呆然**
「（自分が）自分のようでない」ということから、「呆然としている」という意味になります。「われにもあらで」の形でも用いられます。

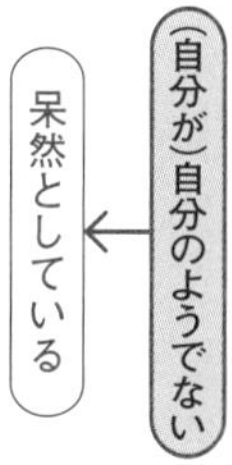

例文

❶引き動かし給へど、なよなよとして、**我にもあらぬ**さまなれば、（源氏物語）
↓訳 引き動かしなさっても、ぐったりとして、**呆然としている**様子なので、

傍線部の語句を口語訳しなさい。

□① 夜の声はおどろおどろし。**あなかま**。（源氏物語）

□② 「**いかがはせむ**。いと忍びてものせむ。」と、のたまひて、（源氏物語）

□③ **いざたまへ**よ。をかしき絵など多く、雛（ひひな）遊びなどする所に。（源氏物語）

□④ **いとしもなき**言葉なり。（宇治拾遺物語）

□⑤ この長者のいつき姫君、出でて遊びけるを見るに、顔かたち**えもいはず**。（古本説話集）

□⑥ 日ごろは**音にも聞き**つらん、今は目にも見給へ。（平家物語）

□⑦ 某（なにがし）の大納言とかやは、「**数ならぬ**身は、え聞き候はず」と答へられけり。（徒然草）

□⑧ **けしうはあらぬ**歌よみなれど、辛（つら）う劣りにしことぞかし。（大鏡）

□⑨ 夜になるほどに、**さてあるべきならねば**、笏（しやく）をおさへて立ちければ、（大鏡）

□⑩ **さのみやは**籠（こも）りたらむとする。（枕草子）

訳　＊問題番号は見出し語番号に一致します。

① 夜の声は大げさに響く。しっ、静かに。

② 「どうしようもない。こっそりと出かけよう。」と、おっしゃって、

③ さあ、いらっしゃいよ。おもしろい絵などがたくさんあって、人形遊びなどをする所に。

④ たいしたことはない言葉である。

⑤ この金持ちの大切に育てている姫君が、出て遊んでいたのを見ると、顔立ちがなんとも言いようがない（ほどすばらしい）。

⑥ ふだんは噂に聞いているであろう、今はその目でご覧になれ。

⑦ 某の大納言とかいう人は、「（私のように）取るに足りない身には、聞くことができません」とお答えになった。

⑧ そんなに悪くはない歌人であるが、ひどく劣ってしまったことですよ。

⑨ 夜になるので、いつまでもそのままではいられないので、笏を押さえて立ったところ、

⑩ そのように籠もってばかりいられましょうか。

□⑪泣き流す涙の上にありしにも**さらぬ別れ**にあはにむすべる（篁物語）

□⑫**さればこそ**。異物（こともの）の皮なりけり。（竹取物語）

□⑬「思ひしことかな」と心細きに、御袖（そで）**ただならぬ**を、（堤中納言物語）

□⑭くまもなく**名に負ふ**秋の空よりも思ひいであるよはの月かな（源家長日記）

□⑮木の葉の露の散りかかるも、いと冷ややかに、**ひとやりならず**いたくぬれ給ひぬ。（源氏物語）

□⑯思ひのほかに、**御髪下ろし**給うてけり。（伊勢物語）

□⑰軒とひとしき人のあるやうに見え給ひければ、**ものもおぼえで**、（大鏡）

□⑱ひとしれずかなしくおぼえて、暮るる**やおそきと**よびとりてけり。（唐物語）

□⑲御前（おまへ）近くは、**例の**、炭櫃（すびつ）に火こちたくおこして、（枕草子）

□⑳**われにもあらず**、あらぬ世によみがへりたるやうに、しばしはおぼえたまふ。（源氏物語）

---

⑪（あなたを失い）泣いて流す涙の上にいたが、死別しても（二人は）泡のように（頼りなく）結ばれていることよ。

⑫思ったとおりだ。違う物の皮ですね。

⑬「思っていたとおりだ」と心細くて、お袖が普通でない（＝涙で濡れている）のを、

⑭曇りもないことで有名な秋の空よりも、（今日の月は）思い出のある夜の月となったことです。

⑮木の葉の露が散り落ちてかかるのも、たいそう冷たくて、自分の意志でひどくおぬれになってしまった。

⑯意外にも、（親王は）出家なさってしまった。

⑰軒と等しい背丈の人がいるようにお見えになったので、どうしたらよいかわからなくて、

⑱人知れずいとしく思われて、日が暮れるとすぐに（女を）呼び寄せた。

⑲中宮様のおそば近くには、いつものように、炭櫃に火をたくさんおこして、

⑳（光源氏は）呆然として、他の世界に生まれ返ってしまったように、しばらくはお思いになっている。

❶ 枕詞（まくらことば）

ある特定の語を導き出すためにその前に置かれる、主に五音から成る言葉を枕詞と言います。普通、口語訳はしません。

例文❶ ぬばたまの夜のふけゆけば久木生ふる清き川原に千鳥しば鳴く（万葉集）

訳 夜が更けていくと、久木が生えている清らかな川原で、千鳥がしきりに鳴いている。

⬇「ぬばたまの」が、「夜」を導き出す枕詞になっています。

◇覚えておきたい枕詞◇

□①あかねさす→日・昼・光・紫・君
□②あしひきの→峰・山・尾の上
□③あづさゆみ→いる・ひく・はる・音
□④あまざかる→鄙・向かふ
□⑤あらたまの→年・月・日・春
□⑥あをによし→奈良

□⑦いはばしる→滝・垂水・近江
□⑧うつせみの→世・人・命・身
□⑨からころも→着る・裁つ・袖・紐
□⑩くさまくら→旅・度・結ふ
□⑪くれたけの→伏し・夜・世・代・節
□⑫ささなみの→志賀・大津・寄る・夜・あやし

□⑬しきしまの→大和
□⑭しろたへの→衣・袖
□⑮たらちねの→母・親
□⑯ちはやぶる→神
□⑰ぬばたまの→黒・夜・闇・髪・夢
□⑱ひさかたの→光・月・日・雨・雲・天

□①あかねさす紫野行き標野行き野守は見ずや君が袖振る（万葉集）

訳 紫野を行き、標野を行くと野の番人が見ないでしょうか、あなたが（私に向かって）袖を振るのを。

□②あしびきの山鳥の尾のしだり尾のながながし夜をひとりかも寝む（拾遺和歌集）

訳 山鳥のたれさがった尾のように、長い長い夜をひとりだけで寝るのかなあ。

□③梓弓（あづさゆみ）引きみ緩へみ思ひ見てすでに心は寄りにしものを（万葉集）

訳 引いてみたり緩めてみたりするように、あれこれ思いをめぐらして、もうすっかり心はあなたに寄り添ってしまったことだ。

□④天離る（あまざかる）鄙の長道ゆ恋ひ来れば明石の門より大和島見ゆ（万葉集）

訳 都を離れた遠い地方からの長い道のりを、都が恋しいと思いながらやってくると、明石海峡から故郷の大和の山々が見えてくることだ。

□⑤あらたまの年のをはりになるごとに雪も我が身もふりまさりつつ（古今和歌集）掛詞例文⑭

訳 毎年、年の終わりになるたびに、雪も降りつのり、私の体もいよいよ古びていく。

□⑥あをによし奈良の都は咲く花の薫(にほ)ふがごとく今盛りなり　（万葉集）

訳 奈良の都は、咲く花が美しく輝くように、今真っ盛りだ。

□⑦石走る（いはばしる）垂水の上のさわらびの萌(も)え出(い)づる春になりにけるかも　（万葉集）

訳 岩の上を勢いよく流れる滝のほとりの、わらびが芽を出す春になったことだなあ。

□⑧空蝉の（うつせみの）世はうきものと知りにしをまた言(こと)の葉にかかる命よ　（源氏物語）

訳 この世は悲しくつらいものと知ってはおりましたが、また（あなたの）言葉を頼りに生きていく（私の）命ですよ。

□⑨唐衣（からころも）着つつなれにしつましあればはるばる来ぬる旅をしぞ思ふ　（古今和歌集）

訳 いつも着ていて身になじんだ褄(つま)のように、長年慣れ親しんだ妻(つま)が都にいるので、こうしてはるか遠くまでやって来た旅のわびしさを、しみじみと思うことだ。

□⑩家(いへ)にあれば笥(け)に盛る飯(いひ)を草枕（くさまくら）旅にしあれば椎(しひ)の葉に盛る　（万葉集）

訳 家にいる時は器(うつわ)に盛る飯を、今は旅中なので椎の葉に盛ることだ。

□⑪呉竹の（くれたけの）よよの竹取り野山にもさやはわびしきふしをのみ見し　（竹取物語）

訳 代々竹取りを生業(なりわい)として野山でつらいことに出会ってきた私でも、そんなにつらい目に会ったことがありましょうか。

□⑫水鳥の羽風に騒ぐさざなみのあやしきまでもぬるる袖(そで)かな　（金葉和歌集）

訳 水鳥の羽風に波打つ波紋(はもん)に濡れるように、不思議なまでに涙に濡れる袖であることよ。

□⑬敷島の（しきしまの）大和心(ごころ)を人問はば朝日ににほふ山桜花(やまざくらばな)　（肖像自賛）

訳 大和心とは何かと人が尋ねたならば、朝日に咲きにおう山桜の花が象徴するのだ答えよう。

□⑭春過ぎて夏来(き)にけらし白妙の（しろたへの）衣ほすてふ天(あま)の香具山(かぐやま)　（新古今和歌集）

訳 春が過ぎてもう夏がやって来たらしい。真っ白な衣を干すという天の香具山には。

□⑮たらちねの母を別れてまこと我(われ)旅の仮廬(かりほ)にやすく寝むかも　（万葉集）

訳 母に別れてほんとうに私は旅の仮の庵(いおり)で安らかに寝ることができるのだろうか。

□⑯ちはやぶる神代(よ)もきかず竜田川(たつたがは)韓紅(からくれなゐ)に水くくるとは　（古今和歌集）

訳 不思議なことが多かった神代の昔にも聞いたことがない。竜田川で、鮮やかな紅色に水をくくり染めにしているとは。

□⑰例文❶を参照。

□⑱ひさかたの光のどけき春の日にしづ心なく花の散るらむ　（古今和歌集）

訳 日の光がこんなにものどかな春の日に、どうして落ち着いた心もなく桜の花は散っているのだろう。

❷ 序詞（じょことば）

ある語や語句、語の一部を導き出すためにその前に置かれる、七音以上の言葉を序詞と言います。表現や関係が固定化された枕詞と異なり、序詞は自由に創作され、導き出される語句も一定ではありません（したがって暗記はできません）。普通、「〜のように」「〜ではないが」と導く語につなげる形で、口語訳をします。

例文❷ あしびきの山鳥の尾のしだり尾のながながし夜をひとりかも寝む（拾遺和歌集）

訳 山鳥のたれさがった尾のように、長い長い夜をひとりだけで寝るのかなあ。

➡序詞の「あしびきの山鳥の尾のしだり尾の」が、「ながながし」を導き出しています。

❸ 掛詞（かけことば）

同音異義語を利用して、一つの語に複数の意味を掛けて表現する技法を掛詞と言います。歌の内容を豊かにする技法で、掛けられた意味をそれぞれ訳します。

例文❸ 山里は冬ぞさびしさまさりける人めも草もかれぬと思へば（古今和歌集）

訳 山里は冬こそ寂しさがまさっていることだ。人の訪れも遠ざかり、草も枯れてしまうと思うと。

➡「かれ」が「離れ」と「枯れ」の掛詞になっています。

例文❹ 大江山いくのの道の遠ければまだふみもみず天の橋立（十訓抄）

訳 大江山を越えて行く生野の道ははるかに遠いので、私はまだ天の橋立に踏み入ったこともなければ、そこにいる母からの手紙もまだ見ていません。

➡「いくの」が「行く野」と「生野」に、「ふみ」が「踏み」と「文」の掛詞になっています。

◆覚えておきたい掛詞◆

- □①あかし→明石（あかし）・明かし
- □②あき→秋・飽き
- □③いくの→生野（いくの）・行く野
- □④あふ→逢ふ・逢坂（あふさか）
- □⑤うき→浮き・憂き
- □⑥（おも）ひ→火・思ひ
- □⑦かる→枯る・離る
- □⑧きく→菊・聞く
- □⑨しのぶ→忍ぶ・忍ぶ草・偲ぶ
- □⑩すみ→住み・澄み・住吉（すみよし）
- □⑪ながめ→長雨・眺め
- □⑫はる→春・張る
- □⑬ふみ→踏み・文
- □⑭ふる→降る・経る・古る
- □⑮まつ→松・待つ
- □⑯みるめ→海松布（みるめ）（海藻の名）・見る目
- □⑰みをつくし→澪標（みをつくし）・身を尽くし
- □⑱よる→夜・寄る

□①ほのぼのとあかしの浦の朝霧に島隠れ行く船をしぞ思ふ　（古今和歌集）

訳ほのぼのと明けてゆく明石の浦の朝霧の中を、島かげに隠れてゆく船、その船のことをしみじみと思うことだ。

□②忘れなむ我をうらむな時鳥人の秋には逢はむともせず　（古今和歌集）

訳私はあなたを忘れたいと思うのです。どうぞ恨まないで下さい。夏の鳥である時鳥が秋に出会おうともしないように、私もあなたの飽きにあわないうちに身を引こうと思うのです。

□③例文❹を参照。

□④夜をこめて鳥のそら音ははかるともよに逢坂の関は許さじ　（後拾遺和歌集）

訳夜が明けないうちに、鶏の鳴きまねをしてだまそうとしても、逢坂の関の番人は、関を通って二人が逢うことなど決して許さないでしょう。

□⑤わびぬれば身をうき草の根を絶えて誘ふ水あらば去なむとぞ思ふ　（古今和歌集）

訳つらい思いで過ごしているので、わが身をつらいものと思い、いっそ浮き草のように根なしになって、誘ってくれる水があるなら、どこへでも流れてゆこうと思います。

□⑥かくとだにえやはいぶきのさしも草さしも知らじな燃ゆる思ひを　（後拾遺和歌集）

訳こんなに恋い慕っているのですよ、とせめて打ち明けることだけでもできたらよいのに、そう言うことさえできません。それほどまでとはあなたはご存じないでしょうね。井吹山のさしも草のように燃え上がっているわたしの思いを。

□⑦例文❸を参照。

□⑧音にのみきくの白露夜はおきて昼は思ひにあへず消ぬべし　（古今和歌集）

訳あなたの噂を聞くばかりの私は、菊に置かれた白露と同様で、夜は起きたまま思いこがれ、昼は恋の思いに耐えきれずに消え入るごときに死んでしまうことでしょう。

□⑨ももしきや古き軒端のしのぶにもなほあまりある昔なりけり　（後撰和歌集）

訳宮中の、古く荒れた軒端に生えた忍ぶ草を見るにつけ、偲んでもやはり偲びきれないなつかしい昔であることだ。

□⑩石川や瀬見の小川の清ければ月も流れて尋ねてぞすむ　（新古今和歌集）

訳石川の瀬見の小川が清らかなので、加茂の神がこの流れを尋ねて住んだように、月もこの流れを尋ねて澄んだ影を宿している。

□⑪花の色は移りにけりないたづらに我が身世にふるながめせしまに　＊掛詞例文⑭　（古今和歌集）

訳花の色はすっかり色あせてしまったことよ。春の長雨が降り続くうちに、むなしくも、私が世を過ごす上での物思いにふけっているうちに。

□⑫霞立ち木の芽もはるの雪降れば花なき里も花ぞ散りける　（古今和歌集）

訳霞がたち、木の芽も張る（＝ふくらむ）春に、春の雪が降ると、まだ花の咲いていない里にも雪が花のように散ることだよ。

□⑬例文❹を参照。

□⑭枕詞の例文⑤、掛詞の例文⑪を参照。

□⑮来ぬ人をまつほの浦の夕なぎに焼くや藻塩(もしほ)の身もこがれつつ　（新勅撰和歌集）

訳 なかなか来ないあの人を待ち続けて、松帆の浦の夕なぎの海辺で焼く藻塩のように、私は身もこがれんばかりの思いをくり返しています。

□⑯みるめなきわが身をうらと知らねばや離(か)れなで海人(あま)の足たゆく来る　（古今和歌集）

訳 海松布(みるめ)のない浦のように見る目のない私と知らないのでしょうか。遠のくこともなく、浦にやって来る漁師のように、あの人は足が疲れるまで通ってくる。

□⑰わびぬれば今はた同じ難波(なには)なるみをつくしても逢はむとぞ思ふ　（後撰和歌集）

訳 恋に苦しんでいますので、世間に知られても今はもう同じこと。あの難波の澪標ではありませんが、我が身を尽くしても、あなたにお逢いしたいと思います。

□⑱梓弓(あづさゆみ)引けば本末(もとすゑ)我が方(かた)によるこそまされ恋の心は　（古今和歌集）

訳 梓弓を引くと上と下が私の方に寄ってくる。その（「寄る」ではないが）夜になるとつのってくるよ、恋心は。

❹ 縁語（えんご）

ある語を中心に、その語と意味の上で関連のある語を意識的に用いることで、表現に味わいを加える技法を縁語と言います。

例文❺ 青柳の糸よりかくる春しもぞ乱れて花のほころびにける　（古今和歌集）

訳 青柳が細い枝を糸のようにより合わせているように見えるこの春に、風が吹いて青柳が乱れて花のつぼみもほころんで咲き乱れていることだ。

➡柳の細い枝を「糸」にたとえた歌で、「よりかく（細い糸を何本か縒り合わせて一本の糸にして掛ける）」、「乱る（糸が乱れる）」、「ほころぶ（縫い目がほころぶ）」がすべて「糸」の縁語になっています。

◆縁語の例◆

①糸―縒(よ)る―乱る―綻(ほころ)ぶ―張る
②煙―なびく―消ゆ

③衣―着る―張る―褻(な)る―褄(つま)
④竹―節(ふし)―節(よ)

⑤露―消ゆ―置く―命
⑥弓―張る―射る

⑦波―立つ―寄る―浦
⑧川―瀬―淵―流る

入試問題

□(1) 枕詞と掛詞を用いた歌を、次からそれぞれ二つずつ選びなさい。

①春すぎて夏来にけらし白妙の衣ほすてふ天の香具山
②足びきの山鳥の尾のしだり尾の長々し夜をひとりかも寝む
③わびぬれば今はた同じ難波なるみをつくしても会はむとぞ思ふ
④大江山いく野の道のとほければまだふみもみず天の橋立
⑤夕されば門田の稲葉おとづれて芦のまろやに秋風ぞ吹く

（防衛医科大学校）

□(2) 「いかにせむいくべきかたをおもほえず親に先だつ道をしらねば」の歌で、掛詞が用いられているのはどの部分か。次から一つ選びなさい。

①いかにせむ　②いくべきかたを　③おもほえず　④親に先だつ

（十訓抄・京都産業大）

□(3) 後の文は、次の和歌XおよびYの表現について説明したものである。空欄①～④にあてはまる漢字一文字を答えなさい。

X　ます鏡われて契りしそのかみのかげはいづちかうつりはてにし
Y　契りおきし心にくまやなかりけむ再びすみぬなか川の水

（注）○ます鏡…よく磨かれた、曇りのない鏡。○われて…「割れて」と、無理に、強いての意の副詞「われて」を掛ける。

（唐物語・名古屋大）

【文】Xの歌の「うつり」には、「①り」と「②り」が掛けられており、「①り」は、「ます鏡」「かげ」と縁語の関係になっている。また、Yの歌の「すみ」には、「③み」と「④み」が掛けられており、「③み」は「川」「水」と縁語の関係になっている。さらに「なか川」の「なか」には、地名の「中川」と「(夫婦の)仲」も掛けられている。

(1)【解答】枕詞…①と②　掛詞…③と④
①「枕詞」の例文⑭を参照。
②「枕詞」の例文②、「序詞」の例文❷を参照。
③「掛詞」の例文⑰を参照。
④「掛詞」の例文❹を参照。
⑤訳 夕方になると、家の前の田の稲の葉に、そよそよと音を立てて、葦ぶきの粗末な家に、秋風が吹くことだ。

(2)【解答】②（「生く」と「行く」）
訳 どうしたらよいのだろう。生きる方法も（死んだ後に）行くべき方向もわからない。親を残して先に死ぬような道を知らないので。

(3)【解答】①映 ②移 ③澄 ④住
訳 X…曇りのない鏡を割って、強いて再会を約束して別れましたが、あの時の鏡に映ったあの人の姿は、どこへ移り消えてしまったのだろうか。
Y…約束した心に曇りはなかったからだろうか。中川の水が再び澄むように、再び二人は一緒に住める仲となった。

❶月の異名

季節	月	異名	読み方
春	一月	睦月	むつき
	二月	如月	きさらぎ
	三月	弥生	やよひ（ィ）
夏	四月	卯月	うづき
	五月	皐月	さつき
	六月	水無月	みなづき
秋	七月	文月	ふみづき・ふづき
	八月	葉月	はづき
	九月	長月	ながつき
冬	十月	神無月	かんなづき・かみなづき
	十一月	霜月	しもつき
	十二月	師走	しはす

❷十二支・時刻・方位

子 ね
丑 うし
寅 とら
卯 う
辰 たつ
巳 み
午 うま
未 ひつじ
申 さる
酉 とり
戌 いぬ
亥 ゐ（ィ）
艮 うしとら
巽 たつみ
坤 ひつじさる
乾 いぬゐ（ィ）

❸暦に関連する語

望月　もちづき　満月。陰暦の十五日の夜の月。
十六夜　いざよひ（ィ）　陰暦の十六日の夜。また、その月。
有明け　ありあけ　夜が明ける頃。空にまだ残っている月。陰暦の十六日以降の月。
去年　こぞ　昨年。去年。

❹ 自然

梅
鶯

卯の花
時鳥

葵

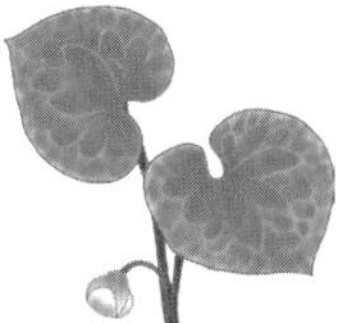

萩

藤

橘

尾花

雁

春

霞　かすみ　平安時代以降、春に遠くに「たなびく」ものとされた。

梅　うめ　立春頃に花が開く。白梅は香りを楽しみ、紅梅は色彩を楽しむものとされた。

鶯　うぐひす　和歌では、梅の花とともに詠まれることも多い。

桜　さくら　平安時代以降、春を代表する植物となった。和歌で「花」といえば桜を指すことが多い。

東風　こち　春に東の方から吹いてくる風。

山吹　やまぶき　晩春に黄色の花が咲く。

藤　ふぢ　晩春から初夏に紫または白色の花を垂れる。

夏

卯の花　うのはな　ウツギの別名。また、その花。初夏に白い花が咲く。

橘　たちばな　初夏に香りのよい花が咲く。

菖蒲　あやめ　「菖蒲（しょうぶ）」の古称。和歌で「文目」と多く掛けられる。

葵　あふひ　フタバアオイ。和歌で「逢ふ日」と多く掛けられる。

時鳥　ほととぎす　夏を代表する鳥。

蛍　ほたる　『枕草子』では、夏の風物の代表として登場する。

五月雨　さみだれ　陰暦五月頃の長雨。梅雨。

秋

野分　のわき　秋に吹く激しい風。台風。「のわけ」ともいう。

尾花　をばな　ススキの花穂。穂が風に揺れる様子は、人が手招きする姿に見立てられる。

萩　はぎ　初秋に赤紫や白色の花が咲く。和歌にも多く詠まれる。

雁　かり　秋に北の方から飛来し、越冬して春に帰っていく渡り鳥。

鹿　しか　和歌では、鳴く声が秋の景物とともに詠まれることが多い。

紅葉　もみぢ　秋を代表する景物。鹿との取り合わせも多い。

霧　きり　平安時代以降、秋に地面近くに「立つ」（立ちこめる）ものとされた。

冬

時雨　しぐれ　初冬に、降ったりやんだりする小雨。

東風吹かば匂ひおこせよ梅の花あるじなしとて春を忘るな　（『大鏡』）

❺住居

寝殿造り全景

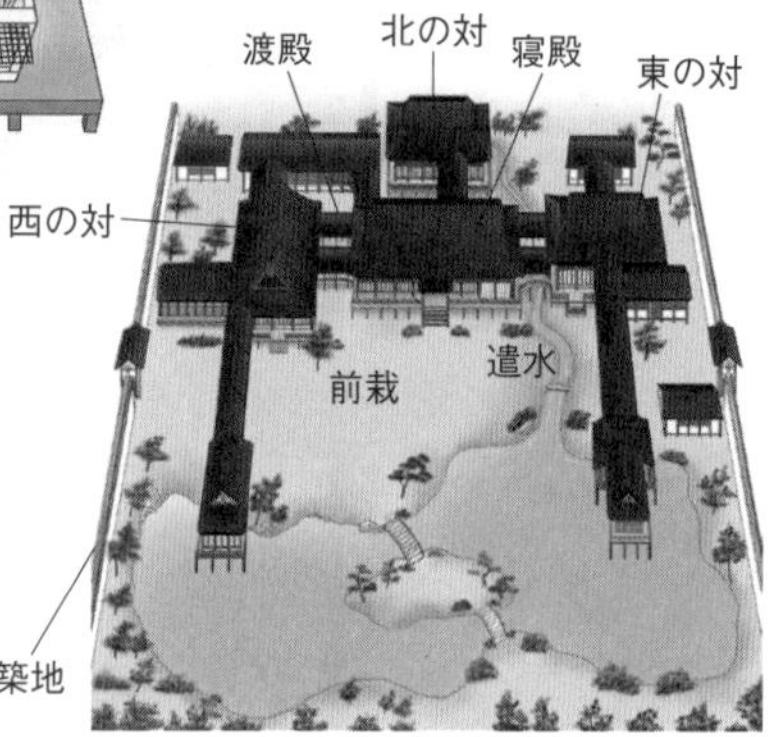

寝殿の内部

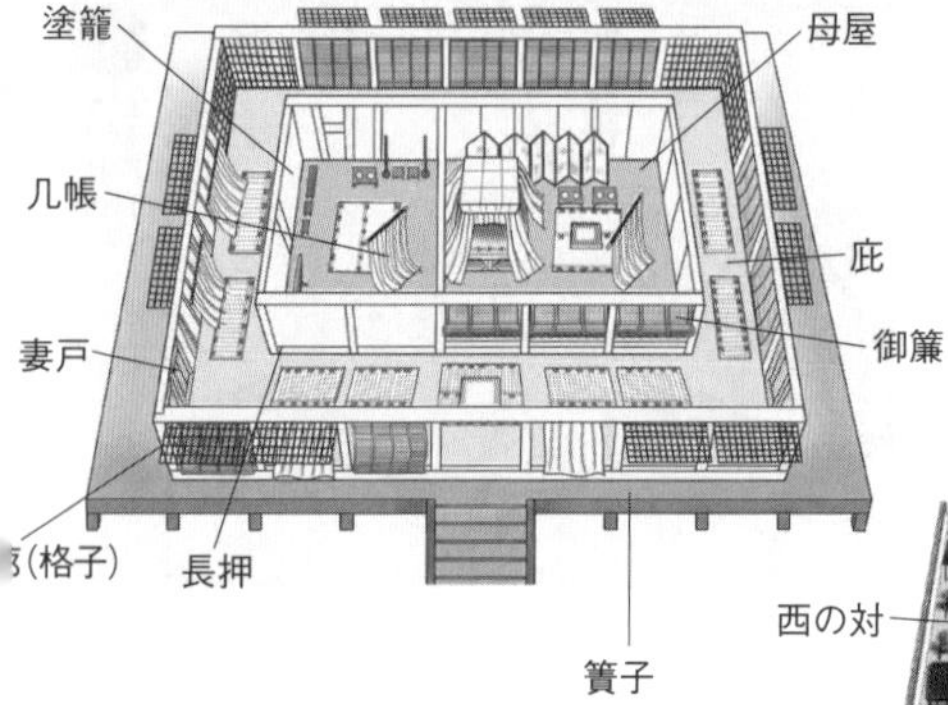

透垣

寝殿造り　しんでんづくり　平安時代の貴族の住宅建築様式。
寝殿　しんでん　主人の正式な居室。敷地中央に南向きで建てる。
対の屋　たいのや　寝殿の東・西・北にある建物。
渡殿　わたどの　建物どうしをつなぐ屋根付きの廊下。
東宮・春宮　とうぐう　皇太子の住む御殿。また、皇太子の尊称。
局　つぼね　邸内の一部を仕切って女房の控え室とした部屋。
築地　ついぢ　土で塗り固め、瓦の屋根を付けた塀。「ついひぢ」とも。
前栽　せんざい　観賞用の草木を植えた庭、庭木。
遣水　やりみづ　庭園に造った水の流れ。
母屋　もや　庇の内側にあり、家屋の中心となる部屋。
塗籠　ぬりごめ　周囲を厚く壁で塗りこめた部屋。寝室や納戸として用いる。
庇・廂　ひさし　母屋の四方を囲み、簀子の内側にある部屋。「庇の間」ともいう。
簀子　すのこ　庇の外側にある、板を並べた縁側。
蔀　しとみ　格子の裏に板を張り、日光や風雨を防ぐ戸。外にはねあげて開く。
半蔀　はじとみ　上半分を外に開けられるようにし、下半分を固定した戸。
妻戸　つまど　建物の四隅にある、出入り口の戸。
遣戸　やりど　左右に開け閉めする引き戸。
長押　なげし　母屋と庇の間の境で、柱と柱をつなぐ水平の材木。
御簾　みす　貴人の部屋などに用いる簾の敬称。
几帳　きちやう　木の支柱に布をかけ、高貴な人の姿が外から見えないように立てた衝立。
透垣　すいがい　板や竹で、間を透かして編んだ垣。

今めかしく、きららかならねど、木立もの古りて、わざとならぬ庭の草も心あるさまに、簀子・透垣のたよりをかしく、……唐の、大和の、珍しく、えならぬ調度ども並べ置き、前栽の草木まで心のままならず作りなせるは……
（『徒然草』）

6 身のまわりのもの

輿

牛車

灯台

高坏

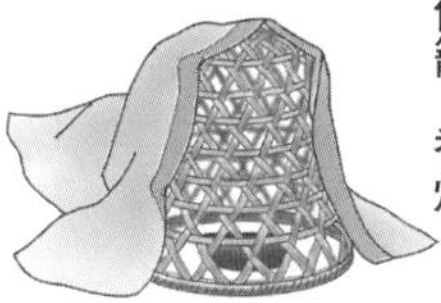
伏籠・香炉

輿　こし　二本の棒の上に人を乗せる屋形があり、人の力で担ぐ乗り物。肩で担ぐものと、腰のあたりで支えるものの二種類がある。
牛車　ぎっしゃ　貴族が乗る、牛に引かせた車。乗る人の身分や男女の別、用途によって種類が変わる。後ろから乗り、前から降りる。特に、平安時代に多く用いられた。
折敷　をしき　食器を載せる角形の盆。
破籠・破子　わりご　白木の箱の中を仕切った、食物を入れる容器。弁当箱。
唐櫃　からびつ　中国風に作った、脚の付いた櫃。衣類や調度品などを入れた。
炭櫃　すびつ　床を切って作ったいろり。角火鉢。
大殿油　おほとなぶら　宮中や貴族の家で用いる、油でともす灯火。
灯台　とうだい　室内用の照明具。木製の脚の付いた台の上に油皿を置いて灯心を入れる。
高坏　たかつき　食物を盛る器。四角形または円形の盆に足台を付けたもの。
伏籠・臥籠　ふせご　香炉の上に伏せ、衣服をかけて香りをたきしめるための籠。
香炉　かうろ　香をたくのに用いる器。さまざまな材質や形のものがある。
琴　きん　中国から伝わった七本の弦の琴。
箏　そう　中国から伝わった十三本の弦の琴。

宮に初めて参りたるころ、ものの恥づかしきことの数知らず、涙も落ちぬべければ、夜々参りて、三尺の御几帳の後ろに候ふに、……高坏に参らせたる大殿油なれば、髪の筋なども、なかなか昼よりも顕証に見えてまばゆけれど、念じて見などす。　（『枕草子』）

❼服装

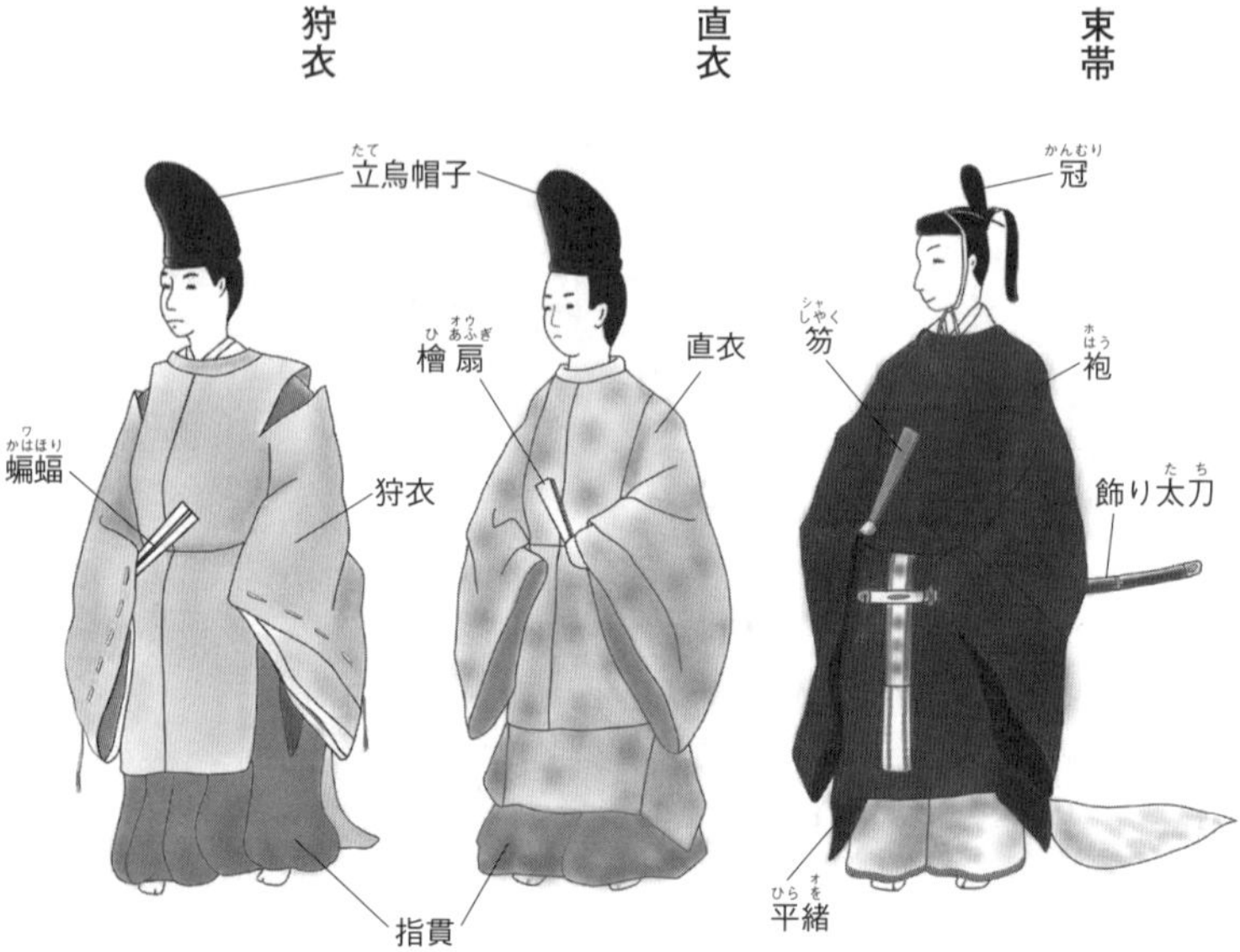

狩衣
直衣
束帯
立烏帽子
冠
檜扇
直衣
笏
袍
蝙蝠
狩衣
飾り太刀
指貫
平緒

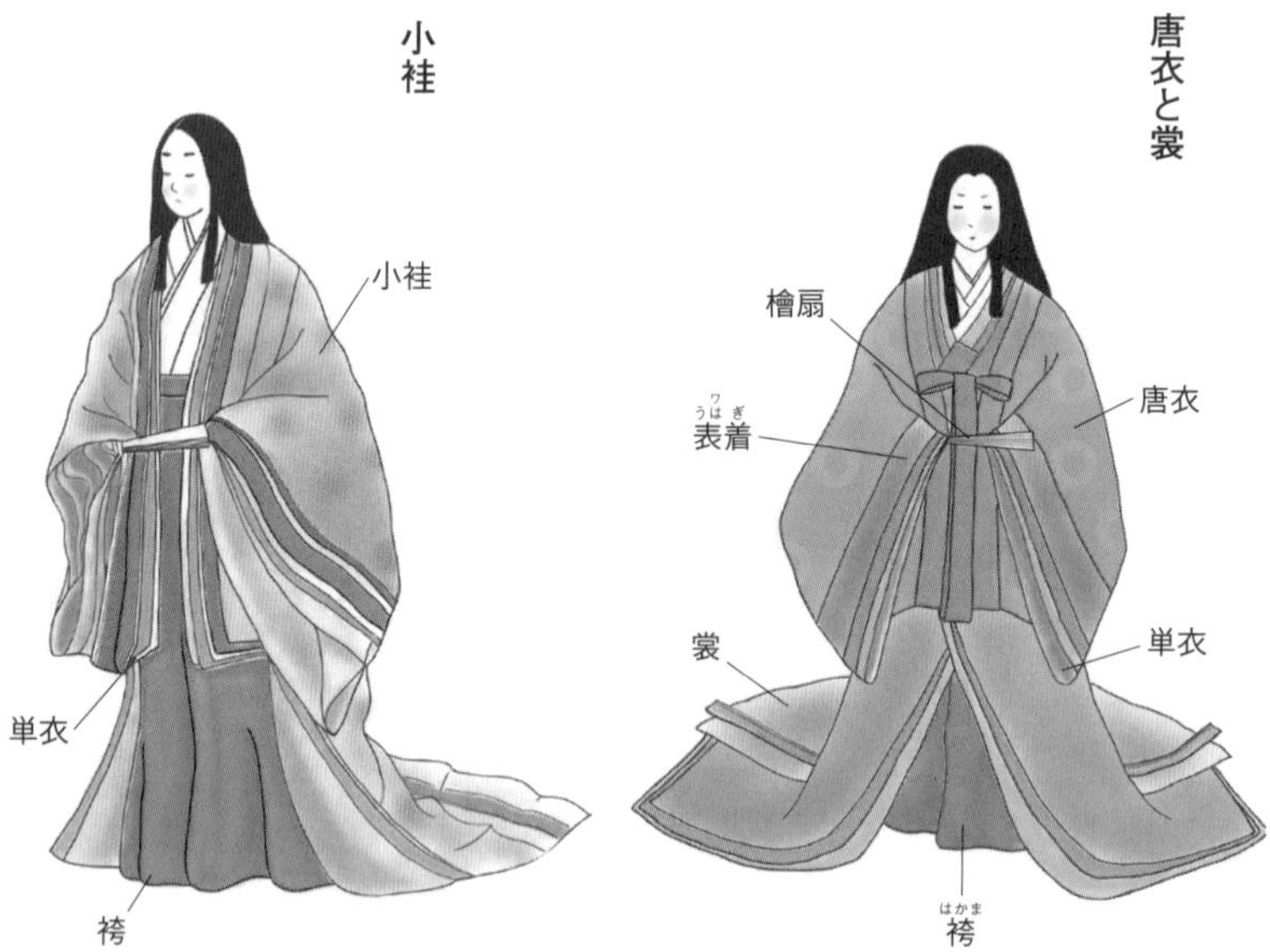

小袿
唐衣と裳
小袿
檜扇
唐衣
表着
裳
単衣
単衣
袴
袴

束帯　そくたい　男性貴族が着る正式な礼服。

衣冠　いくわん　男性貴族の礼服で、束帯よりも略式の装束。

烏帽子　えぼし　元服した男子が頭にかぶったもの。「えぼうし」ともいう。

指貫　さしぬき　男性の袴の一種。裾の周りに紐を通し、裾をくくって足首に結んだ。

直衣　なほし　男性貴族の普段着。

狩衣　かりぎぬ　もとは狩りの時に着た服。男性貴族や武士の普段着。

直垂　ひたたれ　庶民の労働着。平安時代末期から武士の普段着になった。

唐衣　からぎぬ　女性が朝廷に出仕する時、礼装の上に着た衣服。

裳　も　女性の正装の一つ。腰から下の後ろ側にまとう裾の長い衣服。

小袿　こうちき　女性が着る、唐衣より略式の礼装。

下襲　したがさね　男性が束帯の時に着る下着。

袿　うちき　男性が上着の下に着る平服。平安時代の貴婦人の礼服。

単衣・単　ひとへ　裏地のない衣。

御衣　おんぞ　貴人の衣服の敬称。お召しもの。「みぞ」ともいう。

夜中ばかりに、廊に出でて人呼べば、「下るるか。いで送らむ。」とのたまへば、裳、唐衣は屏風にうち掛けて行くに、月のいみじう明かく、御直衣のいと白う見ゆるに、指貫を長う踏みしだきて、袖をひかへて「倒るな。」と言ひて、おはするままに、……

（『枕草子』）

8 武具・馬具

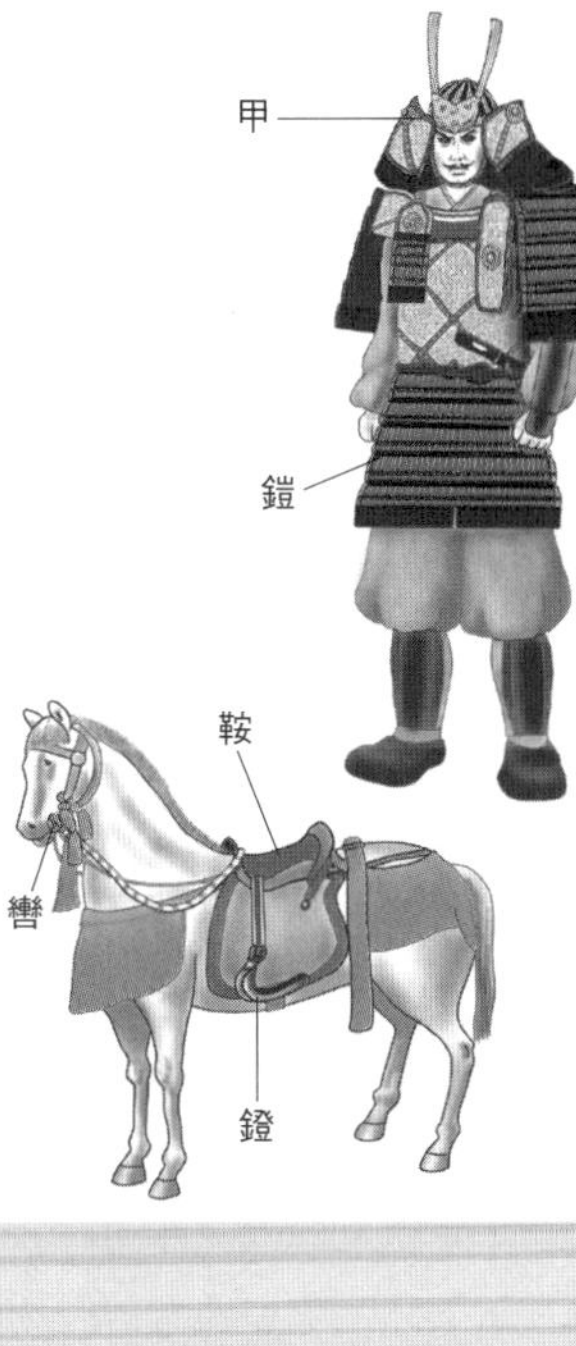

甲　かぶと　頭にかぶる鉄製の防具。

鎧　よろひ　弓矢を防ぐために身に着ける防具。

鏑矢　かぶらや　先端に鏑（木・鹿の角）を付けた矢。

鞍　くら　馬の背に置くもので、人や物を載せる馬具。

鐙　あぶみ　鞍の両脇に下げて足を乗せる馬具。

轡　くつわ　手綱を取り付けるために馬の口につける金具。「くつばみ」ともいう。

木曽左馬頭、その日の装束には、赤字の錦の直垂に唐綾縅の鎧着て、鍬形打つたる甲の緒締め、厳物作りの大太刀はき、……鬼葦毛といふ馬の、きはめて太うたくましいに、金覆輪の鞍置いてぞ乗つたりける。鐙踏んばり立ち上がり……

（『平家物語』）

❾ 宮仕え

公卿　くぎやう　上流貴族（摂政・関白・太政大臣・左大臣・右大臣・内大臣・大納言・中納言・三位以上の役人と四位の参議）の総称。

上達部　かんだちめ　公卿の別名。「かんだちべ」ともいう。

殿上人　てんじやうびと　清涼殿の殿上の間への昇殿を許された人（四位・五位の役人と六位の蔵人）。

大臣　おとど　大臣・公卿の敬称。

朝臣　あそん　五位以上の人の姓名につける敬称。位によってつける位置が変わる。

君達・公達　きんだち　貴族の息子（まれに娘）。貴公子。

御前　おまへ　天皇・貴族の敬称。また、高貴な人の前やそば近く。

蔵人　くらうど　天皇のそば近くに仕え、雑事一切を扱う役人。

雑色　ざふしき　蔵人所などで雑役を務める役人。また、公家や武家に仕えた下男。

小舎人　こどねり　蔵人の下で雑役をする役人。

検非違使　けびゐし　都の治安を取り締まるなど、警察業務や司法を担当する役所。

受領　ずりやう　地方諸国の長官。「ずらう」ともいう。

女御　にようご　天皇の寝所に仕える女性。皇后・中宮に次ぐ位。

更衣　かうい　女御に次ぐ位。

御息所　みやすどころ　天皇の子をもうけた女御・更衣など。「みやすんどころ」ともいう。

命婦　みやうぶ　五位以上の女官。

乳母　めのと　母親に代わって子に乳を飲ませ、養育する女性。

舎人　とねり　貴族の護衛や雑事にあたる者。

随身　ずいじん　貴人の外出に警護でつき従う者。

宿直　とのゐ　宮中や貴族の邸宅に宿泊して、警護や事務を行うこと。

按察使　あぜち　地方の行政・民情を視察する職。

「渡殿なる宿直人起こして、紙燭さして参れと言へ。」とのたまへば、……この院の預かりの子、睦ましく使ひ給ふ若き男、また上童一人、例の随身ばかりぞありける。召せば、御答へして起きたれば、「紙燭さして参れ。……惟光朝臣の来たりつらむは。」と問はせ給へば、……

（『源氏物語』）

❿ 恋愛・結婚

垣間見

垣間見　かいまみ　物の隙間からこっそり見ること。平安時代、垣間見は男女の出会いのきっかけとなることも多かった。貴族の女性は、成人すると男性の前に姿を見せなくなるため、男性が女性を垣間見し、和歌を贈る。その和歌に女性が応え、和歌のやりとりを繰り返して関係を深め、男性が女性の家に通う形で結婚した（「通い婚」）。

後朝　きぬぎぬ　二人の衣服をかけて共寝をした男女が、翌朝それぞれの衣服を着て別れること。また、その朝。「後朝」は、朝に別れる悲しさやせつなさを象徴するものとして、恋の歌に多く詠まれた。結婚が成立した朝、男性から女性に贈った手紙（＝和歌）を「後朝の文」という。

所顕し　ところあらはし　現在の結婚披露宴にあたる儀式。男性は女性のもとに三日続けて通い、三日目の夜に女性の家で結婚の祝儀が行われ、親族や知人に披露された。

⑪行事・生活

節会　せちゑ　重要な行事や公事のあと、宮中で催される宴会。

白馬　あをうま　「白馬の節会」の略称。奈良時代から行われた宮廷行事の一つ。正月七日に左右の馬寮から二十一頭の白馬を庭に引き出して天皇がご覧になり、そのあとで宴を行った。これで年中の邪気が払われるとされた。

除目　ぢもく　大臣以外の官職を任命する行事。

新嘗祭　にひなめまつり　十一月に行われる、その年の新穀を神に捧げる祭り。天皇が即位して初めての新嘗祭を、大嘗祭という。

五節　ごせち　大嘗祭・新嘗祭で行われる舞姫による舞楽の行事。

追儺　ついな　疫病の鬼を追い払う大晦日の行事。

客人　まらうと　客人。のちに「まらうど」ともいうようになった。

歌合　うたあはせ　歌人を二組に分け、判者が両方の和歌の優劣を決めて競う遊戯。

今様　いまやう　現代風。当世風。また、平安時代中期に流行した歌謡「今様歌」のこと。

網代　あじろ　川で魚を捕るための仕掛け。

網代

⑫信仰・学問

阿闍梨　あじやり　手本となる高僧。「あざり」ともいう。

方違へ　かたたがへ　外出する方角が忌むべき方角であるとき、いったん別の方角に移ってから行くこと。

誦経　ずきやう　声を出して経を読むこと。

験者　げんじや　祈祷を行い、病気を治すなどの霊験を現す者。「げんざ」ともいう。

僧都　そうづ　僧正に次ぐ地位の僧官。

発心　ほつしん　出家し、修行をしようと思い立つこと。

物忌み　ものいみ　穢れを避けるために、一定期間飲食を慎み、身を清めて家にこもること。

物の怪　もののけ　人に取り憑く死霊や生き霊。

天竺　てんぢく　インド。

唐土　もろこし　中国。

真名　まな　漢字（「仮名」に対して）。

冥加　みやうが　知らないうちに受ける神仏からの恵み。

名聞　みやうもん　世間での評判。名誉。また、名声を得ようと行動すること。

❖編集協力　　土屋朋江

❖装丁・本文デザイン　㈱志岐デザイン事務所（室田敏江）
❖組版・本文イラスト　㈱群企画
❖本文イラスト（古典常識）　岩本孝彦

覚えやすく忘れにくい
精選 古文単語300PLUS 改訂版

2021年　11月 30日　　第１刷発行
2023年　1月 30日　　第２刷発行

編者　　三省堂編修所
発行者　株式会社 三省堂　代表者 瀧本多加志
印刷者　三省堂印刷株式会社
発行所　株式会社 三省堂
〒102-8371
東京都千代田区麴町五丁目7番地2
電話　(03)3230-9411
https://www.sanseido.co.jp/

Printed in Japan
〈改訂精選古文単語300・320pp.〉
落丁本・乱丁本はお取り替えいたします。
ISBN978-4-385-22755-9

動詞活用表

活用の種類	例語	語幹	行	未然形	連用形	終止形	連体形	已然形	命令形
四段活用	作る	作	ラ行	ら -a	り -i	る -u	る -u	れ -e	れ -e
上二段活用	落つ	落	タ行	ち -i	ち -i	つ -u	つる -uる	つれ -uれ	ちよ -iよ
下二段活用	尋ぬ	尋	ナ行	ね -e	ね -e	ぬ -u	ぬる -uる	ぬれ -uれ	ねよ -eよ
上一段活用	見る	(見)	マ行	み -i	み -i	みる -iる	みる -iる	みれ -iれ	みよ -iよ
下一段活用	蹴る	(蹴)	カ行	け -e	け -e	ける -eる	ける -eる	けれ -eれ	けよ -eよ
カ行変格活用	来(く)	(来)	カ行	こ -o	き -i	く -u	くる -uる	くれ -uれ	こ(こよ) -o(よ)
サ行変格活用	す	(す)	サ行	せ -e	し -i	す -u	する -uる	すれ -uれ	せよ -eよ
ナ行変格活用	往ぬ	往	ナ行	な -a	に -i	ぬ -u	ぬる -uる	ぬれ -uれ	ね -e
ラ行変格活用	あり	あ	ラ行	ら -a	り -i	り -i	る -u	れ -e	れ -e

形容詞活用表

活用の種類	例語	語幹	未然形	連用形	終止形	連体形	已然形	命令形
ク活用	なし	な	(く)	く	し	き	けれ	○
			から	かり	○	かる	○	かれ
シク活用	恋し	恋	(しく)	しく	し	しき	しけれ	○
			しから	しかり	○	しかる	○	しかれ

形容動詞活用表

活用の種類	例語	語幹	未然形	連用形	終止形	連体形	已然形	命令形
ナリ活用	静かなり	静か	なら	なり に	なり	なる	なれ	なれ
タリ活用	堂々たり	堂々	たら	たり と	たり	たる	たれ	たれ

動詞の活用の種類の見分け方

●動詞の数が少ないもの

(1) 上一段活用（十数語）
着る・似る・煮る・干(ひ)る・見る・射(い)る
鋳(い)る・居(ゐ)る・率(ゐ)る　など

(2) 下一段活用（一語）…蹴る

(3) カ行変格活用（一語）…来(く)

(4) サ行変格活用（二語）…す・おはす
※「す」は複合語を作る。

(5) ナ行変格活用（二語）
死ぬ・いぬ（往ぬ・去ぬ）

(6) ラ行変格活用（四語）
あり・をり・はべり・いますがり

●その他の見分け方

打消の助動詞「ず」を付けてみる。

(1) ア段につく…四段活用（書かず）

(2) イ段につく…上二段活用（起きず）

(3) エ段につく…下二段活用（受けず）

形容詞の活用の種類の見分け方

「なる」をつけてみる。

(1)「～くなる」という形になる
…ク活用（よくなる）

(2)「～しくなる」という形になる
…シク活用（美しくなる）

助詞一覧表

種類	助詞	意味［口語訳］	接続
格助詞	が・の	連体修飾格［…ノ］ 主格［…ガ］ 同格［…デ・デアッテ］ 体言の代用〔準体法〕［…ノモノ］ 類似・比喩［…ノヨウナ］	体言 連体形
	を	対象［…ヲ］　起点［…カラ］ 通過点［…ヲ（通ッテ）］	
	に	場所・時［…ニ・…ヘ］ 動作の対象［…ニ・…ニ対シテ］ 使役・受身の対象［…ニ・…ニヨッテ］ 目的［…ニ・…ノタメニ］ 原因・理由［…ノタメニ・…ニヨッテ］ 比較の基準［…ト・…ト比べテ］ 変化の結果［…ト・…ニ］ 添加［…ノ上ニ］　強意［タダモウ…デ］	
	へ	方向［…ニ向カッテ・…ノ方へ］	体言
	と	動作の相手・共同者［…ト・…ト一緒ニ］ 引用［…ト］　比較の基準［…ト比べテ］ 比喩［…ノヨウニ・…トシテ］ 変化の結果［…ニ・…ト］ 並立［…ト…ト］	体言 連体形 引用文
	より	起点［…カラ］　通過点［…ヲ通ッテ］ 手段・方法［…デ・…ニヨッテ］ 比較の基準［…ヨリ・…ヨリモ］ 範囲限定［…ヨリ・…以外］ 原因・理由［…ノタメニ・…ダカラ］ 即時［…ヤイナヤ・…スルト同時ニ］	体言 連体形
	から	通過点［…ヲ通ッテ・…ヲ］　起点［…カラ］ 原因・理由［…ニヨッテ・…ノタメニ］ 手段・方法［…デ・…ニヨッテ］	
	にて	場所・時間［…デ・…ニオイテ］ 手段・方法・材料［…デ・…ニヨッテ］ 資格・状態［…トシテ］ 原因・理由［…ノデ・…ニヨッテ］	
		共同［…デ・…トトモニ］	

種類	助詞	意味［口語訳］	接続
副助詞	だに	最小限の限定［セメテ…ダケデモ］ 類推［…サエ］	体言 連体形 助詞　など
	すら	類推［…デサエ］	
	さへ	添加［ソノウエ…マデモ］	
	のみ	限定［…ダケ・タダモウ…バカリ］ 強意［特ニ…・トリワケ…］	種々の語
	ばかり	範囲・程度［…クライ・…ホド・…アタリ］ 限定［…ダケ・…ニ過ギナイ］	
	まで	範囲・限度［…マデ］ 程度［…ホド・クライニ］	
	など なんど	例示［…ナド］ 引用［…ナドト］ 婉曲［…ナド］	
	し・しも	強意 「し」※訳出できない場合が多い。 「しも」［マサニ…ニ限ッテ・ヨリニヨッテ］	

種類	助詞	意味［口語訳］	接続
係助詞	は	主題の提示・とりたて ［…ハ・…トイウモノハ］	種々の語
	も	詠嘆・感動・強意 ［…モマア・…ホドニ…ダナア］ 添加［…モ］ 列挙・並立［…モ…モ］	
	こそ	強意［…コソ］ ※訳出できない場合も多い。	
	ぞ なむ［なん］	強意　※訳出できない場合も多い。	
	や・やは か・かは	疑問［…カ］ 反語［…〈ダロウ〉カ、イヤ…デハナイ］	